陕西省社会科学基金项目

当代中国感恩文化建设研究

Gratitude Culture Construction Research in Contemporary China

汤 玲 ◎ 著

图书在版编目（CIP）数据

当代中国感恩文化建设研究/汤玲著．—北京：经济管理出版社，2018.11
ISBN 978-7-5096-6055-3

Ⅰ.①当… Ⅱ.①汤… Ⅲ.①品德教育—研究—中国 Ⅳ.①D648

中国版本图书馆 CIP 数据核字（2018）第 226428 号

组稿编辑：郭丽娟
责任编辑：刘　宏
责任印制：黄章平
责任校对：王淑卿

出版发行：经济管理出版社
　　　　（北京市海淀区北蜂窝 8 号中雅大厦 A 座 11 层　100038）
网　　址：www.E-mp.com.cn
电　　话：（010）51915602
印　　刷：北京玺诚印务有限公司
经　　销：新华书店
开　　本：720mm×1000mm/16
印　　张：15.5
字　　数：253 千字
版　　次：2018 年 12 月第 1 版　2018 年 12 月第 1 次印刷
书　　号：ISBN 978-7-5096-6055-3
定　　价：69.00 元

·版权所有　翻印必究·

凡购本社图书，如有印装错误，由本社读者服务部负责调换。
联系地址：北京阜外月坛北小街 2 号
电　　话：（010）68022974　邮编：100836

前 言

感恩是一种处世哲学，是一种生活态度，是一种优秀品质，是一种道德情操，为古今中外的文化所共同珍视。感恩虽古已有之，但东西方的文明体系都有自己独特的感恩文化传统，对何谓"感恩"、为何"感恩"、如何"感恩"有着不同的诠释。在西方感恩文化的源流中，古罗马哲学家马库斯·图留斯·西塞罗曾深刻断言："感恩不仅是最大的美德，而且是其他美德之源。"[1] 美国近代著名作家阿尔伯特·哈伯德在《自动自发》一书中指出："身为子女，要感谢父母的精心培育；身为学子，要感谢师长的谆谆教诲；身为公民，要感谢国家的强大庇护；身为个人，要感谢大众的无私关爱。没有父母养育，没有师长教诲，没有国家爱护，没有大众助益，我们何能存于天地之间？所以，感恩不但是美德，更是人生存之根本！"[2] 在中国的文化传统中，感恩是中华民族性格的重要表现，被视为人之品德的基础。孔子说："夫孝，始于事亲，中于事君，终于立身。"后世人们往往从"忠、孝、节、义"这四个方面对感恩进行阐述，形成了敬养父母、缅怀先祖、推恩及人、忠国爱民等表达感恩的主要形式。中国共产党人历来重视感恩文化。在革命战争年代，毛泽东曾提出忠孝问题，提出我们提倡忠孝不是忠于某一个人，孝于某一个人，为国家尽忠，为民族尽孝就是最大的孝。中国共产党人把"不独亲其亲""不独老吾老"的传统美德，提炼、升华为革命的大无畏牺牲精神。在移孝作忠的感恩表达中，许多革命先烈通过尽"忠"实现尽"孝"，抛头颅、洒热血、舍生取义，杀身成

---

[1] Gallup G. Gallup Survey Results on "Gratitude", Adults and Leenagers. Emerging Trends, 1998, 20 (3): 4-5.

[2] 阿尔伯特·哈伯德. 自动自发 [M]. 阿峰译. 武汉：长江文艺出版社，2014: 118.

仁。在当前中国特色社会主义事业的伟大建设进程中，作为社会主义精神文明建设的有机组成部分，感恩以爱国、敬业、诚信、友善的多种表达形式体现在新时代生活的方方面面，激励着人们为国家富强、民族复兴、人民幸福而努力奋斗。由此，从个人品格发展和社会健康秩序而言，我们有充分的理由相信，感恩对个人和人类很重要，应大力推崇和弘扬。因为它不仅有助于优化个体的情绪情感状态，健全人格品质，提升个体幸福感，而且有助于塑造社会核心价值理念，激发个体的道德善举，营构温暖有爱的社会关系，因而具有个体与社会的双重价值。

从学理上看，进入20世纪后，伴随积极心理学的兴起，一些实证科学的研究成果不断提供关于感恩影响人们生活的实证依据，进一步深化了我们对感恩美德的认识和理解。与此同时，也不无遗憾地看到，这种以心理学为基础、以感恩"感"为侧重点的实证研究和趋势，在为我们揭示和描述感恩"感"的具体而幽微的心理特征的同时，一定程度上并未能在更为宽广、更为基础的意义上开启我们对感恩应有的深刻认识和深切理解。这样说，并非是无视、轻视或否定基于心理学的感恩研究成就，而是倾向于认为如果仅囿于词源学阐释，或对感恩的认知理解仅停留在因他人所施恩惠而在意识、情绪上引起何种积极情绪反应这一层面，很可能就难以把握感恩更为内在和恒定的价值内涵。因为作为"感"层面的感恩研究，或许有助于帮我们把握住当下的、瞬间的、个体的一种觉知，而作为"观"层面的、品质和文化等层面的感恩内涵则更具有可感性、可持久性和可实践性，也因此更具有深刻的哲学意义和广阔的现实指向性。因此，一种更为基础和更具有整体性、更具有普遍意义的感恩质性探讨，应是感恩研究的努力方向之一。

从现实需求上看，感恩文化建设更加迫切。现实生活中，近年来媒体不断曝光的感恩缺失事件也引发了社会集体焦虑——一些个人亲情、友情冷漠、唯利是图；一些干部对党、国家、人民缺乏基本的敬畏，玩忽职守、贪污受贿；一些企业重视经济利益，对消费者、企业员工的感恩严重不足……如此之种种都深刻地反映了当下感恩文化建设存在着问题。如何认识中国传统感恩文化和当下感恩缺失现象？当下的感恩问题是否也反映出我们对传统感恩文化存在某种认知偏见？如何建构契合时代精神的当代中国感恩文化？本书关于感恩问题的辨析和探讨，正是基于现有研究不足和现实问题而展开，表现在以下几个方面：

第一，感恩是人的一种应然品质。感恩是一个含义丰富的概念，从不同的研究角度和研究取向出发，往往会得出不同的理论释义。本书认为，对感恩内涵的理解和把握，需要建立起整体性和关系性视角。一方面，感恩是一个包括情感、认知、信念、意志和行为的动态过程，从个体接受恩惠到产生感恩意识、形成感恩动力，再到做出感恩行为，呈现为一种过程性存在。另一方面，感恩是施助者与受助者之间一种因恩惠而产生的意义性关联，具有双向交流性、多向互动性、多元开放性的特点，呈现为一种关系性存在。这也说明，只有从人的具体生存环境和活动情境出发，对诸多因素进行综合考量，才能更好地把握感恩的内在属性。基于此，本书认为感恩是人的一种应然品质，是个体因所受恩惠而生发的正向情绪体验和积极回馈意愿及报答行为的综合，是日常心理和行为中表现出来的较为稳定的情感体认和行为倾向，包含感恩意识和感恩行为两个阶段性反映和表现，关联施助者、恩惠、受助者三个主要要素，兼有精神范畴和实践范畴的属性。进一步而言，人之所以要感恩，社会之所以需要培育和建构健康的感恩文化，只能以人的内在自身为出发点，从人的社会性生存方式中去探寻。从马克思主义理论视角看，人的社会性本质是感恩的根本依据，互惠利他性规范是感恩的内在动力，人际间的温馨关爱则是感恩的心理基础。

第二，感恩深深地嵌入在文化框架之中。尽管感恩是人类共有的积极人格特质，广泛且普遍地存在于各个文化体系之中，因而具有跨历史性、跨文化的普遍性。但感恩又深受文化影响，不同的文化背景、文化传统往往又以其特定的标准和评价潜移默化地影响着个体感恩意识、感恩观念、感恩行为的发生和发展，因此感恩又具有文化的差别性、特殊性。就中国文化背景下的感恩传统来说，尽管儒家文化极少直接提及感恩，忠、孝、节、义、祭、尊的表现形式也各有差异，但是分析其本质都内在体现了感恩。在中国传统社会，感恩不仅是一种人生态度、处世哲学，还是一种伦理思想、文化现象，是维系家庭、宗族、社会的伦理规范，是国家层面的忠君报国的政治制度，体现了一个由己及人、由家而国的逻辑推衍。儒家正是通过恩与情编织的父子、君臣、夫妻等社会关系网络定位单个的人，并注重相互间的责任和义务。在这个过程中，面对不同的感恩对象，通过践行忠、孝、节、义、祭、尊等感恩规范，以实现

"经夫妇，成孝敬，厚人伦，美教化，移风俗"的总体社会氛围，充分体现了古代中国以德治国的特色。虽然中国传统感恩思想与封建社会制度相适应，有其糟粕的一面，但不可否认，作为传统文化的重要组成部分，至今仍有许多值得学习和继承的地方。

第三，感恩文化建设应因时制宜。在如今的时代背景下，传统感恩文化依然是当代社会的宝贵资源，是中华传统文化的重要组成部分。如何创造性转化、创新性发展，构筑中国精神、中国价值、中国力量，为人民提供精神指引，需要学者不断挖掘感恩文化传统的现代价值。我们今天倡导的感恩文化，并不是简单因袭传统感恩文化，也非对传统感恩文化中的愚忠愚孝内容不加辨识，而是应取其精华、去其糟粕，运用现代文明与理念提升感恩观念的科学性、合理性，扩展感恩内涵的深广度，使之与当代文化相适应、与现代社会相协调。实际上，传统感恩文化在今天的作用，不仅仅取决于它过去有何表现、发挥何种作用以及哪些是精华、哪些是糟粕，一个更为重要和关键的因素是我们以什么样的立场、态度和原则去传承它、发扬它。中华传统感恩文化经过几千年的传承，已经沉淀为我们民族道德观念和文化心理的重要内容。但人类社会是不断前进的，感恩的道德观念、文化观念也应不断发展。我们当然应该并已经认识到，古代的宗法社会制度和片面夸大"恩"的观念而产生的"愚忠""愚孝"等感恩观念、人格不平等以及沉湎于个人恩怨的封闭"恩情场"的感恩文化内容，在现代社会是不合时宜的，但其倡导的内在精神义理则依然有其积极价值。当代社会应在坚定文化自信的基础上，客观辨析传统感恩文化观念的局限性，正确传承、弘扬其合理内核，进而建立起基于人格平等的新型感恩文化理念，使其为建设平等、友爱、和谐的社会人际关系服务。这就尤其需要我们在传承中华传统感恩文化的过程中，更为自觉地结合时代要求进行新的发掘和阐释，实现传统感恩文化的创造性转化，同时结合时代特征赋予其新的内涵，以推动其创新性发展。简言之，今天的感恩文化建构，需要从今天的时代文明和社会制度情境出发，来探讨适应时代和社会发展的感恩文化。

第四，推动当代中国感恩文化建设需要立足现实基础、着眼社会实践。今天的中国，在取得历史性成就、发生历史性变革的同时，也面临着各种纷繁复杂的困难和问题。其中，因感恩缺失带来的社会问题日益引发社会关注，需要从现代社会治理以及现实生活的实际出发，加强感恩文化建设，唤醒个体的善良内心、激发人们的亲社会行为，以此调整个人与他人、个人与社会的关系，进而促进社会和谐共生。这也是中国传统感恩文化逻辑所提供于我们的致思路径。从建设当代中国感恩文化的基本思路来说，应以建构现代感恩文化观为主要目标，以创造性转化和创新性发展中华优秀传统感恩文化为主要内容，以家庭、学校、社会感恩教育建设为主要路径，以感恩激励和保障制度建设为主要支撑，努力建构一种代表先进文化前进方向的，以"薪火相传、代代守护"并"与时俱进、勇于创新"为姿态的，既"不忘本来"又"吸收外来、面向未来"的感恩文化形态。①

进入新的历史时期，以习近平同志为核心的党中央高度重视传承发展中华优秀传统文化，强调要从弘扬优秀传统文化中寻找精气神，并明确指出包含"孝悌忠信""孝老爱亲"等在内的中华传统美德，"体现着评判是非曲直的价值标准"，是传承发展中华优秀传统文化的重要内容。感恩是中华民族的优良传统。习近平总书记曾深情地指出，"有一颗感恩的心很重要，所有的人都要有感恩的心"②，并寄语青年学生要"学会感恩"。在全面建成小康社会的伟大实践中，在实现中华民族伟大复兴的社会进程中，感恩文化有着不可替代的作用。传承和弘扬感恩文化，有助于实现为中国人民谋幸福，为中华民族谋复兴的初心和使命。因此，加强对契合时代精神的感恩文化的研究，既是"深入挖掘和阐发中华优秀传统文化时代价值"的题中应有之义，也是以小切口的视角"深入研究阐释中华文化的历史渊源、发展脉络、基本走向"的有益个案，体现了中国特色社会主义精神文明建设的现实关切和时代要求。

---

① 汤玲. 浅谈习近平总书记的文化思想 [J]. 党建, 2017 (5): 34-35.
② 习近平. 所有人都要有感恩的心 [EB/OL]. 新华网, http://politics.people.com.cn/n/2014/0128/c1024-24255486.html, 2014-01-28.

目 录

第一章 绪 论 ... 1
  第一节 研究缘起 ... 1
    一、研究背景 ... 1
    二、研究意义 ... 7
  第二节 研究现状 ... 8
    一、国外研究现状 ... 8
    二、国内研究现状 ... 12
    三、现有研究述评 ... 19
  第三节 研究设想 ... 21
    一、研究思路 ... 21
    二、研究方法 ... 22
    三、理论创新 ... 23

第二章 基本概念及相关理论 ... 25
  第一节 感恩概念以及概念家族疏证 ... 25
    一、感恩概念的词源学分析 ... 25
    二、感恩概念的多重释义 ... 27
  第二节 感恩的内在属性 ... 30
    一、感恩的要素特征 ... 31
    二、感恩的内涵特质 ... 33
  第三节 马克思主义视域下的感恩理论依据 ... 36

一、人的社会性本质是感恩的根本依据 ……………………… 37
二、互惠利他性规范是感恩的内在动力 ……………………… 41
三、人际间温馨关爱是感恩的心理基础 ……………………… 54

第三章 中国传统感恩文化的主要内容 …………………… 59
第一节 孝以感恩父母 ……………………………………… 60
一、奉养 …………………………………………………… 63
二、不辱 …………………………………………………… 63
三、尊亲 …………………………………………………… 63
四、事死 …………………………………………………… 65
第二节 忠以感恩君王 ……………………………………… 68
一、移孝为忠 ……………………………………………… 70
二、从"君礼臣忠"到"君为臣纲" …………………… 72
第三节 节以感恩夫君 ……………………………………… 73
一、"事夫如妻天" ……………………………………… 74
二、"无以为报，唯以身相许" ………………………… 79
第四节 义以感恩朋友 ……………………………………… 81
一、与朋友交，言而有信 ………………………………… 83
二、重义轻利，舍生取义 ………………………………… 84
第五节 祭以感恩天地 ……………………………………… 86
一、祭天神 ………………………………………………… 88
二、祭地示 ………………………………………………… 90
三、祭人鬼 ………………………………………………… 91
第六节 尊以感恩老师 ……………………………………… 93
一、师不施臣子之礼 ……………………………………… 95
二、束脩之风 ……………………………………………… 96
三、侍师如父 ……………………………………………… 97
四、尊师祭孔 ……………………………………………… 100
本章小结 …………………………………………………… 102

第四章 当代中国感恩问题的主要症候及原因分析……105
第一节 感恩观念的主要误区……105
一、感恩的"封建残余说"……106
二、感恩的"不以为然说"……107
三、感恩的"理所当然说"……107
四、感恩的"条件成熟说"……108
五、感恩的"以我中心说"……109

第二节 感恩行为缺失表现……110
一、淡漠父母恩情……110
二、无视社会关爱……116
三、逃避回馈责任……120
四、漠视自我生命……124

第三节 感恩认知错位与行为缺失主要原因分析……126
一、传统感恩文化受到冲击……127
二、感恩教育缺失……130
三、社会转型期的消极方面弱化了感恩认同……136

本章小结……140

第五章 比较视野下中国感恩文化建设的逻辑理路……143
第一节 中西方感恩文化心理比较……143
一、文化背景……143
二、文化心理……150

第二节 中西方感恩文化的内在逻辑比较……154
一、感恩对象……154
二、反馈机制……158

第三节 中西方感恩文化比较的启示……161

第六章 当代中国感恩文化建设的基本思路……164
第一节 以建构当代感恩文化观为主要目标……164
一、当代感恩文化观的应然特征……164

二、当代感恩文化观的基本内涵……………………………… 169
第二节　以推动优秀传统感恩文化创造性转化和创新性发展为主要
　　　　内容……………………………………………………… 171
　　一、以社会主义核心价值观为引领………………………… 172
　　二、扬弃继承中华传统感恩文化…………………………… 174
　　三、科学借鉴西方优秀感恩文化…………………………… 177
第三节　以家庭、学校、社会感恩建设为主要路径……………… 179
　　一、家庭层面：倡孝回报亲恩……………………………… 180
　　二、学校层面：加强感恩教育……………………………… 185
　　三、社会层面：营造感恩氛围……………………………… 191
第四节　以感恩激励和保障制度建设为主要支撑………………… 205
　　一、树立知恩图报的激励机制……………………………… 206
　　二、推进感恩他律的法制保障……………………………… 208

结　语……………………………………………………………… 215

附录　感恩问卷调查……………………………………………… 217

参考文献…………………………………………………………… 223

第一章 绪 论

感恩是人类的一种重要的情感意识，是中华民族的优良传统。作为优秀传统文化的重要组成部分，传统感恩文化也需要在新时代里得到继承、弘扬，实现创造性转化、创新性发展，进而推动形成自尊自信、理性平和、积极向上的社会风尚。特别是近年来，各界社会人士普遍深刻认识到，挖掘中华感恩文化资源、弘扬传统感恩文化精粹、重视和加强感恩教育、涵养培育感恩品质的理论形态和时代要义已成为现实需要。之所以会形成这样的共识，一方面源于感恩具有不容忽视的积极正向的社会价值，对于完善个体人格、促进社会关爱、培育家国情怀具有重要作用，是社会主义精神文明建设的有效实现形式；另一方面也是因为感恩缺失带来的社会问题日益引发社会关注，需要从加强感恩文化建设等方面入手来调整个人与他人、个人与社会的关系以促进社会和谐共生。

第一节 研究缘起

一、研究背景

（一）感恩问题日益引发社会关注

从世界范围看，政治多极化、经济全球化深入发展，发达国家对发展中国家的文化渗透更加猛烈。与此同时，伴随深层的经济转轨、深刻的社会转型，人们的社会思想观念日益活跃，价值追求更趋多样，对包括感恩在内的传统文化带来了强烈冲击。进入21世纪以来，关于感恩缺失的报道频见报端。特别是伴随"救人者遭诬陷""一封心酸父亲的来信""丛飞事件""襄樊感恩门"等系列事件的不断发酵，关于施助与受助、报恩与忘恩等话题的讨论使感恩问题以现实不可回避之痛引起社会关注。近些年来，全国"两会"、新闻舆论等各方面都在强化重视感恩文化建设，各级人大代表、政协委员等多次将之列为重要工作提案，希望通过组织和制度形式推动新时代感恩文化建设。

2007年"两会"期间，全国人大代表马成果、全国政协委员陈万志、张杰庭、高玉葆等在参政议政过程中明确提出应加强感恩教育，通过感恩教育改变当代青少年自私冷漠的现状，引导青少年懂得他人对自己的奉献、担当起对社会应当担负的社会责任。这是中华人民共和国成立以来感恩问题首次被列为"两会"提案。2015年，全国人大代表蒋秋桃联合其他34位代表，提交了设立"中华父母节"或"中华母亲节""中华父亲节"的议案，希望通过倡导孝亲文化以使中国人在自己的节日中更好地感恩父母。2016年，黄细花等数位全国人大代表建议对于中华感恩节的设置应在国家法定节假日的层面上有所体现，如将"重阳节"设立为"中华感恩日"等，希望以此增强当代人的社会责任感，倡导对社会多做贡献、对社会感恩；全国人大代表向平华则就精准扶贫问题提出要对"不知感恩者"进行思想扶贫。2017年，全国人大代表白景富在发言中提出，只有每个人"都知道感恩，都知道敬畏"，人与人之间的关系才能得到根本改善，社会才会形成一个良好健康的风气，进而也才能为物质问题的解决打下良好的基础。这些舆论焦虑和提案呼吁声音，从一个侧面反映了社会各界对感恩问题的高度关注和重视，期望当代人在孝敬父母、承担责任、感恩奉献等方面有更为积极正向的行为表现。

（二）感恩教育实践逐渐受到各方重视

我党和政府非常重视优秀传统文化的传承创新工作，各级教育主管部门和学校也都越来越意识到了加强感恩教育的重要性，不断发出感恩倡议，并以实际行动积极探索推动感恩教育实践活动。2005年，上海市教委推出第3版《中小学生守则》，与之前的旧版和试行版相比，该版《中学生守则》首次明确提出学生应该"学会感恩"。2007年，宁夏回族自治区教育厅决定从当年开始将每年5月确定为全区学生的"孝敬父母月"，以体会父母的艰辛和不易，学会用一颗感恩的心去对待父母。同年，华中科技大学等武汉地区8所高校党委书记（校长）联名向社会发出感恩倡议："请让我们记得对他人的帮助说声谢谢！感恩请从我做起，从点滴做起，从现在做起！"2010年，四川省发布《四川省中长期教育改革和发展规划纲要（2010～2020）》，明确提出要加强感恩教育；四川省教育厅专门印发了《关于在灾区中小学开展感恩教育活动的通知》（川教〔2010〕118号），要求"以弘扬抗震救灾伟大精神为主导，以爱国主义、社会主义、集体主义，感恩党、感恩人民、报效祖国，增强社会主义公民责任感为主要内容，贴近学生生活、学习实际，形式多样、生动活泼地开展感恩教育"。2010年山东省检察院在全省检察机关启动以"谈感恩之心、履感恩之责、行感恩之举"为主旨的感恩教育活动，积极推进文明公正执法。在全国道德模范和感动中国年度人物的评选活动中，一个个鲜活生动的感恩事迹更是深入人心，催发出了震撼心灵的光辉力量。

（三）将弘扬"孝老爱亲"等传统美德纳入国家政策顶层设计

加强中华优秀传统文化教育，是构建中华优秀传统文化传承体系，推动文化传承创新的重要途径。党和国家政府部门近年来加大了在教育和政策等方面积极推动包括感恩文化建设在内的文化建设力度。2010年7月，备受关注的《国家中长期教育改革和发展规划纲要（2010～2020）》（以下简称《规划纲要》）在第二部分战略主题中明确指出，要"坚持德育为先。立德树人，把社会主义核心价值体系融入国民教育全过程。加强马克思主义中国化最新成果教育，引导学生形成正确的世界观、人生观、价值观；加强理想信念教育和道德教育，坚定学生对中国共产党领导、社会主义制度的信念和信心；加强以爱国主义为核心的民族精神和以改革创新为核心的时代精神教育；加强社会主义荣辱观教育，培养学生团结互助、诚实守信、遵纪守法、艰苦奋斗的良好品质。加强公民意识教育，树立社会主义民主法治、自由平等、公平正义理念，培养社会主义合格公民。加强中华民族优秀文化传统教育和革命传统教育，把德育渗透于教育教学的各个环节"。① 2012年11月，党的十八大报告明确提出了"建设优秀传统文化传承体系，弘扬中华优秀传统文化"的重大任务。2013年12月，中共中央办公厅印发的《关于培育和践行社会主义核心价值观的意见》

---

① 国家中长期教育改革和发展规划纲要（2010～2020年）[EB/OL].中华人民共和国教育部网站，http://old.moe.gov.cn/publicfiles/business/htmlfiles/moe/moe_838/201008/93704.html.

指出"发挥优秀传统文化怡情养志、涵育文明的重要作用",并明确要求"加强对优秀传统文化思想价值的挖掘,梳理和汲取中华文化中的思想精华,作出通俗易懂的当代表达,赋予新的时代内涵,使之与中国特色社会主义相适应,让优秀传统文化在新的时代条件下不断发扬光大"。① 2014年3月,教育部在《完善中华优秀传统文化教育指导纲要》的通知中指出,要"深刻认识中华优秀传统文化是中国特色社会主义植根的沃土,辩证看待中华优秀传统文化的当代价值,正确把握中华优秀传统文化与中国化马克思主义、社会主义核心价值观的关系"。② 2016年12月中共中央办公厅 国务院办公厅印发的《关于进一步把社会主义核心价值观融入法治建设的指导意见》明确指出:"大力弘扬中华优秀传统文化,深入挖掘和阐发中华民族讲仁爱、重民本、守诚信、崇正义、尚和合、求大同的时代价值,汲取中华法律文化精华,使之成为涵养社会主义法治文化的重要源泉。" 2017年2月,中共中央办公厅、国务院办公厅印发《关于实施中华优秀传统文化传承发展工程的意见》,进一步明确指出,包含"孝悌忠信""孝老爱亲"等在内的中华传统美德,"体现着评判是非曲直的价值标准,潜移默化地影响着中国人的行为方式",是传承发展中华优秀传统文化的"重要内容"。③ 这也是第一次以中共中央的名义印发的关于传承和发展中华优秀传统文化的重要文件。《中共中央关于制定国民经济和社会发展第十三个五年规划的建议》明确要求:"加强思想道德建设和社会诚信建设,增强国家意识、法治意识、社会责任意识,倡导科学精神,弘扬中华传统美德,注重通过法律和政策向社会传导正确价值取向。"④ 2017年2月,中共中央、国务院印发的《关于加强和改进新形势下高校思想政治工作的意见》指出:"要强化思想理论教育和价值引领……把社会主义核心价值观体现到教书育人全过程……弘扬中华优秀传统文化和革命文化、社会主义先进文化,实施

---

① 中共中央办公厅印发《关于培育和践行社会主义核心价值观的意见》[EB/OL]. 人民网, http://politics.people.com.cn/n/2013/1224/c1001-23925470.html, 2013-12-24.
② 教育部关于印发《完善中华优秀传统文化教育指导纲要》的通知[EB/OL]. 中华人民共和国教育部网站, http://old.moe.gov.cn/publicfiles/business/htmlfiles/moe/s7061/201404/166543.html.
③ 中共中央办公厅、国务院办公厅. 关于实施中华优秀传统文化传承发展工程的意见[N]. 人民日报, 2017-01-26(06).
④ 中共中央关于制定国民经济和社会发展第十三个五年规划的建议[M]. 北京:人民出版社, 2015:21.

中华文化传承工程,推动中华优秀传统文化融入教育教学。"① 2017年10月,党的十九大胜利召开,十九大报告强调指出"要发挥社会主义核心价值观对国民教育、精神文明创建、精神文化产品创作生产传播的引领作用,把社会主义核心价值观融入社会发展各方面,转化为人们的情感认同和行为习惯……深入挖掘中华优秀传统文化蕴含的思想观念、人文精神、道德规范,结合时代要求继承创新,让中华文化展现出永久魅力和时代风采","激励人们向上向善、孝老爱亲,忠于祖国、忠于人民"。这些立足于国家发展前瞻的纲领性文件强调了新时期立德树人的根本性、承继优秀传统文化的重要性、培育和践行社会主义核心价值观的紧迫性。感恩是中华民族的传统美德,是中华优秀传统文化的重要基因。这些重要文件在政策层面为传承和弘扬包括感恩文化在内的中华优秀传统文化提供了重要依据和基本遵循。

(四) 感恩品质培养有利于激发个体的亲社会行为

国内外大量的实验研究表明,感恩使人心态平和、宁静,有助于降低抑郁和负性情绪,拥有更好的睡眠质量,更稳定的心率,增进身心健康;感恩可以抚慰心灵、降低物质欲望、减轻痛苦以及提供其他的令人昂扬的动力,拥有更多战胜困难的勇气;感恩能提高创造性,提高学习成绩。一个拥有感恩品质的人,更容易对生活感到满意,对学习、事业充满信心,对他人、社会充满理解、尊重、关爱,更乐于帮助他人。正如德国著名哲学家尼采所说,"感恩即是灵魂上的健康",一个拥有感恩品质的人,对生活是积极的、乐观的,充盈着无比的幸福感。因此,感恩品质的培养是促进个体健康、全面、和谐发展的重要途径,具有感恩的人会比其他人具有更高的亲社会倾向。

通过感恩品质的培养激发个体更多的亲社会行为,具有重要的现实意义。当前中国处于转型期,市场经济在给人们带来丰富的物质财富的同时,人们对利益的片面追求也导致社会中出现了很多反社会现象:一些人物欲极度膨胀,自私自利、见利忘义,叛逆、攻击、暴虐、伤害等行为失范现象频发。人的心灵越来越荒芜,情感越来越冷漠,人与人之间的距离越来疏远。而感恩可以让人从他人的恩惠中体悟到爱和关心,融化人们的自私心、冷漠心和自卑心,减

---

① 中共中央国务院印发《关于加强和改进新形势下高校思想政治工作的意见》[EB/OL]. 新华网,http://news.xinhuanet.com/2017-02/27/c_1120538762.htm,2017-02-27.

少些抱怨、仇恨和对抗，多些宽厚、友善和快乐，让人的心灵纯洁而高尚；感恩可以让人关注他人，对施助者心存感激，对其他人施以爱心，对社会予以回报，懂得相互理解、相互关爱；感恩可以唤起人对人的兴趣，密切人与人之间的关系，增强人际情感交流，培养讲信修睦、与人为善、与人为乐、乐于助人的品质。如果人人都有感恩的心，大家就会相互关爱，相互尊重，社会中的人与人的关系也必然是温馨的、和谐的、融洽的，就会营造出良性互动的道德环境，从而使整个社会处于亲善、团结、友爱的氛围之中。总之，通过感恩品质的培养可以激发人们的亲社会行为，呼唤爱和人性的回归，对形成友善团结互助的社会氛围，密切人际关系，增强社会亲和力、凝聚力具有重要的现实意义。

（五）感恩正成为人类的一种价值共识

所谓价值共识，是指人们在相互交往中，通过深层次的思想沟通和交流，在价值观念上形成某种协调一致的意见。[①] 从世界范围内看，人类社会的许多领域正在掀起由消极向积极转向的思维运动。这场思维转向运动的特点就是通过挖掘与发扬人的正向能量以使人类远离消极而偏向积极，进而到达幸福、光明的彼岸。这种变化表现在心理学领域就是从 20 世纪末开始出现了由消极心理学向积极心理学的转变。在现代心理学视角中，一个人对世界和人生的认识会直接影响其外显的生活方式和行为准则。

积极心理学总结了人类弥足珍贵的 24 种积极品质，感恩是其中之一。在积极心理学看来，感恩作为一种正向的心理体验和人格特质，无论对于个体的健康还是社会的稳定，都具有重要意义。从社会层面上讲，施惠者会因为助人行为被强化而体验到幸福感，旁观者将感到敬畏，而潜在的受惠者则会体验到感恩之情，这种人际情绪的循环得益于感恩的无限延续。感恩来源于体验者自身，而最终泽及他人。从个体层面来讲，对生活采取感恩的态度，能够减少负面生活事件对个体的影响和提高健康水平。在当今中国处于全面深化改革、加大开放、发展社会主义市场经济的背景下，激烈的竞争、优胜劣汰的法则更容易刺激个人本位、自我中心意识的膨胀与心理的失衡，使自我无法正确面对与处理个人与他人、个人与社会的关系，造成社会关系的失调、对立与紧张。而

---

① 汪信砚. 价值共识与和谐世界 [J]. 武汉大学学报（哲学社会科学版），2017（9）.

感恩要求每个人的心中除了自我，也要有他人，有对他人的人格尊重与价值认同。一个人只有能"想别人之所想，急别人之所急"，感同身受，才能在别人需要帮助的时候施以援手，济以恩惠；同样，接受恩惠的人也只有心中有他人，才能体会到他人的用心良苦与关爱之情，才能有发自内心的认可与感动，才会有回馈、感恩之举，进而关怀他人，奉献社会。因此，加强对感恩问题的研究，不仅有助于人类正向力量的积蓄，而且有助于从相互依存的整体视角推进社会关系的和谐共生。

总之，包括感恩在内的中华优秀传统文化是中国人民世世代代形成和积累下来的，在规范传统社会的政治秩序、维系家庭的孝亲观念、培育个体的价值取向等方面发挥过积极作用，在当今仍然具有广泛而深刻的影响。特别是随着改革开放的深入和市场经济的发展，关于感恩意识缺失、回馈意识淡漠等问题事件的不断涌现，引发了全社会对感恩问题的关注和反思，人们越来越认识到，感恩依然应当是中华民族的道德追求和价值理念，在全社会形成互助关爱的感恩氛围将有助于消解自我中心主义的唯我局限与困境。因此，加强对感恩问题的研究，积极建构符合当代文化形态的感恩文化是现实的呼唤和时代的要求。

二、研究意义

2014年1月，习近平总书记到呼和浩特市儿童福利院慰问时动情地说："有一颗感恩的心很重要，所有的人都要有感恩的心。"[①] 2014年5月，习近平在北京大学师生座谈会上发表讲话时进一步寄语青年学生，要"学会感恩、学会助人、学会谦让、学会宽容"。[②] 所谓"所有的人都要有感恩的心""学会感恩"，不仅是要在全社会弘扬一种人心向善、团结互助的社会风尚，更彰显出感恩蕴含着的责任意识、担当情怀与敬畏精神。每个人都应该怀有一颗感恩的心，感恩时代、感恩国家、感恩人民，摆正个人与他人、个人与社会的关系，要对人民有感情、对生活有热情、对工作有激情，以实实在在的行动回报亲人、国家和人民。

---

① 习近平. 所有人都要有感恩的心 [EB/OL]. 新华网, http://politics.people.com.cn/n/2014/0128/c1024-24255486.html, 2014-01-28.

② 习近平. 青年要自觉践行社会主义核心价值观——在北京大学师生座谈会上的讲话 [N]. 人民日报, 2014-05-05.

当然，我们今天倡导感恩，并不是盲从于封建文化中愚忠愚孝的感恩文化，而是要继承精髓、剔除糟粕，运用现代文明与理念提升感恩的先进性，扩展感恩文化的深广度，以实现传统文化与现代文明的对接，构建符合时代精神的当代感恩文化。这就需要在学理分析有关感恩基本问题的基础上，系统梳理中国传统感恩文化资源，立足现实基础、着眼社会实践，探讨当代中国感恩文化建设的可行性路径。从这个意义上讲，本书正是力图对此现实呼唤和时代要求的一种积极的尝试性理论回应。

第二节 研究现状

一、国外研究现状

在西方，感恩首先是一种宗教色彩浓厚的文化理念。在世界三大宗教的基督教、伊斯兰教、佛教等教义里，感恩都得到了大力提倡与宣扬。感恩神、感恩神所赐予的一切成为一种宗教信仰，被广大虔诚的宗教信徒所普遍秉持。古罗马斯多葛学派的哲学家塞涅卡被普遍认为可能是西方第一个论述感恩问题的学者。在他的《论恩惠》一书中讨论了施惠者与受惠之间的关系与动机问题。塞涅卡的研究意味着自此西方关于感恩问题的研究走出了神坛宗教的樊篱，开始了世俗化的研究历程。近代英国著名的经济学家与伦理学家亚当·斯密在其《道德情操论》一书中论述了感恩，指出感恩的"合宜性"在于人们的同情心，"我们的情感是建立在直接同情行为者的基础上。对从这种行为中受益的那些人的间接同情也不乏明显的感觉。每当我们设想自己置身在这些受益者的处境时，我们是带着一种热烈和真挚的同情去体会他们对那些如此真诚地为他们服务过的人所怀有的感激之情！我们会像他们那样去拥抱他们的恩人。我们由衷地同情他们最强烈的感激之情。"[①] 20世纪30年代，瑞士心理学家博姆达尔—特拉梅尔对青少年的感恩研究标志着科学化研究感恩阶段的开始。然而，

---

① 亚当·斯密. 道德情操论［M］. 谢宗林译. 北京：中央编译出版社，2011：89.

在博姆达尔垣-特拉梅尔之后，感恩并未受到其他学者的重视，相关研究一度归于沉寂。直到20世纪末，伴随积极心理学的兴起，感恩又逐渐成为西方学术领域的研究热点。当前国外对感恩问题的研究主要集中在以下几个方面：

（一）感恩理论研究

海德尔、韦纳、柯林斯等认知情绪理论的代表人物认为，受助者的认知方式会影响人们的感恩，如当受助者与助人者之间并非熟悉的关系或者说是陌生人的关系，受助者对助人者的帮助有很高的认同时，受助者更易产生感恩。[①] 罗森伯格、麦卡洛等情感体验理论的代表人物提出，感恩是一种情绪情感体验，包括了如情感特质、情绪、心境等多种不同的心理表现形式。[②] 麦卡洛（2002）认为，对施恩行为体验强度的高低、感恩涉及范围的大小、感恩发生频率和施恩行为次数的频度等都会影响感恩情绪的阈值水平。弗雷德里克森等拓展建构理论的代表人物认为，作为积极情绪的一种，感恩能充分调动认知并进一步扩大个体的注意范围、提高认知的灵活性，也能够大大增加模仿施助者的行为而做出感恩回报的举动等，而以上的这种效应和功能能够把已有的包括生理资源、认知资源和社会支持等社会资源积累起来。这些积累起来的社会资源能够被个体在将来的某个时候所用，进而增强个体对生活、社会等的适应能力，构建和强化个体与社会的联系和友谊。[③] 麦卡洛和爱迪文等道德情感理论的代表人物则强调施助者的道德行为是感恩产生的重要来源。受助者在他人的施助中体味到友善，这种愉快的情感捕捉促使个体愿意跟人分享并希望别人也能体会到，进而产生一种将自身体会到的愉快感回馈给更多人的希冀。由此，感恩具有衡量一个人道德水平高低的测量功能，还能够作为一种强化物使行为得以习惯化。[④]

（二）感恩的测量

目前受到普遍认可的关于感恩的测量工具主要有以下几种：McCullough 等

[①] Crtony, Clore G. L., Collins A. The Cognitive Structure of Emotions [M]. New York: Cambridge University Press, 1988.

[②] Rosenberg E. L. Levels of Analysis and the Organization of Affect [J]. Review of General Psychology, 1998 (3): 247-270.

[③] Fredrickson B. L. What Good are Positive Emotions? [J]. Review of General Psychology, 1998 (2): 300-319.

[④] McCullough M. E., Tsang. Paraent of the virtues? The Porsocial Contours of Gratitude, In R. A. Emmons and M. E. McCullough (eds.), The Psychology of Gratitude [M]. New York: Oxford University Press, 2004: 123-141.

(2002) 编制的"六题项感恩问卷",Watkins 等 (2003) 编制的"多维感恩量表",Adler 等 (2005) 编制的"多维感激测量"。"六题项感恩问卷"属于单维感恩量表,英文全称 The Gratitude Questionnaire-6,简称 GQ-6,主要用来测量不同个体的感恩趋向性,这种趋向性体现在感恩个体的情感体验次数、强度、范围及频度。该量表相关性达到 0.65,自身的内部信度达到 0.82[①],说明它的准确性还是很高的。由 Watkins 等编制的"多维感恩量表"英文全称是 The Gratitude Resentment and Appreciation Test,包括 3 个分量表共 44 个题目。这 3 个分量表的一致性最高的可以达到 0.9,总量表与 GQ-6 的相关度也有 0.82。[②] 该量表主要采用 5 级评分,分数越高,说明个体的感恩水平越高。"多维感激测量"的英文全称是 The Appreciation Scale,简称 AS,其简表主要有 18 个题目,与 GRAT 的相关系数达到 0.95。该量表采用 7 点等级评定,分数高低反映出个体感恩特质水平的高低。[③] 以上量表都属于比较具有代表性的自陈式量表,也存在一些缺陷:如 GQ-6 单维感恩量表的项目太少,项目设置上缺乏科学性。其他的 2 个量表虽然题项不少,但由于没有考虑到跨文化等因素,所以存在适用性的问题。同时,由于是自陈式量表,个体容易受到社会的期许性影响感恩测量结果。因此,今后的研究还是应努力探索更适合我国国情的、更为科学合理的感恩调查量表。

(三) 感恩相关问题研究

1. 感恩与亲社会行为

很多学者认为,感恩与亲社会行为正相关,甚至认为感恩行为本身就是一种亲社会行为。格拉哈姆的研究表明,得到帮助的人,在以后的学习和生活中更容易对实施帮助的人甚至更多的人表达谢意。[④] 麦卡洛等认为,产生感激之

[①] McCullough M. E., Emmons R. A., Tsang J. A. The Grateful Disposition: A Conceptual and Empirical Topography [J]. Journal of Personality and Social Psychology, 2002, 82: 112-127.

[②] Watkins P. C., Woodward K., Stone T., Kolts R. L. Gratitude and Happiness: Development of a Measure of Gratiutude, and Relationships with Subjective Well-being [J]. Social Behavior and Personality, 2003 (5): 431-452.

[③] Adler M. G., Fagley N. S. Appreciation: Individual Differences in Finding Value and Meaning as a Unique Predictor of Subjective Well-being [J]. Journal of Personality, 2005 (1): 79-114.

[④] Graham S. Children's Developing Understanding of the Motivational Role of Affect: Anattributional Analysis [J]. Cognitive Development, 1998 (3): 71-88.

情的人会妨碍有害动机的产生，也可以防止相反行为的发生。① 还有研究者指出，助人的行为使受助者处在一种积极愉快的心情下，在这种愉悦的心情下，受助者希望别人也能够体会到，所以看到需要自己伸出援手的情况时，也会极力帮助别人。以上研究说明，国外学者多聚焦感恩为何可以激发个体的亲社会行为，通过研究将其归因为感恩情绪的愉悦作用，即亲社会行为的出现主要与感恩所产生的愉悦的心境有关。

2. 关于感恩与幸福感

研究认为，感恩与幸福感密切相关，是让人体验到幸福感的重要手段。幸福感主要分为主观幸福感、心理幸福感、人际幸福感三个研究取向。② Watkins 等的研究指出感恩与幸福感有着良性循环、相互加强的效应。③ Emmons 和 McCullough 的研究表明，通过简单的感恩练习，每个人在生活中都能够较轻松地发现快乐。④ 在人际幸福感方面，学界普遍认为高感恩水平的个体对生活越容易满足、比较乐观，对人和事充满活力，容易形成良好的人际关系，而良好的人际关系又会使个体获得更多的社会支持，从而在个体与社会之间形成良性互动。

3. 感恩与健康

相关的研究表明，感恩无论是对个体的心理健康还是生理健康都会产生正面的有益影响，有助于提高个体整体的健康素质。⑤ 卡斯丹（2006）等研究指出，越战老兵容易出现心理应激障碍，影响日常功能的恢复，体验更多的感恩对他们一些生活功能的恢复有益。⑥ Emmons 和 Kneezel（2005）将感恩作为一

---

① Emmons R. A., Grumpler C. A. Gratitude As a Human Strength: Appraising the Evidence [J]. Journal of Social and Clinical Psycholpgy, 2000 (3): 56–59.

② Emmons R. A., McCullough M. E. Counting Blessings Versus Burdens: Aninvestigation of Experimental Gratitude and Subjective Well–being in Daily Life [J]. Journal of Personality and Social Psychology, 2003 (2): 358–360.

③ Watkongs P. C., Woodward H., Stone T., et al. Cratitude and Happiness: Development of Ameasure of Tratitude, and Relationships with Subjeetive Well–being [J]. Social Behavior and Personality, 2003: 3431–3452.

④ Emmons R. A., McCullough M. E. Counting Blessings Versus Burdens: An Experimental Investigation of Gratitude and Subjective Well–being in Daily Life [J]. Journal of Personality and Social Psychology, 2003, 84 (2): 358–365.

⑤ Fredrickson B. L., Tugade M. M., Waugh, C. E., et al. What Good are Positive Emotions in Crises? A Prospective Study of Resilience and Emotions Following the Terrorist Attacks on the United States on September 11th, 2001 [J]. Journal of Personality and Social Psychology, 2003 (2): 365–376.

⑥ Kashdan T. B., Uswatte G., Julian T. Gratitude and Hedonic and Eudaimonic Well–being in Vietnam War Veterans [J]. Behaviour Research and Therapy, 2006 (2): 177–199.

种象征，感恩者的情绪和精神功能都是非常健康的。① Wood 等（2009）的研究发现，睡前给自己一些积极的感恩暗示，如好人有好报等，可以缩短入睡时间，提高睡眠质量，有了良好睡眠的保障，身体素质也得到了很大的提高。②

4. 感恩与人格

McCullough 认为，感恩意向高的个体通常情况下其社会赞许行为出现的频率也比较高，在积极的品质如同情、有信仰、心胸开阔等方面获得的分数也较高。③ Watkins 等认为，一个具有感恩的个体更乐于认可体验感激和表达感激的重要性。④

5. 感恩与认知活动

Bono 和 Frohlich（2009）在研究中发现，感恩在促进青少年对目标的追求、梦想的实现和自我实现等方面发挥着重要的作用，甚至有助于预测青少年在学业上投入多大的精力和时间，即感恩倾向水平高的学生，他会倾向于在学习上投入更多的时间和精力。⑤ Frohlich、Emmons、Card、Bono 和 Wilson（2011）研究发现，感恩可以减少青少年的学习倦怠。⑥

二、国内研究现状

我国的感恩文化历史悠久，相关记载主要见于四书五经、诗词文赋、家风家训等，突出表现在占主导地位儒家文化之中。从研究阐释的角度而言，我国关于感恩的系统性学术理论研究起步较晚。相关学者对感恩的重视和学术研究

---

① Emmons R. A., Kneezel T. T. Giving Thanks: Spiritual and Religious Correlates of Gratitude [J]. Journal of Psychology and Christianity, 2005 (2): 140–148.

② Wood A. M., Joseph S., Lloyd J., et al. Gratutude Influences Sleep through the Mechanism of Presleep Cognitions [J]. Journal of Psychosomatic Research, 2009, 66: 43–48.

③ Emmons R. A., Crumpler C. A. Gratitude as a Human Strength: Appraising the Evidence [J]. Journal of Social and Clinical Psychology, 2000 (3): 56–69.

④ Watkins P. C., Woodward K., Stone T., Kolts R. L. Gratitude and Happiness Development of a Measure of Relationships of Gratitude, and Relationships with Subjective Well-being [J]. Social Behavior and Personality, 2003 (31): 431–452.

⑤ Bono G., Frohlich J. J. Gratitude in School: Benefits to Students and Schools. In R. Gilman, Huebner E. S., Furlong M. J. (eds.) Handbook of Positive Psychology in Schools [M]. New York: Routledge, 2009: 77–88.

⑥ Frohlich J. J., Emmons R. A., Card N. A., et al. Gratitude and the Reduced Costs of Materialism in Adolescents [J]. Journal of Happiness Studies, 2011 (2): 289–302.

主要兴起于 2000 年以后，特别是近几年有关感恩的新闻报道和理论研究在数量上呈现急剧增长态势。根据对中国知网总库的调查，以"感恩"为题名进行检索，2004 年以前，感恩问题在学界鲜有重视，2000~2004 年共发表相关学术论文 3 篇。从 2005 年开始，大量关于感恩的研究著述如雨后春笋般地呈现。2005~2017 年，相关性文章条目已达到 4770 条，包含大量的杂记、新闻、短评、教育纪实等。其中研究性的期刊论文 1492 篇，硕士学位论文 249 篇，博士学位论文仅 3 篇。在这为数不多的有关感恩的博士学位论文中，上海师范大学张萍博士与陕西师范大学杨伟刚博士都是从心理学的角度研究感恩，第二军医大学杨芳博士则从护理学的角度研究感恩。一些以"感恩"为名的书作，也多是以随笔、畅想、经典故事、哲理小品等形式漫谈感恩对人生、工作、情感的重要影响，体现了对人的精神抚慰与励志成才的鼓励，弥漫着心灵鸡汤的感化教育和引导。如风云的《学会感恩、懂得分享》（2006）、莫伦的《感恩：孝敬父母一定要做的事》（2006）、崔雪娇的《学会施恩，懂得感恩》（2006）、彭成的《感恩中国：青少年必上的 8 堂感恩课》（2010）、星云大师的《感恩：生活之道》（2010）、王学江《学会感恩》（2011）、宋振赫的《学会感恩，担当责任》（2011）等。此外，还有一些基于教育实践而编写的感恩教育经验汇编，如仇忠海的《感恩教育：上海市七宝中学的实践活动》（2007）等，项福库的《感恩教育理论研究》（2011）和刘利才的《青少年感恩教育的理论与实践研究》（2014）探讨了感恩教育的内容、方法等，在一定程度上弥补了感恩教育理论研究之不足。

就现有研究成果形态而言，主要以论文包括研究生的学位论文为主，系统化的理论专著有待进一步丰富。从马克思主义理论的视角系统研究感恩问题，本书的确是一次尝试和突破。

从研究内容上看，国内研究主要涉及感恩的作用与意义、感恩现状及原因分析、感恩教育理论与实践、心理学视角下的感恩研究等，其中感恩教育、感恩的心理学研究颇受关注。

（一）感恩的作用与意义

这方面的研究大多以当代社会感恩缺失为背景，强调感恩培养的重要性。从对个体的价值层面看，研究认为感恩文化的培育有助于个体的自我完善与发展。龙献忠等（2017）①、武国剑等（2017）②、廖飞（2009）认为，感恩有助于个体的身心健康，是促进个体成才的动力，能促进个人责任心、羞耻心的形成。苏园园等（2010）提出了感恩的五大功能，感恩具有"呵护健康心理功能、自信自尊培养功能、提升人生境界功能、人际资本积累功能、家庭幸福守护功能"。③项福库等（2011）认为，感恩能满足学生爱与归属的需要，是支撑人性尊严、实现美满生活及个人成长成才的内在需要。④胡沁熙（2015）认为，感恩有助于养成健康的心理品质、建立良好的人际关系、有利于培养责任感与使命感。从对社会的价值层面看，研究认为感恩文化的培育是建设社会主义精神文明与和谐社会的必然要求。赵红丽（2008）指出，感恩教育是弘扬中华优秀文化的重要手段。"重拾"感恩教育，是人性的需要与回归，也是现代文化与传统文化的对接和传承。潘剑锋（2011）认为，感恩教育有助于爱国主义精神的培养与民族文化凝聚力的增强。陈冉（2012）认为，感恩教育是弘扬中华传统美德的有效途径，是加强高校思想政治教育的重要举措及构建和谐社会的迫切需要，有利于推进社会的稳定和进步，提高整个社会文明程度。杨雪琴（2017）⑤、王婕（2015）⑥、朱芳缘（2015）认为，全面建成小康社会，实现中国梦必须弘扬感恩的传统美德，感恩可以引领人们构建良好的人际交往关系，是维系社会稳定和发展的纽带。冼季夏（2016）提出感恩教育可以弥补思想政治教育的不足，并从教育理念、情感作用、人文关怀、主体实践四个方面探讨了如何通过感恩教育增强思想政治教育的实效性。⑦

（二）感恩现状调查

柴世钦等（2010）⑧、白圣豪（2016）⑨聚焦了大学生感恩缺失现象，认

---

① 龙献忠，陈方芳．"微时代"大学生感恩教育：挑战、机遇及对策［J］．湖南社会科学，2017（2）：188．
② 武国剑，朱玲利．大学生感恩励志教育的理路探究［J］．思想教育研究，2017（7）：110．
③ 苏园园，赵平．大学生学会感恩的价值和方法［J］．太原师范学院学报（社会科学版），2010（6）：128-129．
④ 项福库，祝国超．感恩教育理论研究［M］．成都：西南交通大学出版社，2011：13-20．
⑤ 杨雪琴．大学生感恩教育长效机制构建研究［J］．学校党建与思想教育，2016（7）：61．
⑥ 王婕．青少年感恩观念培育的途径探析［J］．中州学刊，2015（9）：94．
⑦ 冼季夏．论感恩教育在大学生思想政治教育中的作用［J］．学术论坛，2016（3）：160-162．
⑧ 柴世钦，肖继军．大学生感恩意识缺失现状分析及教育体系建构［J］．湖南科技大学学报（社会科学版），2010（1）：138-139．
⑨ 白圣豪．大学生感恩品质现状调查分析［J］．学校党建与思想教育，2016（6）：56．

为感恩意识缺失是当前大学生中普遍存在的严重问题,薄情寡义、漠视生命、过度消费、浪费无度是其主要表现,并提出相应对策。邓丽现（2017）、苏民懂（2015）、陈碧妹（2015）、常青青（2015）、李萍（2010）等关注的是农村留守儿童的感恩缺失问题,农村留守儿童作为一个有着数千万之多的庞大群体,确保其健康成长意义重大,然而"许多留守儿童对父母的养育、对老师的教导、对社会的培育等方面的感恩意识日渐淡薄,一些留守儿童甚至还形成了性格缺陷或心理障碍,出现了行为偏差和违法犯罪现象"。① 边高峰（2017）、吕璐（2017）、付进（2016）、何艳红（2015）、黄治东（2011）等对受助贫困生的不感恩现象进行了思考,指出"有相当数量的家庭经济困难学生以贫困为借口,行为失范、感恩缺失,把他人的帮助视为理所应当,思想上不求上进,学习上得过且过,生活中攀比享乐,活动中消极懒散。这应该引起我们的警觉,必须对大学生进行有效的感恩教育,促进大学生的健康成长及高尚人格的塑造"。② 一些学者对高中生、初中生、小学生及幼儿的感恩问题进行了研究。贾静（2016）、冯婉祯（2007）、吴新梅（2006）等强调了幼儿感恩培养的重要性。李培（2015）、郝振君（2015）、李文萍（2012）等指出了小学生的感恩不足,"目前我国小学生的一些行为让人担忧。情感冷漠、以自我为中心在中国孩子身上表现突出:不懂得父母家人的辛苦,想要什么马上就要得到;浪费食物、乱扔垃圾,缺乏规范意识"。③ 何安明（2013）、王景义（2012）、蒋平（2011）等对中学生的感恩表示了忧虑,"随着物质条件的不断改善,生活水平的不断提高,我们的中学生攀比心理不断增强,对社会与家长的要求越来越高,以自我为中心的意识占据主导地位,而对社会、对父母的感恩意识正在逐渐淡化,甚至濒临泯灭的边缘"。④ 罗炳国（2016）、曲延涛（2014）、孙远（2012）等关注的是高中生的感恩现状,并提出了相应的对策。

（三） 感恩缺失的原因分析

主要从社会、学校、家庭、个人等方面进行了分析。社会层面上,研究认

---

① 陈碧妹,杨志军.农村留守儿童感恩意识的培养策略探析 [J].廊坊师范学院学报（社会科学版）,2014 (6):121.
② 黄治东.加强受助大学生感恩教育刍议 [J].学校党建与思想教育,2011 (11):44.
③ 郝振君,苏亮亮.小学生感恩教育研究综述 [J].现代教育科学,2015 (8):74.
④ 王景义.浅谈在中学生中开展感恩教育的必要性 [J].学周刊,2012 (22):25.

为主要是由于经济转轨、社会转型、改革开放、快速发展的大背景既给当代中国发展带来了前所未有的机遇，同时也给当代人带来了种种时代阵痛与前所未有的迷茫。"社会竞争的残酷，贫富分化的加剧，社会福利的失衡使人们陷入了生存焦虑和精神迷失的状态，从而远离了'善'的德行"。① 而"感恩文化本质上应属于自生自发秩序范畴。在一个社会不能提供自生自发秩序有效形成的土壤之时，良性的感恩文化也无从建立。即使这个社会曾经有过'滴水之恩、当涌泉相报'这样的行为信条，但在现实生活中陷入失序困境的人会觉得这样的古训相当遥远"。② 卢正邦（2017）、吴倩（2016）、刘阳（2016）等指出，受市场经济及社会功利化的影响，在家庭与学校方面，感恩教育明显不足，即使有所涉及也常常流于形式，难以产生感动人心、触及灵魂的力量。在个人层面上，研究认为主要是因为不注重感恩品质的培养与锤炼。学生本身"生活在紧张的竞争当中，无暇去体味'报恩'和'施恩'给自己带来的幸福和快乐，因而也就难以习得感恩"；③"青少年忽视个人自我教育和修养，就极容易受到各种不良环境的影响，产生思想认识中的偏颇，造成感恩意识的缺乏"。④ 在社会、学校、家庭的感恩教育共同缺位的情况下，缺乏自我修养的个人更难形成对感恩的自我认同。

（四）感恩教育理论与实践研究

陶志琼（2004）、赵晓芳（2006）、吴建清（2015）等研究者主要立足于理论研究，相继发表了一系列有理论深度和富有启发意义的文章。关于什么是感恩教育，陶志琼（2004）认为"感恩教育是教育者运用一定的教育方法与手段、通过一定的感恩教育内容对受教育者实施的识恩、知恩、感恩、报恩和施恩的人文教育。感恩教育是一种以情动情的情感教育，是一种以德报德的道德教育，更是一种以人性唤起人性的人性教育"。⑤ 这个界定得到了学界广泛认同，至今一直被高频引用。赵晓芳（2006）提出感恩教育的三个层次：一是认知层次，即认识和了解自身所获得的恩惠和方便，并在内心产生认可；二

---

① 曾庆丹. 当代青少年感恩教育研究 [D]. 郑州：郑州大学硕士学位论文，2010：31.
② 和静钧. 论感恩文化的破损 [J]. 检察风云，2006（13）：55.
③ 魏延秋. 大学生隐性感恩教育探析 [D]. 上海：华东师范大学硕士学位论文，2010：18.
④ 张路东. 青少年感恩教育问题探究 [D]. 长春：长春理工大学硕士学位论文，2011：16.
⑤ 陶志琼. 关于感恩教育的几个问题的探讨 [J]. 教育科学，2004（4）：9.

是情感层次，即在认知基础上，衍生出一种愉悦和幸福的情感，从而转化为一种自觉的感恩意识，一种回报恩情的冲动；三是实践层次，就是将感恩意识转化为报恩乃至施恩的具体行为，并形成回报恩情、甘于奉献的习惯。① 吴建清（2015）认为，感恩教育的目的是对美好人性的涵养，"感恩教育是教育者有目的、有计划地对受教育者进行教育，使受教育者认识到自己从他人和社会中所接受的恩惠，从而对其产生感恩情感，并付诸感恩行为实践，最终形成一种美好人性的过程"。②

实践方面的研究相对更集中一些，主要围绕以下几个方面展开：一是一些学者呼吁"感恩教育应该成为一门课程"。③ 杨雪琴（2016）、王炜（2013）、李娜（2012）、毛启刚（2011）等认为，感恩教育是思想政治理论课的主要内容。陈宪民（2011）认为"不能只局限于对思想政治课教师提出相关的工作要求，而是要求所有教师都围绕德育这个首要任务来开展教学，从而长期、多方面、多渠道地落实感恩教育"。④ 陈红英（2017）对如何在英语教学中融入感恩教育，高羽清（2016）、何蓉（2015）对如何在语文教学中实施感恩教育，张芳梅（2014）、蒋有进（2010）对如何把感恩教育渗透到历史课堂中，刘叶琴（2011）对如何在生物教学中进行感恩教育等进行了探讨。二是强调感恩教育要注意多种教育方法的运用。陈雨蒙（2017）、龙汉武（2014）、刘利才（2014）、柴世钦（2010）等强调了感恩教育的情感性特征，"感恩教育是以情动情的教育，是心与心碰撞的教育，具有较强的情感性，既要晓之以理，更要动之以情"。⑤ 张楠（2015）、何安明（2014）、张丽（2013）、毛舒坦（2012）等希望以隐性感恩教育弥补显性感恩教育的不足，强调加大对高校隐性感恩教育资源的开发和利用力度，使其与显性教育资源形成优势互补，通过暗示、启迪、诱导和激励等手段，以情动人，增强隐性感恩教育的吸引力。三是杨艳杰（2017）、李钰娟（2017）、李艳（2012）、邓秀华（2010）等指出要辩证借鉴吸收西方感恩节、父亲节、母亲节等节庆文化。四是主张应

---

① 赵晓芳. 关于高校感恩教育的思考［J］. 社会科学论坛, 2006（7）: 118.
② 吴建清. 大学生感恩教育中存在的问题与对策探析［J］. 理论导刊, 2015（8）: 107.
③ 专家建议学校开设感恩教育课程［N］. 重庆商报, 2007-12-09.
④ 陈宪民. 高校感恩教育的现状和对策研究［J］. 教育与职业, 2011（12）: 49-50.
⑤ 刘利才, 陈昌兴. 论感恩教育的本质特征、价值取向与有效路径［J］. 西南民族大学学报（人文社会科学版）, 2014（10）: 221.

该在评价体系方面对感恩品质的养成进行行之有效的设置与考评。如通过详细记录学生的家庭、学校品行、社会公益服务参与情况、受资助学生的奖助学金使用情况、助学贷款偿还情况等,将其量化为具体指标进行综合考核,从而通过有效的奖惩制度引领、规范、激励感恩行为。王东辉(2010)主张通过"感恩教育学分制"来推进考核评价。① 在学校试点成熟后可通过建立公民感恩品行档案向社会推广感恩评价体系。

(五) 心理学视角下的感恩研究

主要是借鉴了西方心理学对感恩问题的研究,在感恩与幸福感、健康、人格的关系等方面进行了相应的实验跟踪研究。

梁晶晶(2017)、董冠平(2017)、牛庆艳(2015)、李芸(2015)、何安明(2014)、周玲玲(2013)、李贞珍(2013)、侯小花(2009)等通过调查分析、剧本实验等方法对感恩与亲社会行为之间的关系进行了考察,认为感恩对亲社会行为有着积极的促进作用,高感恩倾向的个体更容易做出亲社会行为,并且伴随特质感恩水平的提高,个体的亲社会行为倾向越牢固;刘东洋(2017)、谢红(2015)、张睿(2014)等对感恩与幸福感进行了研究。张妍(2011)经过分析指出,"因为感恩特质使个体更容易注意到身边发生的积极的事情,并体验到积极的情感。由于经常体验到各种积极的情感,使个体的心境更佳,因此也更能够体验到幸福"。② 林婵(2014)的硕士论文《大学生感恩、社会支持与心理幸福感的关系研究》是国内对感恩与心理幸福感的关系进行的首次系统研究,通过对一些大学生的问卷施测证实了感恩与心理幸福感显著正相关;关于感恩与健康,国内研究方面,陈冉(2015)的《初中生感恩与心理健康的关系及教育对策》是目前唯一的一篇专门研究感恩与心理健康关系的硕士论文。作者通过干预实践检验感恩与心理健康水平提高的有效性,认为:"感恩和心理健康之间不仅存在着较高的相关关系,而且存在着一定程度的因果关系,且感恩是因,心理健康是果。"③ 董霞(2008)、孙娜(2014)等也认为感恩对心理健康有较大影响,感恩水平与心理症状存在负相

---

① 王东辉. 大学生感恩教育课程化的策略研究 [J]. 教育评论, 2010 (3): 69.
② 张妍. 积极心理学视角下感恩与幸福感关系研究述评 [J]. 教育导刊, 2011 (3): 23.
③ 陈冉. 初中生感恩与心理健康的关系及教育对策 [D]. 信阳: 信阳师范学院硕士学位论文, 2015: 39.

关。刘琴（2015）等通过实验探讨了感恩对癌症病人健康的促进性和有效性，认为感恩干预对癌症病人健康促进有积极作用。章珠妃等（2013）对一些精神分裂症患者实施感恩教育一年后发现，感恩增强了患者与社会的接触和情感交流，患者的自我保健意识增强，从而使患者发自内心地提高服药依从性，进而减少了疾病的复发，促进了健康的恢复。卢小宁（2017）、杨芳（2011）、雷卫勇（2012）等对如何将感恩干预应用于慢性病患者的临床实际，以提高患者的健康进行了探讨。此外，国内学者徐金英（2014）、曾昱（2014）、李擎（2011）、胡瑜（2010）等对如何通过感恩教育促进积极人格的形成进行了探讨。国内学者廖美玲（2016）、李艳玲（2015）、黎秋岑（2014）、吕良成（2012）等对感恩与学习之间的关系进行了研究。

三、现有研究述评

综观近年来的研究现状，国内外关于感恩问题的研究逐渐呈现出一种升温态势，无论是国内学者，还是国外学者，都对感恩问题的研究表现出一定的热忱。特别是伴随西方积极心理学的兴起，感恩作为人类的一种正向力量得到了西方心理学界的普遍关注，进而带动了国内学者对感恩问题的重视。与此同时，受大众传媒对一些"受助不感恩"事件报道的影响，也进一步激发了人们对当下社会感恩问题的关注和理论思考。但从整体上看，相关研究尚存在以下不足和缺憾：

第一，缺乏横向度地对社会生活中感恩现状的真实把握，往往就事论事，顾此失彼，缺乏系统、整体的现实考量。

第二，缺乏纵向度地对中西方传统感恩文化的梳理、挖掘、归纳与借鉴。中西方感恩文化源远流长、内容丰富，是当代感恩文化之源。就我国而言，传统感恩文化的精髓是什么，特点是什么，究竟是什么导致了现代人对感恩情感上的疏离？在现实境遇中感恩为何会遭遇前所未有的尴尬？这类探讨尚存在不足。

第三，缺乏对感恩基本理论的总体认知与深入思考，多从感性认知的角度提出看法，而较少基于特定学术理论基础展开的深入分析；多数研究主要集中在对某个社会热点事件的现象分析而未深入更为基础的理论研究层面，对何为感恩、何以感恩、向谁感恩、如何感恩的系统性理论审视不足。同时，重复性的表象研究较多，对策建议也因缺乏逻辑依据而有泛泛空谈之嫌，以至于虽然文近千篇，却有大同小异之感，学理性不够突出。

第四，缺乏理论创新与本土化的原创性开拓。特别是我国心理学界虽然对感恩的研究比较活跃、时尚、前沿，但基本上是对西方心理学研究成果的引进跟踪或实验佐证，自我创新不足。并且，因中西方文化存在差异、现实国情迥然不同，在借鉴吸收国外研究成果的同时，也应注重跨文化与多元文化的比较研究与中国本土化的转化研究，最终升华、提炼出符合中国历史与适应现实国情的感恩理论。

第五，缺乏对现代新型感恩文化建设路径的系统思考。关于新型感恩文化的建构原则、方法与机制等研究较少。虽然国内外学者基本上都对感恩持肯定态度，但是也有少量学者发出了不同的声音，如胡守文（2000）、仲大军（2007）、孙焕英（2008）等认为，感恩与现代社会的平等民主精神不符，有谢主隆恩式的奴才主子之分、感激涕零式的封建落后之嫌；而唐钧、刘一哲等（2007）认为，感恩是权利不是义务。因为对于施恩者来说，他可以施恩，也可以不施恩，这意味着施恩与否对于施恩者来说是一种具有选择性的权利；那么同样，作为受恩者，感恩与否也应该是受恩者的一种具有选择性的权利，而不是一种必然的义务，所以对受恩者的不感恩行为应该宽容而不是一味谴责。关于这样的一些不同声音的表达，究其实质体现了当下建构新型感恩文化的紧迫性。人们之所以对同一社会问题会有不同的理解表达，在于所秉持的感恩文化标准的不同。世易时移，伴随着经济全球化与现代化进程的加快，传统感恩文化受到了前所未有的冲击与质疑，而单单依靠传统感恩文化的确已很难有效解释社会主义市场经济下的多姿多彩的社会生活与问题，而新型的现代感恩文化又尚未成熟。在现代与传统的新旧之间，既承接传统文化精髓又吸纳现代社会文明理念的新型感恩文化的建立迫在眉睫。[1]

以上归纳之种种，为本书以批判继承、梳理重构的态度，从历史与现代相结合、传统与现代相对照的角度，进一步细致入微、深入系统地研究感恩留下了很大的提升空间。

---

[1] 汤玲. 感恩问题研究的多维审视［J］. 未来与发展，2016（10）：43-48.

第三节 研究设想

一、研究思路

本书坚持马克思主义文化观,遵循由理论到实际、由抽象到具体的研究脉络,把感恩问题作为主要研究对象,以探讨感恩的内在质性规定为切入点,以当代中国感恩文化建设为旨归,基本内容和研究结构分为六章,具体如下:

第一章绪论。介绍了研究背景与意义、国内外研究现状及不足、研究思路与方法等,指出加强对感恩问题的研究,积极建构符合当代文化形态的感恩文化是现实的呼唤和时代的要求。此外,本章还提炼了本书的创新之处以及对未来研究趋势进行了展望。

第二章基本概念及相关理论。感恩是一个见仁见智的概念,从不同的研究角度和取向出发,往往会得出不同的内涵释义——感恩认知论、感恩情绪论、感恩行为论等不一而足。之所以在概念上呈现出莫衷一是的差异,主要缘于这些阐释多建立在对感恩某个阶段或现象特征的理解和把握上,以至于难以窥斑见豹、抵近本质。对感恩内涵的把握,应建立起整体性视角,从人的具体活动情境出发加以体认。

第三章中国传统感恩文化的主要内容。从感恩文化的角度理解,忠、孝、节、义等儒家文化重要思想之表现形式虽各有差异,但分析其本质都内在地体现了感恩的理念——孝乃感念父母生养之恩,忠乃感念君王浩荡皇恩,尊乃感念老师教诲之恩,节乃感念夫君悦已接纳之恩,义乃感念朋友知遇相助之恩,祭乃感念天地神灵庇佑之恩。一定意义上说,感恩是中国道德价值形成的起点,中国道德价值升华的基础,中华传统美德的内在驱动力。传统感恩文化的精华部分是当代感恩文化建设可资借鉴的重要资源。当然,也应该看到,中国传统感恩文化与封建社会制度相适应,有其糟粕的一面,需要辩证取舍、科学扬弃。

第四章当代中国感恩问题的主要症候及原因分析。当前中国正处于社会转型的关键期，现代文明与传统文化激烈碰撞，东方文化与西方文化激流涤荡，感恩文化正遭遇严重冲击。特别是近代以来，受特定时代主题的影响，包括感恩文化在内的传统文化遭到了猛烈批判，学校感恩教育同步弱化，社会转型期的消极方面又进一步弱化了感恩认同。当前存在的林林总总的"感恩的封建残余说""感恩的不以为然说""感恩的理所当然说""感恩的条件成熟说"以及感恩行为缺失等现象，都深刻反映了这一时代文化症候。

第五章比较视野下中国感恩文化建设的逻辑理路。感恩深深地嵌入在文化框架之中，中西历史文化背景下的感恩文化各有其表征和特点。通过梳理辨析传统感恩文化的内在理路以及比较中西感恩文化的歧异与汇通，可以体认到，中国感恩文化传统深受儒家文化影响，有其独特的文化逻辑。儒家正是通过恩与情编织的社会关系网络定位个人，并据此完成了一个由己及人、由家而国的逻辑推衍，从而建构起以孝为本的伦理纲常、家国同构的政治结构和社会道德建设要求。这也提示我们，当代中国感恩文化的构建应从现代社会治理以及现实生活的实际出发，以倡孝回报亲恩为起点，以感恩教育为基础，以社会约束机制为保障，通过不断唤醒个体的善良内心、激发人们的亲社会行为，方能达致感恩文化建设的理想图景。

第六章当代中国感恩文化建设的基本思路。推动当代中国感恩文化建设应传承优秀文化基因，立足现实基础，着眼社会实践。具体来说，应以建构当代感恩文化观为主要目标，以创造性转化和创新性发展中华优秀传统感恩文化为主要内容，以家庭、学校、社会感恩教育为主要路径，以感恩激励和保障制度建设为主要支撑，努力建设一种以社会主义核心价值观为引领的，既扬弃继承中华传统感恩文化又合理吸收借鉴西方感恩文化精髓的社会主义感恩文化。

二、研究方法

文献分析与现实考察相结合。关于感恩问题的研究多年来国内外有了许多的研究成果和理论探讨，虽然没有形成统一的理论和共有的范式，但有许多有益的理论贡献。本研究通过查阅、梳理、分析、借鉴已有的文献资料，对当前感恩研究的现状有一个比较全面、准确的把握。在此基础上，结合新时期的社会发展状况探诊问题症结，为进一步开展感恩研究提供基础性支撑。

历史分析与逻辑分析相结合。任何一种文化的发展必然其来有自。感恩文化发展至今同样有其深刻的历史溯源。本书力求以实事求是的态度对感恩的发展进行历史的审视，并以科学理性的思维从时代特点和文化、伦理、社会等多维角度，研究、揭示中国感恩文化的特点和文化逻辑等，进而达到理论逻辑与历史过程的真实统一。

系统综合与比较分析相结合。感恩问题是一个复杂的社会问题，涉及诸多的因素，比如经济、政治、文化等，也涉及施恩者、感恩者及受影响的第三方等，因此要有一个总体的、系统的研究与考量。同时，受不同历史传统、文化背景、社会制度等的影响和制约，感恩的伦理价值与道德意蕴也有不同的表现。本书通过比较分析中西方感恩文化传统和致思路径，探究其歧异与汇通，以期为当下中国感恩文化建设提供一种补充性视角和参照。

三、理论创新

以往研究尚未充分展开思考的地方，正是我们思考和研究起步的地方，也是本书立足创新的地方。本书主要的理论创新有以下几个方面：

第一，对感恩的本质规定性展开深入分析。从"何为感恩"和"为何感恩"两个基本命题出发，以马克思主义理论为观照视域，揭示感恩是个体因所受恩惠而生发的正向情绪体验和积极回馈意愿及行为，包含感恩意识和感恩行为两个维度的阶段性反映和表现，关联施助者、恩惠、受助者三个基本结构要素，兼有精神范畴和实践范畴的属性，是一种意识、情感和行为的综合，属于人的一种应然品质。人的社会性本质决定了"所有的人都要有感恩的心"。[①]

第二，揭示中国传统感恩文化的内在逻辑。感恩深深地嵌入在文化框架之中。通过纵向梳理辨析中国传统视野中的感恩文化表征，横向比较中西感恩文化的歧异与汇通，在此基础上揭示中国传统感恩文化的主要内涵和文化逻辑。从感恩文化的角度理解，忠、孝、节、义等儒家所倡导的核心思想理念虽表现形式各有差异，但分析其本质都内在体现了感恩的思想。儒家正是通过恩与情编织的社会关系网络定位个人，并据此完成了一个由己及人、由家而国的逻辑推衍。依此维度，感恩既是中国传统道德价值形成的起点，也是中国传统道德

---

① 习近平. 所有人都要有感恩的心［EB/OL］. 新华网，http：//politics. people. com. cn/n/2014/0128/c1024-24255486. html，2014-01-28.

价值升华的基础,是中华传统美德的内在驱动力。

　　第三,提出构建当代中国感恩文化的基本思路。新时代需进一步挖掘、继承与弘扬中国感恩文化的优良传统,实现感恩文化建设因时制宜的创新发展。推动当代中国感恩文化建设需立足现实基础、着眼社会实践,以建构当代感恩文化观为主要目标,以创造性转化和创新性发展中华优秀传统感恩文化为主要内容,以家庭、学校、社会感恩教育为主要路径,以感恩激励和保障制度建设为主要支撑,努力建构一种以社会主义核心价值观为引领的、以"薪火相传、代代守护"并"与时俱进、勇于创新"为姿态的、既"不忘本来"又"吸收外来、面向未来"的感恩文化形态。①

---

① 汤玲. 浅谈习近平总书记的文化思想［J］. 党建,2017（5）:34-35.

第二章 基本概念及相关理论

感恩是一个仁者见仁、智者见智的概念。本章力求在"何为感恩"的概念争论中,从过程性和关系性视角揭示感恩的内涵属性,并在此基础上从马克思主义视域进一步探讨"为何感恩"的学理依据。

第一节 感恩概念以及概念家族疏证

著名的现代性研究者伊夫·瓦岱曾指出:"含义最丰富的概念往往也是最不容易定义的概念。这些概念的使用范围涉及不同的领域,它们在不同情境中所表达的意思是不同的,有时甚至是互相矛盾的。"[①] 由于应用领域的广泛和情境之多变,概念的解释亦出现了林林总总的多种可能。虽然中西方感恩文化由来已久,然而对于何为感恩的概念界定和内涵阐释可谓是见仁见智、众说纷纭。为使有关感恩的问题研究尽可能达到理解上的一致,首要的是应尽可能厘清感恩的基本概念。

一、感恩概念的词源学分析

在英文中,"感恩"一词多用 gratitude 来表示,其来源于拉丁词根 gratia,

---

① 伊夫·瓦岱. 文学与现代性 [M]. 田庆生译. 北京:北京大学出版社,2001:10.

译为恩惠、优雅、仁慈、感激等。① 在西方语境中，感恩与感恩节（Thanksgiving Day）密切相关，其内涵释义最初源自基督教教义，上帝作为终极的感恩对象，通过人与人之间的互帮互助体现神爱以最终达到荣神益人。

在汉语体系中，从词语构成上看，感恩是由语素"感"与"恩"结合在一起而构成的一个合成词。对于感恩之"恩"，《说文解字》曰，"恩，惠也。从心，因聲"②，又进一步解释到"从心、从因，因从口大，乃就其口而扩大之意，亦含有相赖相亲之意，心之所赖所亲者，彼此必有厚德至谊，故恩之本义作'惠'解，即他人给我或我给他人之情谊、利益，称之曰恩"。③这里指明，恩就是惠，是给予他人的一种好处、一种帮助。因为是好处、是帮助，有益于我们，那么对他人的施恩之举应该表示感谢与感激，而不是熟视无睹、无动于衷甚或恩将仇报。由此，"感者，动也。应者，报也，皆先者为感，后者为应"。④ 所以感恩之感，是发自内心地对他人给予自己帮助与恩惠的一种感触、感动，一种认同、认可。从字形上看，感恩两个字都用"心"字做底，意味着言语或行动作为心迹的一种呈现，只有发自内心的感触才是真正的感恩。"恩"字由"心"与"因"组合而成，意指一个人要时常默忖事物的因由与来源，要有"落其实者思其树，饮其流者怀其源"之念。所以，从词源学分析可知，感恩特别强调的是内心所感及事之因由。

在汉语语境中，《现代汉语词典》将"感恩"解释为"感谢别人对自己的恩惠。"感恩与"感谢""感动""感激""感戴"等构成了词义相近的概念家族。将感恩与这些词语相区别，有助于我们从字词释义层面进一步加深对感恩的理解。

"感谢"是对他人好意帮助的一种友好回应，涉指广泛，个体未必一定会产生情感上的波动，表达更多的是一种礼貌的形式，以示人际交往的文明与尊重。

"感动"是指受到外界的影响而在情感上产生了一定的情绪触动甚至情感共鸣，多引发的是同情、钦佩或向慕之情，但情绪、情感的波动未必引发外在

---

① Emmons R. A., Shelton C. M. Gratitude and the Science of Positive Psychology. In C. R. Snyder（eds.），Handbook of Positive Psychology [M]. Cary, NC: Oxford University Press, 2005: 459-471.
②③ 许慎. 说文解字 [M]. 长沙: 岳麓出版社, 2006: 2018.
④ （魏）王弼，（唐）孔颖达. 周易正义 [M]. 北京: 北京大学出版社, 1999: 18.

的行为表现。

"感激"是指因对方的好意或帮助而对他人产生的情不自禁的、热烈友好的情感。感激的情感状态显然要比感动更强烈,其情绪、情感甚至有些难以控制,以至于达到了难以自抑的程度。

"感戴"是感激爱戴,感恩戴德的意思。戴是尊奉、推崇,所以感戴常用于表达下对上、幼对长的感动、谢意,有敬畏、拥护的情感成分并意欲在行为上有所回报。就现有的研究来看,一些学者并不认为感恩和感戴在内容上有多大区别,如果不作特别详细的区分基本上两者可以相互通用。不过由于日常使用习惯使然,感恩更为中国大众所熟知,而感戴则普遍用于心理学领域作为专业术语使用。

综上所述,与"感谢""感动""感激""感戴"等相比,"感恩"的内涵更为丰富,意蕴更为宽广,可以说它一定程度上包含和囊括了"感谢""感动""感激""感戴"等词语之义,"感谢""感动""感激""感戴"可视作感恩在情感、情绪触动等层面不同程度的体现。

二、感恩概念的多重释义

多种界定可以说是感恩概念中时常可见、不足为奇的景观,也正是在这繁多的阐释中从不同角度呈现出了对感恩的诸多理解。以下我们尝试在对感恩诸多层面的释义辨析中,进一步加强对感恩概念的理解。

感恩认知论。该释义认为,感恩是个体对所得恩惠的一种积极认知。国内学者蒲清平认为感恩体现了积极情绪复合社会认知过程中的个体对外界恩惠的正确认知。[①] 这种恩惠不在个体的预料中,完全是他人行为造成的结果,对于受恩者来说是得到了他不应得的。[②] 也就是说,认知论层面的感恩,一方面承认个体得到了来自他人的帮助是一种恩惠或益处,另一方面认为所得到的恩惠或益处是他人给予了自己不该得的。那么,个体为什么要感谢他人呢?西方学者韦纳分析了两种归因类型:结果依赖型和原因依赖型。结果依赖型看重的是结果,结果的好与坏决定认知评价的赞美或否定;原因依赖型看重的是意图和

---

① 蒲清平,徐爽. 感恩心理及行为的认知机制 [J]. 学术论坛, 2011 (6): 165.
② Heider F. The Psychology of Interpersonal Relations [M]. New York:Wiley, 1958.

动机，不管结果如何，只要意图、动机是善的，就应该得到赞许。而感恩大多被归属于原因依赖型。如《现代汉语词典》对感恩的解释特别提到了要感谢对方的好意①，属于原因依赖型的认知。无论是哪种归因，都强调对所施恩惠的感念，即首先需有肯定性的认知认同，将之视为有益的帮助，才能产生积极的情绪和行为反映。

感恩情绪论。耿树丰、夏红指出，感恩就是一种情感，一种内心体验，是主体的一种内心活动和过程。② 作为一种情绪体验，感恩究竟是一种什么样的情绪体验呢？威廉·麦克杜格尔在其《心理学纲要》中提到，感恩是一种混合情绪，包括敬畏、羡慕、尊敬、烦躁不安等；同时，感恩还是一种"微弱的情绪和负性的自我体验"的混合物。③ 之所以如此，在威廉·麦克杜格尔看来，因为给予者的施恩固然传递了一种友好让我们感到身心愉悦，但同时也让我们看到了他人所做的正是我们自己做不到的，无形中在与他人对比中意识到了自我能力的不足。所以感恩作为一种情绪，不仅是一种接受他人恩惠与友好的愉悦，也包含着一定程度的负性自我体验，即对他者能力的肯定与对自身不足的承认。德国著名哲学家康德也认为，感恩会让人背上一个无法完全偿清的人情债，因为施恩者的无偿帮助在先，为此，受恩者在道义上将永远亏欠施恩者。但与此类观点不同的是，奥托尼等学者则认为，感恩是包含着喜悦、欣赏、钦佩等正性的积极情绪体验。④ 拉扎勒斯等学者则认为，感恩源于"移情能力"⑤，著名的经济学家亚当·斯密也特别强调了移情在感恩中的作用。

感恩特质论。该理论认为感恩是一种人格或情感特质。作为一种特质，感恩是个体能够体验感恩状态的一种稳定性倾向⑥，具有相对稳定性。Watkins具体分析了具有感恩这种情感特质的个体在现实生活中所体现出来的易于快

---

① 中国社会科学院语言研究所词典编辑室. 现代汉语词典 [M]. 北京：商务印书馆，2013：342-423.

② 耿树丰，夏红. 和谐社会视野下大学生感恩教育 [J]. 黑龙江教育学院学报，2006 (6)：44.

③ 刘建岭. 感戴——心理学研究的一个新领域 [D]. 开封：河南大学硕士学位论文，2005：5.

④ Emmons R. A., McCullough M. E. Counting Blessings Versus Burdens: An Experimental Investigation of Gratitude and Subjective Well-being in Daily Life [J]. Journal of Personality and Social Psychology, 2003 (2).

⑤ Lazarus R. S., Lazarus B. N. Passion and Reason: Making Sense of Our Emotions [M]. New York: Oxford University Press, 1994.

⑥ Emmons R. A., Crumpler C. A. Gratitude as Human Strength: Appraising the Evidence [J]. Journal of Social and Clinical Psychology, 2000 (1): 56-59.

乐、容易满足等某些特征。① 国内也有研究者认为，感恩是个体在认识到施恩者所给予自己的恩惠或帮助基础上产生的一种感激并力图有所回报的情感特质。②

感恩美德论。McCullough 等认为，感恩与道德相关，是一种可以建立信任关系的美德。③ 哲学家马库斯·图留斯·西塞罗高度称赞感恩，认为感恩不仅是最大的美德，而且是所有其他美德之源。④ 国内学者毛启刚也认为，感恩不仅具有道德的价值，还具有美德的价值。⑤

感恩行为论。该理论认为感恩是一种回馈的行为，即对恩惠或益处的回报。感恩本身就是一种亲社会行为，它还可以激发更多的亲社会行为。⑥《牛津简明英语词典》对 gratitude 的解释是"being thankful; readiness to show appreciation for and to return kindness"，亦即"感谢的，乐于把得到好处的感激呈现出来且回馈他人"。斯宾诺莎认为："感恩或谢忱是基于爱的欲望，努力以恩德去报答那曾基于同样的爱的情绪，以恩德施诸我们的人。"⑦ 张桂权认为，感恩是主体（人）对有利于自己生存和发展的因素表示友好并且回报。⑧ 周元明认为，感恩是行为主体在生存和发展过程中对自身产生过积极作用的任何事物的一种感激与回报。⑨ 柳礼泉认为，感恩是对他人、社会和自然给予自己的恩惠所产生的认可并立志回报的一种认识情怀和实践行为⑩，也就是我们经常讲的以恩报恩，以德报德。

可见，对于何为感恩，学者的理解不尽相同，表述上多种多样，由此形成

---

① Watkins P. C. Woodward K., Stone T., Kolts R. L. Gratitude and Happiness. Development of Ameasure of Relationships of Gratitude and Relationships with Subjective Well-being [J]. Social Behavior and Personality, 2003 (31): 431-452.

② 何安明. 感恩的内容、价值及其教育艺术探析 [J]. 黑龙江高教研究, 2012 (4): 93.

③ McCullough M. E., Kilpatrick S. D., Emmons R. A., et al. Is Gratitude a Moral Affect? [J]. Psychological Bbulletin, 2001 (2): 249-266.

④ Gallup G. Gallup Survey Results on "Gratitude", Adults and Leenagers [J]. Emerging Trends, 1998 (3): 4-5.

⑤ 毛启刚. 大学生感恩教育存在的问题及对策 [J]. 学校党建与思想教育, 2011 (11): 47.

⑥ Lynn M. Individual Differences inself-attributed Motives for Tipping: Antecedents, Consequences, and Implications. International [J]. Journal of Hospitality Management, 2009 (3): 432-438.

⑦ 斯宾诺莎. 伦理学: 知性改进论 [M]. 贺麟译. 上海: 上海人民出版社, 2009: 136.

⑧ 张桂权. 感恩意识与感恩教育 [J]. 当代教育论坛, 2006 (1): 30.

⑨ 周元明. 当议高等学校的感恩教育 [J]. 江苏高教, 2007 (1) 138.

⑩ 柳礼泉. 感恩教育：大学生思想政治教育的新路径 [J]. 思想教育研究, 2009 (2): 3.

了感恩认知、感恩情感、感恩心理、感恩行为等诸多语汇。之所以会有如此的不同，主要基于两个方面的原因：一是感恩概念本身的意蕴丰富性，无论是感恩认知、感恩心理，还是感恩情感、感恩行为等，正是感恩作为一个概念的多层次蕴含的具体表现，加之不同研究者各自研究的取向与侧重点不同，所以出现了多种角度的感恩释义。二是一定程度上混淆了感恩心理、感恩过程和感恩内涵，或是把感恩产生的心理过程作为感恩的本质，或是把感恩产生的原因、作用效能等当成感恩的定义。

总体而言，西方的学者更多地把感恩看作是个体内在的一种心理状态，多从认知和情感的角度展开研究。确切地说，他们所研究的是"感激"这样一种内在心理状态，而并不十分关注感恩外在的行为表现。与之相反，国内学者对于感恩的探讨，更多关注的是感恩的外在行为表现，而对隐蔽的感恩心理研究相对滞后。因为中国文化奉行的是"受人滴水之恩，当涌泉相报"，强调的是受人恩惠之后必须加以回报，否则就会被斥责为"忘恩负义"，也就是行为表现如何是判断个体人格的重要标准。①

结合中西方词源释义和众多研究阐释，从其共性特征和最大可能兼顾概念的通约性原则，关于感恩概念的界定应包括三个基本信息：一是无论感恩情感或感恩行为都其来有自；二是感恩的情感体验多偏属正向积极；三是强烈的感恩情感体验催发外在感恩行为实践。据此分析，本书尝试将感恩定义为：感恩是个体因所受恩惠而生发的正向情绪体验以及由此产生的积极回馈意愿和行为。

第二节 感恩的内在属性

一些学者认为感恩是人的一种与生俱来的本性，是一个人不可磨灭的良知②，是每个人都应该具有的基本道德准则，属于人之常情。③ 与其相反的是，

---

① 李志强. 大学生感恩品质现状调查与研究 [D]. 重庆：西南大学硕士学位论文，2008.
② 胡虹霞. 高校德育应补上感恩教育这一课 [J]. 北京教育，2005（5）：13.
③ 何芳. 感恩教育：道德教育的应有之义 [J]. 中国教育学刊，2005（7）：33.

另有学者认为,感恩并非天生本能,它需要教育的点拨和引导,要通过教育来帮助人们发现生活中美好的事物。① 国内学者周国平就曾指出:"不要期望你对别人付出了,就一定要获得回报,因为忘恩负义是人的本性。"西方现代人际关系教育的奠基人卡耐基说:"感恩是极有教养的产物,你不可能从一般人身上得到,忘记或不会感谢乃是人的天性。"② 在卡耐基的《卡耐基正能量》一书中亦指出,"忘恩负义乃是人的天性,如果你非要期望别人感恩,那多半是庸人自扰"。③ 像随地生长的杂草,忘恩是人的天性;感恩则有如玫瑰,需要精心的栽培及爱心的滋润。而前述关于感恩概念的多重释义和内涵特征,也为我们进一步把握感恩的内在属性提供了有益启示。从某种意义上讲,它启示我们,在对感恩内在属性的理解和把握方面,应建立起整体性视角,从人的具体活动情境出发来加以体认。

一、感恩的要素特征

感恩包含感恩意识和感恩行为两个维度的阶段性反映和表现,关联施助者、恩惠、受助者三个基本结构要素。

首先,从感恩内涵构成看,感恩主要包括感恩意识和感恩行为两大阶段性表现。其中,感恩意识包括认知、情感、信念、意志等,列属于内隐的精神范畴,与之相对,感恩行为则列属于外显的实践范畴。

感恩意识与感恩行为同等重要。感恩意识是人们对他者所施恩惠的正确认知并欲积极回报的一种内在心理冲动与诉求。一个人如果不能正确认识他人的帮助而将之看作理所当然或是对自己亏欠的补偿的话,就不会生发出感恩意识,也就不会引发感恩行为。但仅有感恩意识还远远不够,更应倡导将此种意识付诸实践,即最终还是要有一定的感恩行为的体现,才能将感恩加以客观化地呈现。在对苏格拉底的反驳论中,亚里士多德指出,"如果一个人仅仅知道什么是善而不行善,他也不可能具备相应的道德品质,这就犹如一个知道医学知识的人不会自动健康,一个知道建筑知识的人不会自动成为建筑家一样"。④

---

① 陶志琼. 关于感恩教育的几个问题的探讨 [J]. 教育科学, 2004 (4): 9.
② 戴尔·卡耐基. 人性的弱点 [M]. 北京: 中国妇女出版社, 2006.
③ 文恒一, 武妙兰. 卡耐基正能量 [M]. 上海: 上海学林出版社, 2012.
④ 颜青山. 虚拟品质与道德教育 [J]. 伦理学研究, 2016 (2): 111.

现实生活中很多施助行为之所以不能持续，很大程度上往往是因为没有得到受助者的积极回应。当施助者满怀善意与友爱的付出得不到客观公正的评价时，这种不被认可、不被尊重的感觉会使施助者产生或强或弱的挫败感和屈辱感，进而弱化直至消除施助者的施助动机与行为。为此，斯宾诺莎也强调，"当一个人因由于爱或由于荣誉的希望而给予他人以恩惠时，如果他看到他的恩惠得到忘恩负义的报答，则他将感到痛苦"。① 所以，感恩意味着受助者对施助者施助动机与行为的肯定、赞许与鼓励，施助者至少在精神上会获得欣慰、快乐和满足，这种积极的情感体验会强化施助者的助人动机，激励他做出更多帮助他人的行为。受助者自己也会在这个过程中产生温暖、被爱和被关注的幸福感，并促使他做出善意的举动。所以，只讲付出、没有回应的施恩既不人道，也终将会走向枯萎；而只接受恩惠、不懂得感激、回馈他人的受助者，终将沦为只知索取、不知付出的自私自利者。因此，只有感恩意识而无感恩的外在行为表现，很难判断其是否真正感恩；同样，没有明确的感恩意识指向而作出的类似于感恩的行为由于脱离了自觉、自主、明晰的判断与选择，也非真正意义上的感恩。无论是施恩还是感恩，都应是发自内心而真诚的。感恩并非与生俱来，需要后天的学习与引导。

其次，从构成要素上看，感恩主要包含施助者、恩惠、受助者三大基本要素。受助者是具有能动意识的主体性存在，包括个人以及与之相对应的由个人组成的团体、组织等。所以，受助者可以小到个人、集体、单位，大到民族、国家、社会等，因此我们会说他（她）是一个感恩的人、这是一个感恩的国家、这是一个感恩的民族等。相较于受助者，施助者则宽泛得多，它不局限于个人及人类团体等这些具有能动意识的主体性存在，还包括自然物、人工创造物等一切非主体性的存在，因此我们会说感恩某个人、某个组织、团体，也会说感恩生活、感恩历史、感恩自然、感恩上帝等。当然，感恩虽然也产生于一些非主体性存在的馈赠，如自然、环境的馈赠等，但是最常发生的还是在人际之间。本书研究的是人际之间的感恩。

在感恩构成要素的体系中，恩惠的作用不容忽视，它使施助者与受助者之间结成了一种紧密连接在一起的社会纽带。恩惠可以是物质的支持、经济的资

---

① 斯宾诺莎.伦理学：知性改进论［M］.贺麟译.上海：上海人民出版社，2009：113.

助,更是一种情感上的、精神上的关爱和鼓励,体现着善意的表达与流动。面对他者的恩惠,我们虽然强调回报,但基于感恩的回报既不应该是被迫的、勉强的道德绑架,也不应该是庸俗的等价交换与商品式偿还,它更注重的是"你敬我一尺,我敬你一丈"的境界提升与爱心传递。这也毋宁是说,感恩属于人的一种"应然"品质。

二、感恩的内涵特质

综观中西方的相关释义,不难发现,感恩与感恩概念家族中的其他成员联系如此密切,形成了一个具有家族相似性的"概念星丛"和"总体视阈"。相对而言,西方的学者更多地把感恩看作是个体内在的一种心理状态,多从认知和情感的角度展开研究。确切地说,他们所研究的是"感激"这样一种隐秘的内在心理,而不太十分关注感恩的外在行为表现。截然不同的是,国内学者对于感恩的探讨,更多关注的是外在的行为表现,而对更为隐蔽的感恩心理的研究则相对薄弱。这种东西方研究旨趣上的差异,可能与各自的文化传统密切相关。就中国的文化传统而言,强调的是知恩图报,有恩必感,即受人恩惠后必须加以回报,否则就会被斥责为"忘恩负义"者,也就是行为表现如何是判断个体人格的重要标准。[①] 正因如此,或许我们只有通过对关涉感恩的基本特征的把握,才能进一步更好地把握感恩的内涵特质。

首先,感恩是一种过程性存在,具有过程性特征。

对感恩的内涵把握应与过程性相联系。从个体接受恩惠到产生感恩意识、形成感恩动力,再到做出感恩行为,这是一个连续的、动态的过程。从过程性的角度看,感恩主要包括情感、认知、信念、意志和行为。一般而言,这些过程前后相继、彼此交互影响。通常,个体在接受恩惠后激发的是感动、感激等强烈而短暂的情绪状态,之后产生初步的理性认知判断,继而萌生报恩意愿、实施报恩行为。这些过程的发展并非一成不变,彼此间的交互影响也一直存在且复杂多变。随着时间的推移、个体知识的积累、心智的成熟、阅历的增长,即时性的情绪状态会慢慢演变成一种相对稳定的心境状态。心境与个体认知相互影响,具有正向关系性。在心境和认知程度不断提高加深的情况下,感恩信

---

① 李志强. 大学生感恩品质现状调查与研究 [D]. 重庆:西南大学硕士学位论文,2008:8.

念愈加明朗、意志愈加坚定，会进一步强化感恩行为，直至行为付诸实践并完成。而感恩行为的反复出现又会进一步促进、强化其他过程的发展，最终促使感恩沉淀、发展成为个体人格与美德的重要组成部分。

通过前述分析也不难理解，为什么有的学者称感恩是一种情感，或是一种认知，或是一种行为，因为它们都包含在感恩发生发展的过程中。虽然无论从认知、情绪、情感、特质还是行为的角度界定感恩均无可非议，需要强调的是，它们只是感恩的部分、感恩的过程，而非感恩的全部。以往的研究大多是突出或放大了感恩的某个方面，忽略了感恩部分与整体、部分与部分间的相互关系与影响，尽可能多地列举的是各自认为重要的、感兴趣的部分，从而在感恩概念的界定上呈现出分散、杂乱、罗列的态势，出现了以部分代整体、以偏概全、静态地界定感恩内涵的不足。为此，本书强调，基于过程性的视角，对感恩内涵的界定必须进行综合的、整体性的、动态性的考量。

其次，感恩是一种关系性存在，具有关系性特征。

从关系的视角来看，感恩是施助者与受助者之间一种因恩惠而产生的意义性关联，具有双向交流性、多向互动性、多元开放性的特点。这主要是从社会生活中的大多数感恩实践和表现而言，感恩总是离不开施助者与受助者。感恩狭义的、基本的表现形式是施助者与受助者之间的一种连接和接触——施助者付出、帮助他人，面对施助者的恩惠，受助者的感激之情被点燃，进而产生一定的积极回馈。施助者的施恩应当受到尊重与赞美，受助者的积极回馈同样不可忽视，因为它不仅会强化施助者的价值肯定与自我认同，成为施助者继续施以恩惠的强大动力，而且也是受助者提升自身精神境界、强化责任意识、传递爱心的有效途径，更是对社会大众的一种爱的奉献与责任教育的影响与展示。这样，以施助者、恩惠、受助者为基础，就形成了一条无形的感恩网链。链的上端是施助者的付出，是感恩的缘由，下端是接受恩惠的受助者，链之旁是教育、环境、社会等滋养涵蕴感恩的土壤和养分，如此往复循环。而且，这种往复循环是动态、开放的，不是封闭、静止的。当受助者把这种对施助者的报答扩展到对他人的帮助、社会的回报时，就突破了原有的施助者与受助者的双向互动而发展成为多向度的辐射扩展，那么受助者积极回馈的报恩之行就会升华成为新的施恩之举而激发又一个受助者的感恩之情，同样在感恩之情的激励下又会演变成为新的报恩之举。随着这条感恩之链的不断扩展，使感恩从报恩施助者扩展到感恩身边熟悉的人，直至一切需要帮助的人，从感恩有恩于自己的人或物扩展到感恩人类、感恩社会等。所以，感恩不仅有助于个体良善人格的养成，而且有助于崇德向善、爱心奉献的社会文明风尚的形成。概言之，感恩是施助者与受助者之间的双向的或是其两者与他者之间的多向的、动态的、开放式的交流过程，体现了双方或多方之间的关系性的存在。

感恩的关系性特征说明，感恩的顺利实现取决于施受双方的共同努力，既包括施助者的意愿也包括受助者的责任。然而，以往人们对感恩的研究常常囿于一种单向度的理解而忽视了其双向甚至是多向度的关系性。典型的就是出现了"施恩不图报"与"感恩图报"的矛盾尴尬而难以自圆其说。"施恩不图报"是对施助者单方面宣扬的一种无私奉献的高尚的道德要求，施助者在这种情况下往往被绑缚在道德的制高点，一旦与回报有一丝一毫的关联，往往就会遭到动机不纯的质疑，甚至是沽名钓誉的批评乃至否定。以这种圣人君子之德来要求所有人、普通者，不但容易打消助人者的积极性，对于弘扬善举不利，一定程度上也成为受助者冷漠忘恩、无所为的堂而皇之的理由。"感恩图报"则突出的是对受助者的道德规约，在"受人滴水恩，当涌泉相报"的理念下，容易使受助者背负沉重的心理包袱而产生抵触与逃避。之所以出现此两种现象，正在于没有正视感恩是一种关系性的存在，只从单向的角度考虑问题，强调一方的同时而忽略了另一方。从关系性视角出发，一方面，应客观认识到，施助者在帮助他人时必须考虑受助者的实际需要、接受能力与人格尊严，避免高高在上的优越感对受助者的无形压迫和一厢情愿式的帮助；另一方面，受助者也要考虑施助者的心理感受与尊重认可。通常而言，感恩开始于施助者的付出，完成于受助者的接受。由于我们通常把感恩理解为单向的行为，所以感恩的责任经常被等同为施助者的责任。事实上，受助者的感恩回应同样至关重要，现实生活中很多施恩行为之所以不能持续或中断就是因为被关怀方没有积极回应。① 感恩的关系性强调感恩的顺利完成取决于双方的道德责任和行为，既包括施助者的责任也包括受助者的责任。换言之，施助者的施恩动机、施恩行为、实际效果固然重要，受助者的积极回馈也不可忽视。感恩链条

---

① 苏静. 学会关怀与被关怀——论信息时代未成年人关怀品质的培养 [J]. 中国教育学刊, 2006 (30).

的良性循环与可持续发展是施受双方乃至多方共同努力的结果,任何一方缺一不可。

马斯洛说:"似本能的需要在某种程度上是由人种遗传所决定的,但它们的表现和发展却是通过后天学习获得的。"① 因此,对于这种似本能的品质的激发与实现离不开环境的熏陶与教育的培养。作为一种人类似本能的应然品质,感恩是个体对他者给予自己恩惠和帮助的认同并努力回报的一种认识、情绪、情感的复合社会认知过程,也是个体日常心理和行为中表现出来的较为稳定的情感体认和实践倾向,它端赖于后天的教育培养和引导建构。正如马克思所说:"恩情是连结人与人之间的一个良好的纽带,更是连接大到国与国、地区与地区,小到家庭与家庭、人与人,进而支撑起一个社会。"② 这也从社会文化建构的角度说明,感恩既是个人生活生存的需要,也是人类公共生活之所必需,需要加以大力提倡和引导。

综上所述,只有从人的具体生存环境和活动情境出发,对诸多因素进行综合考量,才能更好地把握感恩的内在属性。从感恩的要素特征和过程性及关系性特征看,感恩是人的意识、情感、行为的综合,兼有精神范畴和实践范畴的属性,属于人的一种应然品质。换言之,具有感恩品质的人,更容易产生更多的感恩体验、积极的感恩认知,表现出更多的感恩行为。

第三节 马克思主义视域下的感恩理论依据

感恩是具有主观能动性的人类所特有的一种认识、判断与情感、行为的综合。因为为人类所特有,所以对于"为何感恩"的思考只能从人自身出发,在人的生存环境与生存方式中去探寻。基于马克思主义理论的视域观照,本书认为感恩的主要理论基础有三:一是人的社会性本质是感恩的根本依据;二是互惠利他性规范是感恩的内在动力;三是人际间的温馨关爱是感恩的心理基础。

---

① 内尔·诺丁斯. 学会关心:教育的另一种模式 [M]. 于天龙译. 北京:教育科学出版社,2003:23.
② 马克思恩格斯全集(第46卷)[M]. 北京:人民出版社,1979:196.

一、人的社会性本质是感恩的根本依据

如前所述,感恩内在地包含了施助者与受助者,具有关系性的特征。从感恩的施助者与受助者的互动关系来看,感恩体现的是人与社会及其他人的依存关系。对感恩的正确认识首先来自对人与社会关系的正确把握。

关于人与社会的关系,马克思主义认为,人与社会相互联系、密不可分。固然社会是由人构成的,人是社会的主体,但人是社会的产物,任何人都不能脱离社会独自存在。从这个意义上讲,人的社会性本质是感恩的根本依据。

关于人的本质,马克思指出:"人的本质不是单个人所固有的抽象物,在其现实性上,它是一切社会关系的总和。"[①] 在现实世界里,既找不到没有人的社会,更没有离开社会的人,人的生存和发展离不开社会。如果将社会比喻成大海,个人就是大海中的一滴水,离开了社会,个人就会像水滴一样干涸。人对社会的这种依赖主要体现在以下两个方面:

第一,社会塑造人。人作为生物进化的产物,遵循着"长大成人"的命题。"长大",是指个体依着自然生命的规律发育、成长、成熟,这一点上,人与动物没有什么不同。"成人",则主要是指有着自然生命的个体经过社会化的洗礼,最终发展成为"社会人"。动物个体离开了动物群体除了面对病弱与死亡的威胁,很大程度上还是能够依照着自己的天性生长生存的。但人类个体离开了社会的哺育、熏陶则不能成人。"狼孩"等事例充分说明了这一点。

1920 年,在印度加尔各答东北的一个名叫米德纳波尔的小城,人们发现了两个由狼抚养长大的女孩。人们猜测,大的年龄应该在七八岁,小的约两岁。后来,这两个小女孩被送到米德纳波尔的孤儿院抚养,人们还给她们取了名字,大的叫卡玛拉,小的叫阿玛拉。到了第二年,那个小一些的女孩阿玛拉死了,而大一些的女孩卡玛拉一直活到了 1929 年。这两个"狼孩"刚被发现时,她们生活习性与狼别无二致:不会站立、行走,用四肢爬行,慢走时膝盖和手着地,快跑时手掌、脚掌同时着地。她们喜欢单独活动,白天睡觉,夜间潜行,怕光、怕火,也怕水,拒绝洗澡。饥时觅食,饱则休息,不吃素食,只吃肉,吃得时候也不知道用手拿着吃,而是放在地上像狼一样用牙齿撕咬。她

---

① 马克思恩格斯选集(第 1 卷)[M]. 北京:人民出版社,1995:26.

们不会讲话，每到午夜后像狼一样地引颈长嚎。七八岁的卡玛拉刚被发现时，她只懂得一般6个月婴儿所懂得的事，人们倾注了很大精力都不能使她很快地适应人类的生活方式。直到2年后卡玛拉才学会了直立，6年后才艰难地学会独立行走，但快跑时还是四肢并用。直到她死也未能真正学会讲话——4年内只学会了6个词，听懂几句简单的话，7年时间才学会45个词并勉强地学会了几句话。在她人生的最后3年，卡玛拉终于学会了在晚上睡觉，而她也害怕黑暗。但很不幸，就在她开始朝人的生活习性迈进时，她死去了。卡玛拉死时大约有16岁，但她的智力只相当于三四岁的孩子。据美国《自然史》杂志1976年4月刊登的一篇书评说，"狼孩"的发现者、孤儿院的主持人辛格在他所写的《狼孩和野人》一书中，详细地记载了他和妻子一起如何努力把这两个像狼的女孩转化为人的经过，但很显然，结果并不如意，两个"狼孩"皆因无法适应人类社会生活早早离世。书中还附有美国人类学家津格的评论。除此之外，人们还发现过熊孩、豹孩、猴孩以及绵羊所哺育的人类小孩。到20世纪50年代末，科学上已知的30个小孩是在野地里长大的，其中20个为猛兽所抚育：5个是熊、1个是豹、14个是狼哺育的，他们都和"狼孩"一样，具有抚育过他们的野兽的那些生活习性。当然，其中最著名的还是印度"狼孩"。

　　由此可见，个体的人如果一生下来就离开社会，没有经过社会化的塑造，那他就不能成长为真正意义上的人。"狼孩"一类的事实也说明，人类的知识和才能并非天赋、生来就有，直立行走和言语等也并非天生本能，所有这些都是社会实践的产物。人的这种社会环境倘若从小丧失，人类独有的习惯、智力和才能都发展不了，也就形成不了人所固有的特点。一如"狼孩"刚被发现时那样：有嘴不能言，有大脑不会思维，人和动物的区别被泯灭。关于社会塑造人，马克思曾指出："人是最名副其实的社会动物，不仅是一种合群的动物，而且是只有在社会中才能独立的动物。"① 也就是说，人出生以后虽具有了人的体貌特征，但是否真正成"人"，还要经过社会化的过程，既需要社会环境的供养，也需要历史文明的熏陶。为此，人不能孤立存在，脱离了社会，脱离了人类集体生活，就形成不了人所固有的本质，人将不人。

---

① 马克思恩格斯选集（第2卷）[M].北京：人民出版社，1995：2.

第二，社会影响人。从微观上看，个体作为社会的一员，每一个人都不是万能的，能力有限的个体单凭个人无法满足人的诸种需要。哲学家休谟（Hume）在其著作《人性论》中对个体的人的能力之不足进行了概括："（1）他的力量过于单薄，不能完成任何重大的工作；（2）他的劳动因为用于满足他的各种不同的需要，所以在任何特殊技艺方面都不可能达到出色的成就；（3）出于他的力量和成功并不是在一切时候都是相等的，所以不论哪一方面遭到挫折，都不可避免地要招来毁灭和苦难。社会给这三种不利情形提供了补救。借着协作，我们的能力提高了；借着分工，我们的才能增长了；借着互助，我们较少遭到意外和偶然事件的袭击。社会就借着这种附加的力量、能力和安全，才对人类成为有利的。"① 存在主义哲学的创始人海德格尔（Martin Heidegger）指出："由于这种有共同性的在世之故，世界向来已总是我和他人共同分有的世界。此在的世界是共同世界。'在之中'就是与他人共同存在。他人的世界之内的自在存在就是共同此在。"② 个体的人只有处在一定的社会关系中，在社会的分工协作中各司其职，各尽其责，才能与他人进行取予互换，互通有无。正是因为社会生活中的每一个人都无法万能，来自他者的帮助与恩惠就在所难免。但是很多人似乎习惯于忽略甚而遗忘自我存在方式的社会性这一事实，无视社会中人与人之间、人与社会之间存在的千丝万缕的联系，而只是一味地强调自我价值、自我奋斗，好像是自己养活了自己，自己创造了自己的幸福生活，自我俨然成为原子式的孤立个体。事实上，个人并不是自由自在的"原子"。为此，马克思批评道："资产阶级社会的成员根本不是什么原子，他们不过是把自己想象为原子而已，因为他们并不像原子那样独立自在，而要依赖别人，他们的需要每时每刻地使他们处于这种依赖地位。"③ 从宏观上看，每一代人所面临的物质条件与精神文明都来自既定的历史积淀，这些环境、条件是他们这一代人进行物质、文明创造的前提与基础。马克思说："单个人的历史决不能脱离他们以前的或同时代的个人的历史，而是由这种历史状况决定的。"④ "甚至当我从事科学之类的活动，即从事一种我只是在很少的情况下才

---

① 大卫·休谟. 人性论［M］. 关文运译. 北京：商务印书馆，2010：525.
② 海德格尔. 存在与时间［M］. 北京：生活·读书·新知三联书店，1999：137.
③ 列宁. 哲学笔记［M］. 北京：人民出版社，1974：25.
④ 马克思恩格斯全集（第3卷）［M］. 北京：人民出版社，1960：515.

能同别人直接交往的活动的时候,我也是社会的,因为我是作为人活动的。不仅我的活动所需要的资料,甚至思想家用来进行活动的语言本身,都是作为社会的产品给予我的,而且我本身的存在就是社会的活动;因此,我从自身所做出的东西,是我从自身为社会做出的,并且意识到我自己是社会存在物。"① 人们必须正视、接受、依赖既成的、属于自己时代的社会历史条件,才能有所创造和发展。所以,无论是微观的个体视角还是宏观的历史视角,都说明个人的生存与发展离不开社会,个人能力的有限性因之社会得到了庇护与弥补,个人的才能、创造性因之社会得到了提升与实现。

倡导感恩,体现了对人的社会性的深刻把握,也体现了对人与社会关系的正确认知。柏拉图认为,人们的生活需要使人们集合在一起,相互依存,获得生活的满足。单靠个人是无法满足人的许多需要的。法国启蒙思想家、哲学家霍尔巴赫(Horbach)也指出,人为了自保,如果没有援助,光靠自己,是不能达到目的的,"在所有的东西中间,人最需要的乃是人"。德国哲学家费希特(Johann Gottlieb Fichte)说:"人注定是过社会生活的,他应该过社会生活;如果他与世隔绝,离群索居,他就不是一个完整、完善的人,而且会自相矛盾。"② 归根结底,人是社会存在物,是不能独立于他人和社会而单独存在的,每一个人的生存与发展固然需要自身的奋发有为、拼搏进取,但也都不同程度地必然需要他人的帮助与协作。美国著名作家阿尔伯特·哈伯德(Elbert Hubbard)在《自动自发》中也写道:"身为子女,要感谢父母的精心培育;身为学子,要感谢师长的谆谆教诲;身为公民,要感谢国家的强大庇护;身为个人,要感谢大众的无私关爱。没有父母养育,没有师长教诲,没有国家爱护,没有大众助益,我们何能存于天地之间?所以,感恩不但是美德,更是人生存之根本!"③ 面对他人与社会的恩情,个体有义务作出回报与付出,也要赡养孝敬父母,也要爱护养育儿女,也要帮助亲朋好友,更要努力工作、服务社会。这就是你中有我、我中有你,大家相互依存、相互支撑、相互合作。人的这种社会性本质,决定了生活中人与人之间的施恩与受恩在所难免,感恩体现了人与人之间的相互依赖,人与社会之间的相互融合。而恩情使社会丰富性

---

① 马克思恩格斯全集(第42卷)[M].北京:人民出版社,1979:122.
② 维柯.维柯论人文教育[M].张小勇译.桂林:广西师范大学出版社,2005:24.
③ 阿尔伯特·哈伯德.自动自发[M].阿峰译.武汉:长江文艺出版社,2014:118.

地、情感性地连接为一个整体。"一个人活着不只是在为自己而活着，由于一些千丝万缕的关系，使得人在某种程度上乐意为别人而活着，而且不得不为别人而活着"。① 恩情让个体超越只为自己着想的利己之心，在为自己着想的同时，也感念着他人的恩惠与帮助。如果我们每个人都能常怀感恩之心，能够常伸援助之手，将爱心传递，那么感恩之花将会开遍我们的社会。

从马克思主义的人学理论出发认识感恩，能够深切地感受到，我们每个人都是需要感恩的。感恩那些为我们的生存与发展提供生存条件和发展机遇的社会与他人，因为个人离不开社会，社会为个人提供了生存的场域，为人的各种需要的满足提供了可能，为人的自由全面发展提供了条件。人与社会之间，与他人之间的这种客观的、内在的、普遍联系的社会性决定了每个人必须感恩；同时，社会也是需要感恩的，社会的存在与发展需要全体社会成员的共同努力与付出。社会成员之间的团结友爱、互相协作、感激与回报，是整个社会得以有效运转、健康发展的基础，因为"恩情是连接人与人之间的一个良好的纽带，更是连接大到国与国、地区与地区、小到家庭与家庭、人与人，进而支撑起一个社会"。② 如果人人都不感恩，只为自己活着，只知索取，不知回报和奉献，这个社会就无法健康运转。而如果社会基本运转秩序遭到破坏，个人的发展就成为一种奢谈。人是社会的存在物，个人与他人、与社会彼此依存、相互支撑，这是感恩存在与发展的根本依据。

二、互惠利他性规范是感恩的内在动力

列宁曾指出："物质利益问题是马克思主义整个世界观的基础。"③ 马克思高度重视利益问题，认为"人们奋斗所争取的一切，都同他们的利益有关"④，"'思想'一旦离开'利益'，就一定会使自己出丑"。⑤ 现实生活中出现的诸多感恩质疑，从一定程度上讲首先也是利益问题。对何以感恩的正确把握，离不开对利益的正确理解。功利层面上看，恩是利益的体现。

人是具有理性判断的社会性存在，从出生降世为人起就处在复杂的社会关

---

①② 马克思恩格斯全集（第46卷）[M]. 北京：人民出版社，1979：196.
③ 列宁. 列宁全集（第27卷）[M]. 中央编译局译. 北京：人民出版社，1990：339.
④ 马克思恩格斯全集（第1卷）[M]. 北京：人民出版社，1956：82.
⑤ 马克思恩格斯全集（第2卷）[M]. 北京：人民出版社，1957：103.

系网络中。由于人类社会是一个相互联系、相互作用的有机整体，人与人之间又由于社会分工的产生而建立了经济、政治与文化等各种各样的关系，这就必然会在人与人之间形成一定程度的价值、利益相关性。出于本能，为了生存和发展，每个人都会采取各种手段去占有自己之所需，然而物质产品和资源与人膨胀的欲望相比相对不足，当人们欲求同一事物而又无法同时享有就产生了利益冲突，从而导致人与人之间的紧张状态。为了避免霍布斯（Hobbes）所说的"人对人就像狼对狼"的局面的出现，就需要其中的一方做出适当的克制，转让原本属于自己的部分利益给他人，这种原始的对利益的克制和出让就成为"恩惠"的起源。因此，恩惠的本质是一种利益。

综观已有的相关研究，也强调了恩惠的利益性本质。所罗门认为，"感恩是对利益的一种估计以及对这种利益负责的某个他人的判断"。① 哈内德说，感恩是"一种对待给予者的态度，一种对待礼物的态度，通过合理有效的使用礼物，做到和给予者的意图一致。"② 米勒德认为，感恩是"愿意承认自己的经历中不应得的部分"。③ 现代认知心理学家也普遍认为感恩的本质是个人在得到益处之后的认知，感恩调节着人们对利益的反应，感恩一方面促使个体承认他们获得了利益，另一方面会促使个体将另一种已经占有的利益延伸给为他提供利益的施恩者，同时感恩又客观地依赖于关系中的损失与获利的比率（McCullough，2001；Tsang，2007）。

感恩的产生离不开恩惠的馈赠（Emmons & Scorn，2013），恩惠连接了施恩者与受恩者。Lambert、Graham 与 Finchanm（2009）认为，感恩由恩惠所诱发，将感恩命名为"benefit-triggered gratitude"。感恩研究的奠基人 Emmons（2012）提出，感恩是个体由于接受了他人善意提供的具有一定价值的恩惠而诱发的一种愉悦的、心怀感激而意欲报答的认知性情绪。因此，在感恩范畴中，恩惠的利益性调节着、影响着施助者和受助者——施助者让出了属于自己的部分利益转接给他人，受助者接受了本不属于自己的来自他者的利益，改善或改变了自己的生存环境。作为人类生存的必要组成部分，感恩促进了人际关

---

① Solomon R. C. The Passion, Garden City [M]. NY: Anchor Books, 1977.
② Harned D. B. Patience: How we wait upon the world [M]. Cambridge, MA: Cowley, 1997.
③ Bertocci P. A. Millard R. M. Personality and the good: Psychological and ethical perspective [M]. New York: David McKay, 1963.

系的和谐，社会结构的稳定。感恩回馈的社会链条要得以良性循环，离不开双方对于利益取舍的正确认识。只有施受双方都从中受益，互惠互利，感恩回馈的社会链条才能得以长久、持续的健康存在。互惠利他性规范是感恩存在发展的内在动力。

首先，坚持利他与利己的辩证统一。

长期以来，在利益的取舍问题上，传统上存在利他与利己两种截然相反的观点。利己主义把利己看作人的天性，把个人利益放在第一位，是一种个人利益至上而不顾他人、集体利益的一种生活态度和处世准则。利己主义理论的代表人物有霍布斯、曼德维尔、爱尔维修、霍尔巴赫、费尔巴哈、车尔尼雪夫斯基等，他们大多认为趋乐避苦、自爱自保是人的本性。人在行为处事中遵循的首先是自己的利益，每个个体都具有提升自己利益的权利，人们也有义务去从事任何可以有利于自己的事。通过利己，人们不仅让自己能够生存，而且也具备了服务社会的能力。因此，追求自我利益，这是人类一切活动的动力源泉。桑德斯说，利己主义是一种"每个人在任何时候都应该最大限度地追求自己利益而不应该牺牲自己利益的学说"。[①] 费尔巴哈认为，利己不仅是合理的而且是合乎道德的，德性的基础即在于保持自我存在的努力。寻求对自己真正有利益的东西，力求一切足以引导人达到较大圆满性的东西，追求自我利益的实现，保存自我的努力即是事物自身的本质。即使是道德，目的也是利己而非利他，"德行不过是一种用别人的福利来使自己成为幸福的艺术"。[②] 虽然利己主义有其合理性，但若一味宣扬、任其发展，容易走向自私自利的极端。

与利己主义相反，利他主义则是把他人利益和集体利益放在个人利益之上，这类人通常具有无私的奉献精神，为人处事上以大众、集体利益为重而较少考虑个人得失。19世纪法国哲学家和伦理学家孔德首先把利他这个概念引进道德理论，并以此作为他的伦理学体系的基础，后来又为英国的斯宾塞等所采用。利他主义者通常认为他人的利益、幸福比自己的利益、幸福更重要，是一种不期待任何报答的自觉自愿的有益于他人的行为。作为利己主义的对立面，利他主义在一定程度上抑制了利己主义的负面作用，彰显了人类崇高的善

---

① John K. Rothed. International Encyclopedia of Ethics [M]. London：Fitzroy Dearborn Publishers, 1995：250.
② 爱尔维修. 精神论 [M]. 杨伯恺译. 上海：辛垦书店，1933：57.

性，为此，许多研究者指出，人类的利他主义冲动，是我们生而为人的基石。由此，利他主义在许多思想和文化中是一种被广泛提倡的美德。

关于利己主义与利他主义，人们总是不自觉地陷入二元对立的思维窠臼与模式误区，认为利己就是自私自利，只为自己打算，为了个人利益不择手段，不计对方损失，利己由此成为恶的、俗的、不义之举的代名词；而利他则意味着无私奉献、舍己为人，具有无上的崇高性，利他由此成为善的、美的、君子之义的代名词。在这样的理念框架下，助人者哪怕是冒着失去生命的危险、付出了沉重的代价助人，但是不能以此博得哪怕是些许的个人利益——如果一个人帮助他人后获得了好处，无论这种回报是物质的还是精神的，人们会认为那不是真正的利他主义，助人者是别有用心、有所企图。总之，追逐自身利益是不道德的，舍己为公才是美德。这类认识成为人们普遍接受的信条，并顺理成章地成为社会教育的主导意识。

但利他主义的这种纯粹性，使一些研究者也产生了质疑，怀疑这种纯粹的利他主义是否真的存在。因为从进化论的角度讲，生物为了生存本质上都是自私的，那么人类的好心或许只是一种伪装。而且，即使我们的助人行为看上去无论有多么无私，其实总是可以想象出他利己性的一面：比如此时帮助他人也许并没有想到回报，但是未免不希望将来能够从中受益；或者助人者只是为了减轻内心的紧张和不安，通过助人行为来减轻自己的痛苦；或者是通过助人使自己体会一种自我价值；或者助人者的利他行为只是对自己从前所犯错误的一种补偿，使他由此减少罪恶感……一个人之所以能够跳下地铁去救一个毫不相识的人，也许是因为他不想因为不去救人而怀有负罪感；一位医生之所以放弃舒适的生活去偏远落后的地方照顾病人，那是他做了他想做的事情，在从自我牺牲的行为中得到了某种心灵上的慰藉与满足。的确，现实生活中人们的动机很少像利他主义标榜的那样纯粹简单。正如弗洛伊德指出的，人们真正的动机其实是隐藏着的，有时甚至连他们自己都不知道，即使我们认为自己的行为完全是在帮助他人，那也可能并非是那样做的真正理由。因此，一定程度上讲，利他主义也许是比较隐蔽的自利行为，即便不是为了求得物质的回报，但并不妨碍助人者希望得到某种精神的满足或赞誉。所以，利他主义者的这种不求回报的、无条件地牺牲个人利益、维护集体或他人利益的精神，固然高尚，但是缺乏人性论的基础。在社会的强化作用下或许可以支撑一时，却难以作为利他行为的持久来源。而且,现实生活中也不能要求每一位普通大众都具有如此高的无私境界。邓小平说:"不重视物质利益,对少数先进分子可以,对广大群众不行,一段时间可以,长期不行。"①

基于马克思辩证唯物主义的立场,本书并不赞同这种非此即彼的两极对立思维模式,因为这种观点割裂了利己与利他的辩证统一。人们所奉行的利他主义虽然坚持了无私奉献的精神,但它忽视了个人的正当利益诉求,无视个体的利己欲望和自由,容易违背人的天性走向人性发展的反面。利己主义虽然存在弊端,但并非一无是处,对人的正当利益的追求与实现这是个体存在、发展的根基,不能无视,必须面对。马克思也一再强调:"正如任何动物一样,他们首先要吃、喝等,也就是说,并不处在某一种关系中,而是积极地活动,通过活动来取得一定的外界物,从而满足自己的需要。"②"个人总是且不可能不是从自己本身出发的"③,"任何人如果不同时为了自己的某种需要和为了这种需要的器官而做事,他就什么也不能做。"④ 所以,对个人正当利益的追求是首要的、必需的、合乎人性发展规律的。传统的利他主义与利己主义忽视了社会交往关系中互惠的重要性,禁锢于任何一端都是偏颇有害的。既不能为了纯粹利他而舍弃正当利己,也不能为了纯粹利己而放弃热心利他,要在他与己的利益博弈间实现某种融通与均衡。与传统的利己主义和利他主义相比,互惠利他主义着眼于人的自然属性和人与人的现实关系,体现了利他与利己之间的必要张力,更富人性化和可操作性。

其次,倡导合作共生的互惠利他。

特里弗斯所提出的互惠利他主义强调的是"如果你挠我的背,我也将挠你的背"。助人者与受助者是平等的,当助人者因为帮助他人而让渡了自己的部分利益、付出了一定代价,受助者得到好处后对施助者应该有所感谢与回报,让施受双方都有所裨益。而为帮助别人放弃自己的利益,无偿付出,甚至不惜以牺牲自己来成就他人,这并不是互惠利他主义所倡导的。因为在互惠利他主义看来,零合游戏并不是理想状态,合作共赢、互利共生的非零和效应既

---

① 邓小平文选(第2卷)[M]. 北京:人民出版社,1993:146.
② 马克思恩格斯全集(第19卷)[M]. 北京:人民出版社,1963:405-406.
③ 马克思恩格斯全集(第3卷)[M]. 北京:人民出版社,1960:274.
④ 马克思恩格斯全集(第3卷)[M]. 北京:人民出版社,1960:286.

符合人之本性，又增进了社会之益，才是长久之道。

博弈论是互惠利他主义的论证基础，研究者又运用迭演囚徒困境博弈模型、修正的囚徒困境博弈模型以及厨师困境博弈模型推演了互惠利他行为模式的演化进展机制。通过这些模型的演绎推理，研究者认为，互惠利他主义是人类进化的稳定策略，它不仅具有强健性的表现，更是人类文明产生的源泉。其中，艾克斯罗德的一报还一报（Tit-for-Tat）策略阐释了施助者为什么要得到回报，并认为受助者对施助者的回报是合作能否得以持续的关键。为此，艾克斯罗德组织了两次计算机竞赛和一次生态模拟，通过计算机化和数学化的方法以及各种策略的较量，最终确认一报还一报（Tit-for-Tat）是最佳策略。依据该策略，在相互合作中，人们可采取的最佳行为规则为：在首次交往中选择与对方合作；在后续交往中则采取对方上次采取的策略。例如，甲首次选择合作，如果乙也选择合作，甲则继续合作，但如果乙首次合作中选择不合作，甲也要选择不合作，直到乙选择合作，甲再选择合作。该策略有三项基本原则：在首次交往中选择合作；在其后交往中采取对等原则；针对他人的不合作行为采取宽恕原则，允许他人改变策略，并且仍采取对等原则。该策略也被称为"有条件的互惠"。① 进化生物学把它概括为："先以你希望对方对待你的方式对待他，然后以他实际对待你的方式对待他。"② 在现实世界中，人类社会的各种合作活动能够长期存在，也说明人类互惠利他合作机制的进化优势。③

为了维持比较稳定的进化，互惠利他主义强调：第一，利他不应该无视利己，这是互惠利他主义的出发点。在互惠利他主义看来，利他并不是要求施助者单方的无偿牺牲，而是将其看作施助者与受助者的彼此合作，也就是在利他的过程中也要利己。Wilson 指出，如果片面强调利他主义的道德性，坚持无私利他，忽视和反对一切个人利益的追求，那么利他主义和利己主义一样都是"人类文明的大敌"。④ 互惠利他主义开明地承认利己的合理性，体现了对人的利己动机的充分肯定。无论如何，人作为自然存在物，本能的是保存自己，而

---

① D. M. 巴斯. 进化心理学：心理的新科学 [M]. 熊哲宏等译. 华东师范大学出版社，2007：289.
② Robert Trivers, Social Evolution [M]. Benjamin/Cummings, Menlo Park, CA, USA, 1985：392.
③ See Scott Fruehwald. Reciprocal Altnusm as the Basis for Contract [J]. Louisville L. Rev, 2009：489.
④ 爱德华·奥斯本·威尔逊. 新的综合：社会生物学 [M]. 李昆峰编译. 成都：四川人民出版社，1985：142.

且，也只有保存了自身才有可能更好地去利他。为此，斯宾诺莎指出，"一个人愈努力并且愈能够寻求他自己的利益或保持他自己的存在，则他便愈具有德性；反之，只要一个人忽略他自己的利益或忽略他自己存在的保持，则他便算是软弱无能"。① 所以，互惠利他主义的利己是一种开明的自利，与损人利己是有根本区别的。因为互惠利他虽然也以谋求人的利益最大化为目标，但即便是出于自身的利益考虑也要做出同时有利于他人的道德选择，这不但从根本上顺应了人的自然欲求，也实现了自身利益与他人利益的有机整合。也只有当一个人认同此时此刻的利他行为，从长远来看实质上终究是利己的，对自己有益的，才更容易产生利他的道德行为，从而为施助利他提供长久有效、具有说服力的动力机制。第二，强调回报、"双赢"的重要性。互惠利他主义追求的是既能增进自身利益，又能给他人带来好处的"双赢"，这意味着互惠利他并不是无条件地付出与牺牲，基础在于合作。如果对方是合作的，对你的帮助积极回应，那就继续和对方真诚合作；如果对方失信，就要停止帮助，即对方如何待你，你就如何对待他。因此，无论如何，受助者应该让施助者有理由确信他的付出是值得的，其施助行为因而可理解为一种长期的合作、投资行为。② 在现代社会，不仅不要求"报李"与"投桃"同时，并且回报也未必是针对施助者本人的。如无偿献血者可能在献血后很长时间或终生都不需要接受其他人对他的供血，扶起老人的年轻人或许也只是希望在他年迈的父母跌倒之际有人将其扶起；但是，如果人们尤其是受助者在施助者或他人需要帮助时拒绝援手，或是施助者在为他人提供帮助后反被诬陷、陷入困境，这会让施助者感受到不公平与助人的风险和压力。再加上当代社会强大的信息网络传播能力，助人者反被受助者讹诈、英雄流血又流泪的遭遇可能会被很多人视为教训。作为回报惩罚，施助者会修改自己的行为策略，至少可能为了出于自保、免于麻烦而选择不再继续合作。如果选择不合作的人越来越多的话，就可能出现较为普遍的跌倒者无人愿扶或敢扶的社会现象。

传统的利己主义与利他主义都因自身无法克服的弊端难以有效增进社会的整体利益。互惠利他主义以回报、合作为基础，以互惠、"双赢"为核心，一

---

① 斯宾诺莎. 伦理学：知性改进论 [M]. 贺麟译. 上海：上海人民出版社，2009：157.
② See Scott Fruehwald, Reciprocal Altnusm as the Basis for Contract [J]. Louisville L. Rev., 2009：505.

改以往利他主义与利己主义的彼此割裂与孤立，通过利益将利己与利他有机地融合在一起，恰当、智慧地体现了利己与利他之间的辩证统一，既增进了社会利益，保障了个人利益，又有助于人们的道德提升，因此符合现代文明理念。

最后，关于互惠利他与感恩。

传统的感恩文化特别强调施助者的无私利他性，似乎只有不求回报的帮助他人才是真正高尚的道德行为。施助者一旦有所要求、接受回报，就是心怀不轨，别有图谋。而施恩不图报也日益成为受助者知恩不报的光明正大的理由，以至于"英雄流血又流泪"的社会事件屡见不鲜。施恩—回报日益成为一种不可调和的矛盾考验着人们的道德良知。那么施助者让渡了自己的利益，应不应该得到回报呢？受助者接受了他者的恩惠，应不应该有所回馈呢？感恩究竟是一种必须和责任，还是一种自觉自愿的选择？本书认为，从感恩实践来看，正是因为有了互惠互利、共同发展的理念，感恩才能得以健康、持续发展。

第一，施助者应该得到回报，这体现了利他与利己的辩证统一。

对于施助者，在道德要求上往往为了追求纯粹利他而排斥利己，强调的是好事不留名，大恩不言谢，施恩不图报，这使施恩助人一度成为无私、奉献、牺牲的代名词进而成为一种压迫自身的异己力量，走向"高处不胜寒"高冷境地。黑格尔说："如果一个理想太美好了，以至于现实中并不存在，那么这个理想本身是有缺陷的。"① 实际上，作为道德主体，人们通过追求利他来获得高尚；同时作为理性人，人们也有着所得至少不能低于付出的考量，因为利己的天性不会要求人们主动求损。如果好人没有好报，理性人就会做出"不做好事就是一种无损的优先策略"② 判断，那么社会生活中人们不做好事的概率会大大增加，所以社会应鼓励通过积极奉献来正当索取。

同时，虽然传统上一再渲染施恩要不图报，但是这并不意味着施恩者的恩惠就应该被无偿享有，施恩者的不期望得到回报也不应该成为得不到回报的借口和理由。对施恩者的施恩行为给予应有的回报既是对施恩者的认可，也是对道德奉献精神的起码尊重。正如互惠利他理论所倡导的，利他与利己并不冲突，通过利他可以实现利己。恩格斯在批评杜林的永恒道德时指出："人们自

---

① 黑格尔. 哲学史讲演录（第2卷）[M]. 北京：商务印书馆，2011：247.
② 倪伟. 道德回报制度的合理性和有效设计原则 [J]. 哈尔滨学院学报，2015（2）：15.

觉不自觉地,归根到底总是从他们的阶级地位所依据的实际情况中——从他们进行生产和交换的经济关系中,吸取自己的道德观念。"恩格斯得出的结论是:"一切以往的道德归根到底都是当时社会经济状况的产物。"道德是经济关系的产物,是围绕着经济关系展开的,因此道德具有功利性,没有离开利益的为道德而道德,为义务而义务的抽象道德。如果离开了利益谈论道德问题,是空洞的、苍白的,甚至是危险的。邓小平也强调,"不讲多劳多得,不重视物质利益,对少数先进分子可以,对广大群众不行,一段时间可以,长期不行。革命精神是非常宝贵的,没有革命精神就没有革命行动。但是,革命是在物质利益的基础上产生的,如果只讲牺牲精神,不讲物质利益,那就是唯心论"。[①]

通过积极奉献来正当索取也是中国文化传统所倡导的。《吕氏春秋》记载了子路受牛与子贡赎人的典故。春秋时期鲁国政府有一项规定:凡鲁国人在国外看到有鲁国人沦为奴隶的,可以先垫钱把人赎出来,回国后再到政府那里去领取相应的补偿。孔子的学生子贡响应国家号召,在国外看到有鲁国人沦为奴隶,就垫钱把那人赎了出来。为了以示其"义",他拒绝接受国家的补偿。为此人们都称赞子贡仗义,人格高尚,一时间成为美谈。孔子知道后却严厉地批评了子贡。有人对孔子说:"子贡自己掏钱赎买奴隶这是做了好事,为什么批评他?"孔子说:"他的行为妨碍了以后其他在国外沦为奴隶的人被赎买出来。今后有人到国外去,再遇到类似的情况,他就会犹豫:我垫不垫钱赎他们呢?如果我垫了钱回去报账,人家会说我品格不如某某人高尚;如果我垫了钱而不去报账,自己就会遭受损失。既然如此麻烦,多一事不如少一事,干脆假装没看见,走过去不管了。"孔子的另一个学生子路有一天在河边走,听到有人喊救命,就跳到激流中,把溺水者救了起来。被救者的家属非常感谢,赠给他一头牛。在农耕社会,牛作为重要的生产工具,对于农民是非常重要的。子路高高兴兴地把牛牵回家了。有人议论说:"这么贵重的东西他也敢要,看来他的人品也不怎么样!"孔子知道了这件事情后,对子路却大加赞许。同是做好事,孔子对于子路和子贡的评价为何有如此天壤之别呢?因为在孔子看来,"善"的标准,既在"现行、一时和一身"上,更在于其"流弊、久远和天

---

① 邓小平文选(第2卷)[M]. 北京:人民出版社,1994:146.

下"。子路"只讲奉献、不论回报"的做法打破了贡献与回报的正常机制，为鲁国人们树立了太高的道德标杆，将导致人们陷入权衡利弊的两难而不做或少做善事；而子路在合乎法度、本于人情的范围内做到了义利兼顾，他的行为告诉人们，做了好事是可以接受奖赏的，有付出应该有回报，大家可以各得其所，以此鼓励人们向善，促使施恩报恩蔚然成风。这两个故事表明：做了好事就可以接受奖赏。社会越是赞赏、回报个人的善行，个人就越愿意为社会和他人做贡献；而只有自愿为社会和他人做奉献的人越来越多，社会风气才能不断提升。由此，道德并不意味着一味的奉献，道德并不排斥利益，评价好事的标准应是于己于人都有好处。也就是说，在利他的同时完全可以利己，助人行善也才会具有持久恒常的吸引力和说服力。

第二，感恩回报是必要的。

施助者的生存和发展以及社会的公平正义都是需要感恩回报的。无数事实证明，倘若受助者缺乏感恩之心、报恩之行，特别是当受助者无力回报施助者时，如果社会也缺乏有效有力的回报机制，那么，就容易使施助者怀疑自己的善行价值，或因未能得到应有的及时补偿而使自身陷入困境产生后悔之意，最终会使这类善举失去可持续的动力和示范效应。普列汉诺夫说："不是人为了道德而存在，而是道德为了人而存在。"① 社会学家古尔德纳（Alvin Gouldner）曾经说过，"付出如果没有回报整个社会就不可能保持平衡"。② 现实生活中，人们往往出于对以德牟利的伪善现象的否定而对无名英雄推崇备至。本书认为，在利他与利己辩证统一的思维理念下，有名英雄同样可敬。我们不能因为为了反对伪善而拒绝对善行进行回报，如果因为反对伪善而拒绝一切回报，不仅是道德理论逻辑的混乱，也是对道德生活规律的破坏，终致社会道德生活的善恶不辨。

因为提倡道德并不意味着排斥利益，利他与利己应是辩证统一的。鲁迅说："道德这事，必须普遍，人人应做，人人能行，又于自他两利，才有存在

---

① 普列汉诺夫. 普列汉诺夫哲学著作选集（第5卷）[M]. 北京：生活·读书·新知三联书店，1980：498.

② The Psychology of Gratitude. Robert A. Emmons and Michael E. McCullough [M]. Oxford. New York：Oxford University Press, 2004.

的价值。"① 所以,施恩不图报虽然彰显了人类的高尚与高义,但是这并不意味着施恩者的恩惠就应该被无偿享有,施助者的不期望得到回报也不应该成为得不到回报的借口和理由。对施助者的施恩行为给予应有的回报,既是对施助者施恩行为的认可,也是对人类助人、牺牲精神的尊重与肯定。社会越是赞赏、回报个人的善行,个人才越愿意为社会和他人做贡献;而只有为社会和他人做奉献的人越来越多,才能促进社会道德风尚的良性循环,社会风气才能不断提升。正如互惠利他理论所倡导的,利他与利己并不冲突,通过利他可以实现利己。

当然,对于感恩回报,可以理解为政府、社会团体包括受助者对于施助者付出的认可、尊重并为此提供相应的嘉奖和补偿活动。从回报的主体看,有受助者对施助者的感恩与报答,也有社会组织对施助者的鼓励与补偿。从长远发展来看,回报的主体应尽可能地扩展而不应局限于受助者,基于以德治国的理念,政府、组织、单位等公共团体成为回报的主体是未来发展的主流趋势;从回报的分类看,既有对施助者善行的鼓励与表扬,也有对不履行道德义务的恶事恶行的批判与惩罚,即回报不仅包括以好还好,也包括以直报怨;从回报的方式看,可以分为物质回报和精神回报;从时间上看,有现时现报,也有延时后报。不同的方式有着不同的特性,发挥着各自的作用,应根据具体情况具体分析,给予施助者适当合理的回报。无论采用什么样的回报方式,最终目的就是为了让人们在"德得相通"的社会氛围中,自觉遵守道德规范,履行道德义务,感受到成为有德者的快乐幸福,施恶者的罪有应得,从而助推社会良善风尚的形成。

为此,本书强调感恩是一种责任与义务。当个体面对施助者的恩惠时,受助者有判断、选择的权利,即是否接受施助者的恩惠与帮助,这是个体的一种自觉自愿、理性智慧的选择。但是一旦当个体选择接受了施助者的恩惠,他就必须承担相应的道德义务,做出相应的回应。此种意义上,感恩回馈是受助者的一种不可推卸的责任。曾国藩曾言:"小人专望人恩,恩过不感。君子不轻受人恩,受则难忘。"② 人往往出于自尊的心理,一般是不轻易接受他人恩惠

---

① 鲁迅. 鲁迅杂文·坟 [M]. 桂林:漓江出版社,2001:87.
② 曾国藩. 曾国藩语录 [M]. 梁启超辑,冬初阳编译. 北京:化学工业出版社,2015.

的;但一旦受恩,对别人给予的恩惠会牢记不忘。对此,霍布斯(Hobbes)在《利维坦》中是这样表述的:"接受他人单纯根据恩惠施与的利益时,应努力使施惠者没有合理的原因对自己的善意感到后悔。"① 罗伯森认为,承认债务的存在是力量的源泉,努力去感受并表现出感激之情是人类完美的一个标志。② 德国著名哲学家康德认为感恩是"一种荣誉之债","与感恩有关的义务不能通过任何一种与感恩相符的义务来完全清偿,也就是说,那个应该承担义务的人无论他做什么,他还总是应该承担义务",并且,这种"债务"因施惠者的恩惠在先因此是无法偿清的。③ 承认债务是对恩惠进行回报的一种方式,负债感促使人们归还给予,以物还物,以情还情,体现了责任的承担,而且不可否认,这对维持和巩固接受者和赠予者的关系是有利的。但感恩不应局限于负债感,感恩也是分境界的,源于负债体验的感恩是一种低境界、低层次的感恩。感恩虽然受互惠利他主义规范的影响,但是可以超越被动的"一报还一报"的模式,走向主动的、与人为善、乐于助人的更为宽广的境界。

需要特别说明的是,本书虽然强调了互惠利他规范是感恩存在发展的内在动力,但并不否认纯粹利他存在的合理性和无私高尚性。尽管人们对于各种利他主义的分析总是习惯于将之归为人的"自利"本性,理论界至今也无法明确纯粹利他的真正动机是什么,但不可否认的是,在人类世界的确存在着无私利他、不求回报的施助行为。即一个自觉自愿施恩的人,超越了个人的利益得失而做出的超功利的选择。比如,对第二次世界大战期间受迫害的犹太人的营救可以说是纯粹利他的典型范例。Monroe 采访了很多犹太人的营救者,在感慨他们的高尚的道德之余,她试图分析他们这么做的心理动因究竟是什么。Monroe 在采访中了解到,营救者们承受了常人无法想象的牺牲,然而他们都义无反顾地给遭受迫害的犹太人提供庇护,驱使他们的仅仅是"他人的实际需要"。由于眼中看到了他人的苦难,这种模糊了"己"与"他"的边界使这些营救者像对待自己的生命一样去对待那些需要救援的人们,"你要意识到他

---

① Hobbes T. Leviathan. Cambridge [M]. UK: Cambridge University Press, 1991.
② Roberts R. C. Virtues and rules [J]. Philosophy and Phenomenological Research, 1951 (51): 325-343.
③ 李志强. 大学生感恩品质现状调查与研究 [D]. 重庆:西南大学硕士学位论文, 2008:4.

人本质上也是你自己"。① Monroe 在文中谈到，为了营救犹太人，利他者甚至付出了不能营救自己的孩子、被迫说谎、出卖自己身体等常人难以承受的巨大代价，这些都成为为了实现营救的目标而不得不牺牲的伟大道德。② 在中国历史上，也有很多历来为人们所敬仰人"施恩勿念"的人物。《史记》记载，战国时鲁仲连救赵而有恩于赵国，当赵国对他封爵赐金以示重谢时，遭到了他的拒绝，他说："所贵天下之士者，为人排患释难解纷乱向无取也，即有取者，是商贾之事也，而连不忍为也。"第二次世界大战期间，被称为"中国的辛德勒"的何凤山在任中国驻维也纳总领事期间，曾克服重重困难向数千犹太人发放了前往上海的签证，从而挽救了他们的生命，使他们免遭纳粹的屠戮。1997 年 9 月 28 日，96 岁高龄的何凤山在美国旧金山去世。直到他过世后，他的女儿何曼礼才在讣告中将父亲救助犹太人的义举公之于世。2001 年，以色列政府在耶路撒冷举行了隆重的"国际正义人士——何凤山先生纪念碑"揭碑仪式，石碑上刻着"永远不能忘记的中国人"，并追授何凤山先生为"国际正义人士"的荣誉称号。在何凤山的著作《我的外交生涯四十年》一书中提及救助犹太人事迹时，他平静地写道："富有同情心，愿意帮助别人是很自然的事，从人性的角度看，这也是应该的。"③ 由此，不能否认，现实生活中不图回报的侠义相助的客观性存在以及其所具有的积极意义。

综上，笔者认为，从马克思主义利益观的视角合理提取互惠利他主义规范理解感恩，可以为感恩的存在与发展寻找到良好的动力支撑。互惠利他主义作为一种普遍的道德规范强调的是社会关系中的予取平衡，利他与利己的辩证统一，使对利他行为的感恩回报有据可循。施助者让渡了自己一定的利益使他者受益，基于对人的利己动机的肯定，施助者的利他行为应该得到回报。个体在社会交往中如果总是给予的多，而得到的少，他就会产生不公平感，从而倾向于终止这种社会交往。互惠利他主义强调的以合作回应对方合作的原则，需要受助者在得到恩惠后有所回应和回报。由此，感恩是一个给予者和接受者互惠

---

① Kristen Renwick Monroe. The Heart of Altruism: Perceptions of a Common Humanity [M]. Princeton University Press, 1996: 92.

② Kristen Renwick Monroe. The Heart of Altruism: Perceptions of a Common Humanity [M]. Princeton University Press, 1996: 4-11.

③ 何凤山. 我的外交生涯四十年 [M]. 香港：香港中文大学出版社, 1990.

的过程，不是只有一方受益。也只有建立在互惠基础上，让施助者与受助者双方都有所受益，感恩的链条才能得以长久地持续、健康的发展。因此，感恩是一种引起、促进利益交换的完美形式。它使给予与所需在施助者与受助者之间流动，促进了利益在给予和所需之间的平衡。固然施恩不图报，是感恩的最高境界，但是从互惠利他性的视角而言，施恩有报亦无可厚非。爱默生说："人生最美丽的补偿之一，就是人们真诚地帮助别人之后，同时也帮助了自己。"① 从这个意义上讲，感恩是社会关系和社会结构形成并不断发展的条件之一。正是因为感恩不断带来的好处，人类才会千百年来对其产生认可、尊崇与爱戴。

三、人际间温馨关爱是感恩的心理基础

马克思主义认为，和其他的生命相比，人最特殊的地方之一就是人有意识，具有精神属性。马克思虽然否定了黑格尔的唯心主义，但他并未否认人的自我意识的重要性，"动物和它的生命活动是直接同一的，人则是自己生命活动本身变成自己的意志和意识的对象"；② "人不仅像在意识中所发生的那样理智地复现自己，而且能动地、现实地复现自己，从而在他所创造的世界中直观自身"。③ 为此，人和动物的根本区别之一，就是人是一种有着自主、能动意识的主体。人的精神属性使人的情感意识成为必要和可能。在精神层面上，人是需要关爱的，既需要他人的关爱，也需要关爱他人。感恩深刻地体现了人类的这种精神属性上的情感诉求，人际间的温馨关爱是感恩存在发展的心理基础。

首先，关爱是人类基本的心理诉求。

美国人本主义心理学家马斯洛在其《人类激励理论》一书中提出了人类需求层次理论，他认为人的需求像阶梯一样从低到高具有一定的层次性，虽然并不决然固定，但通常满足过程是逐级上升的。而这诸多需要中，在满足了基本的生理需要、安全需要之后，人的需求层次就上升到了爱与归属感的需求满足，人类爱和归属的需要包括两个方面的内容：一是友爱的需要，即人人都需要伙伴之间、同事之间的关系融洽、保持友谊和忠诚；二是归属的需要，也就

---

① 林华民. 世界经典教育案例启示录 [M]. 北京：农村读物出版社，2003：146.
②③ 马克思恩格斯全集（第42卷）[M]. 北京：人民出版社，1979：96-97.

是人人都有一种归属于一个群体的情感渴望,希望成为群体中的一员,相互关心、相互照顾。马斯洛认为,人人都希望得到相互的关心和照顾,被爱与爱人是人类与生俱来的需要。生命瞬息万变,生活五味杂陈,爱使我们感受到安全、受重视和存在感、价值感的满足,这一需求的实现能给人生带来温暖、充实和美好。可以说,爱是我们存在于这个世界的最大意义,如果没有来自他人的关爱,感受不到他人的关怀与关注,人的内心就会形成一个巨大的空洞,充满忧伤、恐惧和孤独,陷入痛苦。被爱使我们感受到生命的温度,生活的温暖,人生从而有了存在的意义;而爱人使我们感受到自己的价值,生命的意义更因此而丰富。爱与归属感的需求满足在人类的需要中占据着十分重要的位置。

20世纪80年代初,以人际关怀为核心的关怀理论逐渐兴起。该理论认为,关怀作为人类的需要之一在人类生活中不可或缺,人人都渴望他人的关怀,同样人人也都应关怀他人。关怀理论之所以会兴起,最初是由于经济效益至上主义所带来的"新道德"的负面影响。20世纪80年代以来,欧美社会发生了剧烈的变化,刚刚经历了经济危机的美国人,为了生计和前途,忙着追求财富。美国社会学家丹尼尔·贝尔(Daniel Bell)分析指出:"现代美国经济领域的全部活动都严格地遵照'效益原则'运转,目标是最大限度地获取利润,在这个日趋非人化的体系中,人的丰满个性被压榨成单薄无情的分工角色,作为代偿,这个日益强大的技术与经济共同体又宽宏无度地许愿社会进步的奇迹,提供广泛选择就业和社会流动的自由,促进了社会享乐倾向"。所谓"新道德",是美国品格教育家托马斯·里克纳对美国道德现状的评语,它的典型表现是"先为自己着想、自行其道和自我放纵"。美国政论家拉希(Lash)指出,他们的"最大愿望是及时行乐,为自己生活,不为前人和后人生活。"由于经济至上的效益原则的片面导引,人们功利、现实、享乐、崇尚物质、追求金钱,麻木不仁,"资本主义社会因此正面临着一场既无过去又无将来的信仰问题或者说精神危机"。[①] 面对自私、冷漠、暴力等严重的社会现实,罗杰斯深刻地指出:"今天的个体可能比以往的人更多地意识到他们内心的孤独。当一个人为生活挣扎,吃了上顿没有下顿,那么就没有时间或者无意去发现人与人之间某种意义上的疏远。但是随着财富的敛聚,随着流动性和暂

---

① 贝尔. 资本主义文化矛盾[M]. 严蓓雯译. 北京:人民出版社,2010:74.

时性的人际关系系统与日俱增地发展，并取代了古老家园的拓荒生活，人越来越多地意识到他们的孤独。"①

在经历了近40年的发展后，关怀理论逐渐成熟并且成为一个重要的教育哲学流派影响深远。德国哲学家马丁·海德格尔说："关心是人类的一种存在形式。关心是人对其他生命所表现的同情态度，关心是最深刻的渴望，关心是一瞬间的怜悯，是人世间所有的担心、忧虑和苦痛……它是生命最真实的存在。"② 关怀理论的代表人物内尔·诺丁斯认为，关怀的表现形式是"人之间的一种连结和接触。一方付出关怀，另一方接受关怀"。每个人在人生的各个阶段都需要得到来自他人的理解、接纳、尊重和认同，心灵需要关爱，精神需要抚慰，因此关怀是人的基本需要。关怀总是依赖于关怀者与被关怀者，具有双向互动性。每个人都既有被人关怀的需要也应关怀他人，而且被关怀的需要是强于或优先于关怀的需要的。或者说，个体对他人的关怀在一定程度上源于自我的被关怀的感受。一个人只有长期有着被关怀的温馨体验，才会想到别人和别的事物也渴望从自己这里得到这种美好的被关怀的感受。为此，诺丁斯强调，通常只有首先被关怀，才能学会关怀。罗尔斯在《正义论》中也提道："假如家庭教育是正当的，假如父母爱那个孩子，并且明显地表现出他们关怀他的善；那么，那个孩子一旦认识到他们对于他的明显的爱，他就会逐渐地爱他们。"③ 也就是说，一个人只有长期有着被关怀的温馨的爱的体验，认认真真地体验过别人的关心，感悟到别人的关怀，才会将心比心，想到别人和别的事物也渴望从自己这里得到这种美好的被关怀的感受，进而产生也去关怀别人的动力。

由此，"被关怀的体验是人产生关怀行为的动力。个体只有意识到被关怀，才会懂得关怀并产生关怀行为。在这个意义上，我们可以说被关怀是关怀行为的前提，而关怀行为是被关怀的发展方向；两者在关怀关系中彼此作用、相互转化、相得益彰。每个人都随着情境而扮演不同的角色，时而必须照顾别人，时而必须接受别人的照顾。体现在个体身上的关怀品质，就不仅

---

① 侯晶晶. 内尔·诺丁斯关怀教育理论述评与启示 [D]. 南京：南京师范大学硕士学位论文，2003：12.

② Heidegger, Martin. Being and time [M]. New York: Harper & Row, 1962.

③ Rawls John. A Theory of Justice [M]. Cambridge: Harvard University Press, 1971: 490.

指个体能积极地关怀他人,而能敏感地接受他人的关怀并以适当的方式给出积极回应"。①

由此,无论是马斯洛的需求层次理论还是关怀伦理学,都说明了关心与关爱对人类的重要性——突破物质的壁垒,打破情感的荒芜,回到生命之中,关爱生命,使生命有爱,关心与关爱是人类基本的心理需求。1989年,联合国教科文组织在北京召开了关于21世纪教育的国际研讨会,与会专家一致认为,21世纪教育的共同指导思想应该是"学会关心"。

其次,感恩是对爱的回应与表达,体现了人类的这种彼此关注、关爱的情感诉求。

如前所述,功利层面上看,恩是利益的体现。但在深层次上,恩体现了人类之爱。在中国的文化传统中,所谓"恩者,仁也"②,而关于"仁",有"樊迟问仁。子曰:'爱人'"之说③,有孟子的"仁者爱人,有礼者敬人"(《孟子·离娄下》)之说。由恩至仁,可见恩的精神实质就是爱。关于这一认识,也得到了西方学者的认同。西方哲学家塞涅卡认为,恩惠就是人"天生的和自发的仁慈之心,它既让接受者感到温暖,也使施予者感到幸福"。④奥古斯丁系统地论述了上帝的仁慈与恩德,提出人因有"罪"需要上帝的救赎,人因得救需要感谢上帝的仁慈。斯蓬维尔说:"感激就是对他人恩情的承认……感激是赠与,感激是爱。""感激几乎总是孕育着慷慨,而慷慨则孕育着感激。感激能产生一种相互的爱和一种爱的热情"。⑤美国作家安妮·赫斯特德·伯利认为,"感激就像爱一样,我们选择去感激就像我们选择去爱一样"。⑥

恩作为人类爱的体现,从施助者而言,施恩是对他人的关注与关爱。关怀理论提倡人应该关注他人的需要,尊重别人,体谅他人的痛苦,除了承认、悦纳自己,更要对他人有一种强烈、深厚的感情,以实现自觉自愿的关心他人和社会。所以,从关爱的角度来看,施恩是对他人的关注与关爱。从受助者而

---

① 罗尔斯.正义论[M].北京:中国社会科学出版社,2009:15.
② 俞仁良译注.礼记通译[M].上海:上海辞书出版社,2010:516.
③ 刘兆伟译注.论语[M].北京:人民教育出版社,2015:275.
④ 汉默顿.思想的盛宴[M].吴琼等译.北京:九州出版社,2005:108.
⑤ 安德烈·孔特·斯蓬维尔.小爱大德[M].北京:中央编译出版社,1998:141.
⑥ 马斯洛·A.H.存在心理学探索[M].李文湉译.昆明:云南人民出版社,1987:29-30.

言,受助者的回馈报答是对他人关爱的认可与回应。知恩图报的人是懂"爱"的人,感恩的对象主要指向对自己有积极影响的他人或他物,客观上要求个体能与外界产生良性互动。在这个互动的过程中体验爱与被爱的温暖和幸福,收获关爱、帮助、尊重、欣赏等积极情感。斯宾诺莎说:"因由于爱而给予任何一个人以恩惠,那么他这样做,乃具有一种希图别人以爱去报答他的愿望。"[①] 在回馈行动之前,首先得感觉到、体会到别人的爱然后才能够爱别人。可见,受助者的回馈与报答是对他人关爱的认可与回应。总之,感恩有助于人们学会关心,善于关注,懂得关爱。

综上所述,感恩是建立在爱的基础上的,体现了"爱己爱人,爱人如己"的关爱意识。对于施助者,施恩是对他人的关心与关爱,只有心中有他人,牵挂他人,把他人与自己相关联、感同身受,才会有帮助他人的施恩之举;对于受助者,知恩图报是受助者对他人关爱的深切回应,体现的是得到他人关爱与帮助之后的一种心灵的温暖、富足和幸福。"给予爱也能感受爱""感受爱也能传递爱",感恩是爱的回应、传递与表达。

当今中国现时代的背景下,市场经济的逐利本质与其优胜劣汰的残酷竞争,导致人际关系越发显得功利化,人与人之间缺乏应有的温情与信任;而随着经济的发展,社会文化的转型,人员的流动性日益频繁,人际交往日益打破血缘关系和地域关系的束缚,人际关系日益"陌生化"。人与人之间心灵的沟通、情感的交流日益减少,变得疏远和冷漠。但是只要人人怀有感恩之心,处处心生感激之情,人与人之间的距离就会拉近,世界也因此才会多一分阳光,少一点冷漠。因为感恩的爱心可以融化人们的自私、冷漠和自卑,有助于培养与人为善、乐于助人的品德;感恩的爱心可以密切人与人之间的关系,增强人与人的感情交流,形成一种和谐、愉悦的心境;会感恩的人,也会懂得相互理解、相互关爱,让人的心灵纯洁而高尚,从而满足精神利益的要求。

由此,无论是马斯洛的需求层次理论还是关怀伦理学,都说明了关心与关爱对人类的重要性,关心与关爱是人类基本的心理诉求。爱作为感恩的重要元素,在"发现爱,感受爱,学会爱,奉献爱"流转中传递、发扬,人际间的温馨关爱是感恩存在发展的心理基础。

---

① 斯宾诺莎.伦理学:知性改进论[M].贺麟译.上海:上海人民出版社,2009:113.

第三章　中国传统感恩文化的主要内容

正所谓"不忘本来才能开辟未来，善于继承才能更好创新"。① 传统是连接过去、现在和未来的纽带，中国传统感恩文化的优秀部分是当代感恩文化建设的重要思想资源。本章在梳理中国传统感恩文化的发展脉络中，剖析、提炼中国传统感恩文化表征，阐释其基本要义，以为当代中国感恩文化建设提供理论资源与经验借鉴。

我国历史悠久，感恩文化源远流长。虽然较少明确使用"感恩"一词，但在一些古代文献典籍中很早就散见着关于感恩的文字记述。陈寿《三国志·吴志·骆统传》中骆统劝谏孙权"尊贤纳士"时曾言："飨赐之日，可人人别进，问其燥湿，加以密意，诱谕使言，察其志趣。今皆感恩戴义，怀欲报之心。"② 《三国志·吴志·朱桓传》则云："桓分部良吏，隐亲医药，食粥相继，士民感恩之。"③ 魏晋文学家潘岳的诗作《关中》有"观遂虎奋，感恩输力"之语。这些早期的文字记述，多是指向"感戴恩德"之意。

就报恩而言，我国最早的诗歌总集《诗经》中就有"投桃报李"之说，即"投我以木瓜，报之以琼琚……投我以木桃，报之以琼瑶……投我以木李，报之以琼玖"。④ 我国第一部编年体史书《左传》中也记有衔环结草、以报恩德的典故。纵观中国的历史文化，尽管古代典籍中直接明确使用"感恩"的

---

① 习近平：不忘历史才能开辟未来　善于继承才能善于创新 [N]. 人民日报，http://news.chengdu.cn/content/2014-09/25/content_1548948.htm?node=16840，2014-09-25.
② 裴松之注. 三国志 [M]. 北京：中华书局，2006：790.
③ 词源（二）[M]. 北京：商务印书馆，1998：1149.
④ 陈晓清，陈淑玲译注. 诗经 [M]. 广州：广州出版社，2006：56.

文字记述并不多见，但礼尚往来、知恩图报向来为中华民族所崇尚与推崇，"施恩勿念，受恩勿忘""一饭之恩，永世难忘""滴水之恩，涌泉相报"等处世信条千古流传，孝感动天、戏彩娱亲、啮指痛心、亲尝汤药、卖身葬父等感恩故事数之不尽。几千年的传统文化中浸润着挥之不去的浓郁感恩情。以至于中国近代思想家梁启超认为，中国传统道德文化的核心就是"报恩"，其他一切价值观念都由感恩报恩衍发而来："中国一切道德，无不以报恩为动机，所谓伦常，所谓名教，皆本于是……人若能以受恩必报之信条常印篆于心目中，则一切道德上之义务，皆若有以鞭辟乎其后，而行之亦亲切有味……吾国数千年以此为教，其有受恩而背忘者，势且不齿于社会而无以自存。"①

中国的历史文化博大精深，墨家的"兼爱"、道家的"天人合一"、佛家的"结缘"等思想无不闪烁着感恩的光芒。总体而言，由于儒家文化在中国传统文化中长期占据主导地位，儒家文化也成为中国传统感恩文化的主要来源，我国传统的感恩文化集中体现在儒家所倡导的"孝、忠、尊、节、义、祭"等理念中，几千年来薪火相传，历久弥新——从感恩文化的角度理解，孝乃感念父母的生养之恩，忠乃感念君王的浩荡皇恩，尊乃感念老师的传道授业教诲之恩，节乃感念夫君的悦己接纳之恩，义乃感念朋友等熟人间的相知相助之恩，祭乃感念天地、仙祖、神灵的庇佑之恩。

第一节 孝以感恩父母

在中国传统文化中，感恩首要的表现形式是"孝"。中国的孝观念产生得较早，距今约4000多年的殷商甲骨文中就已经有"孝"字出现。关于孝，《尔雅·释训》解释说："善事父母曰孝。"② 东汉许慎《说文解字·老部》的解释是："孝，善事父母者。从老省，从子。子承老也。"③ 许慎对孝的解释是以"孝"的小篆字形为依据，视其为会意字，从字面构成看，上面是老人的

---

① 梁启超. 梁启超自述（1873~1929）[M]. 北京：人民日报出版社，2011：223-224.
② 管锡华译注. 尔雅·释训 [M]. 北京：中华书局，2014：317.
③ 蔡艳艳编著. 说文解字 [M]. 北京：北京出版社，2008：296.

长头发的象征,即"毛"字,在此指代老人;下面是代表儿子的"子"字,两者相结合表达出了老人依靠子女,子女支撑、扶助老人的意思。现代学者康殷先生对"孝"的金文字形的解释与许慎的这种说法大致相同,康殷在《文字源流浅说》中分析"孝"字,指出"像'子'用头承老人手行走。用扶持老人行走之形以示'孝'"。清代段玉裁注《礼记·礼运》也言:"'孝者,畜也。'顺于道,不逆于伦。是之谓畜。"① 意谓子能承其亲,并能顺其意。孝之为义,虽不限于家庭家族,但基本的内涵是侍老奉亲,即子女尽心奉养并服从父母。

子女为何要对父母尽孝呢?《诗经·蓼莪》曰:"哀哀父母,生我劬劳……哀哀父母,生我劳瘁……父兮生我,母兮鞠我,拊我畜我,长我育我,顾我复我,出入腹我。"② 清人谢泰阶云:"十月怀胎苦,三年哺乳勤,待儿身长大,费尽万般心。想到亲恩大,终身报不完,欲知生我德,试把养儿看。精血为儿尽,亲年不再还,满头飘白发,红日已西山。乌有反哺义,羊伸跪乳情,人如忘父母,不胜一畜生。"③ 父母不但赋予子女宝贵的生命,还要日夜操劳养育教导,在子女成长过程中投入大量的物力与精力,更投入了深厚真挚的情感,正所谓"可怜天下父母心。"父母爱子之心无所不至,忧饥忧寒、患危虑安,"父母,唯其疾之忧"④,终其一生都在呵护挂念着子女。所谓"欲报之德,昊天罔极"。⑤ 个体之所以能从襁褓婴儿长大成人终至安身立命,父母的养育可谓是恩情如天、大而无穷。所以,作为子女要充分体会父母的良苦用心,而孝正是子女对父母生养之恩的最基本、必要的感激与报答。从传统感恩文化看,如《孝经·三才章》所云:"夫孝,天之经也,地之义也,民之行也"⑥,对父母尽孝,报恩父母,犹如天上日月星辰的运行,地上万物的自然生长,乃是天经地义之事。

对父母的感恩——孝,在中国文化传统中处于根基地位。《孝经·三才章》云:"夫孝,天之经也,地之义也,民之行也。"对父母尽孝,报恩父母,

---

① 段玉裁.说文解字注 [M].上海:上海古籍出版社,1981:398.
②⑤ 陈晓清,陈淑玲译注.诗经 [M].广州:广州出版社,2006:172.
③ 肖群忠.孝与中国文化 [M].北京:人民出版社,2001:34.
④ 刘兆伟译注.论语 [M].北京:人民教育出版社,2015:22.
⑥ 汪受宽,金良年.孝经·大学·中庸译注 [M].上海:上海古籍出版社,2012:24-39.

犹如天上日月星辰的运行，地上万物的自然生长，天经地义。孝不但是为人子女者义不容辞的责任，甚至也是判断一个人本性善恶的标志。子曰："夫圣人之德，有何以加于孝乎。"① 孟子说："仁之实，事亲是也。"② 孔子认为，所谓的圣人之德不过就是把孝对父母做到了极致，孟子认为仁的本质不过就是服侍、报答父母，一个人如果连父母都不管不问，不尽孝道，那他就不可能是个仁爱之人。

怎样报答父母的恩情呢？在传统感恩文化中，作为人之子女对父母之恩的报答主要通过"孝德""孝行"来实现，总的来讲就是"身体发肤，受之父母，不敢毁伤，孝之始也。立身行道，扬名后世，以显父母，孝之终也"。③我们的身体四肢、毛发皮肤都是父母赋予，必须珍惜爱护，不能予以损毁伤残，这是对父母行孝报恩的开始；人在世上遵循仁义道德，有所建树，显扬名声于后世，从而使父母、家族显赫荣耀，这是对父母行孝报恩的终了。所以，从爱惜生命到名扬天下，这是对父母之恩报答的总原则。具体表现则如曾子所言，"孝有三：大孝尊亲，其次弗辱，其下能养"。④ 即对父母的孝分为三个层级：最上是尊亲，尊敬关爱父母，让父母打从心底里感到舒心；其次是不辱，为父母争光，让父母骄傲；最基本的则是尽自己的力量赡养父母，为父母养老送终。为此，儒家提出了"尊亲""不辱""奉养"等具体要求和做法，时间上分为事生、事死两个阶段，境界上包括物质和精神两个层次。父母生前子女要回报父母之恩，父母去世子女也要以祭祀之礼感念父母；对父母的报恩不仅仅是生活物质上的满足，更重要的是要有发自内心对父母的敬重。

子曰："父母之年，不可不知也，一则以喜，一则以惧。"身为子女，对父母的年龄一定要时刻牢记于心，一方面为父母的长寿而高兴，另一方面也因父母的年老体衰感到忧虑。因为随着年龄渐长，人随时可能生病，也随时有可能死亡。因此，更应该多关心父母，趁父母在世时，好好赡养父母，不要留下"树欲静而风不止，子欲养而亲不待也"的人生遗憾。关于事生，从低到高，分别是奉养、不辱、尊亲。

---

①③ 汪受宽，金良年. 孝经·大学·中庸译注 [M]. 上海：上海古籍出版社，2012：24-39.
② 刘兆伟译注. 论语 [M]. 北京：人民教育出版社，2015：8.
④ 俞仁良译注. 礼记通译 [M]. 上海：上海辞书出版社，2010：3.

一、奉养

首先要保证父母的吃和穿。《论语·学而》言:"事父母,能竭其力。"① 《礼记·曲礼上》言:"凡为人子之礼,冬温而夏凊,昏定而晨省。"② 奉养父母是最低层次的感恩父母,也是报答父母最起码的要求。父母一生操劳辛苦,为把子女抚养成人倾注了毕生心血,融入了无私的关心和爱护。子女长大成人了,父母却年迈体衰,所以应该竭尽所能奉养父母,使他们安享晚年。

没有一定的奉养就谈不上孝,也谈不上对父母的报答。孟子列举出了不孝父母的五种情况:"世俗所谓不孝者五,惰其四支,不顾父母之养,一不孝也;博弈好饮酒,不顾父母之养,二不孝也;好货财,私妻子,不顾父母之养,三不孝也;从耳目之欲,以为父母戮,四不孝也;好勇斗狠,以危父母,五不孝也。"③ 好吃懒做、酗酒赌博、贪吝钱财、只顾老婆孩子、声色犬马、放纵享乐使父母蒙羞、逞勇好斗、连累父母担惊受怕不得安宁,皆是不孝。在这"五不孝"中,前三条皆针对的是对父母之养,特别强调不管父母的生活,不照顾、赡养父母是不孝的。可以看出,照顾、赡养父母这是最基本的。

二、不辱

不辱又分为两种表现:一是慎行其身,不给父母带来恶名,不给家族带来负面影响,同时善自珍摄,保全自己;二是立身行道,扬名于后世,以显父母英名。一个人之所以要立身扬名不仅是为了他自己,根本还在于"大孝显亲",荣耀自己的父母、光楣自己的家族。《礼记·祭义》讲:"君子所谓孝也者,国人称愿,然曰'幸哉有子',如此,所谓孝也已。"④ 即如人们时常称颂某人所说,"有幸啊,有这样的儿子",若此方可称得上是孝。

三、尊亲

在物质需求上满足父母这只是报答父母的最起码要求,还远远不够。孟子

---

① 刘兆伟译注. 论语 [M]. 北京:人民教育出版社,2015:8.
② 俞仁良译注. 礼记通译 [M]. 上海:上海辞书出版社,2010:3.
③ 万丽华,蓝旭译注. 孟子 [M]. 北京:中华书局,2016:189.
④ 俞仁良译注. 礼记通译 [M]. 上海:上海辞书出版社,2010:375.

讲"孝子之至，莫大乎尊亲"。① 除了奉养，对父母还要做到尊亲，即敬亲和顺亲，对父母的感恩报答要有发自内心的孝敬之情，语言和气、面色和悦、行为恭敬。

敬亲。"子游问孝。子曰：今之孝者，是谓能养。至于犬马，皆能有养，不敬，何以别乎？"② 一些人总认为做子女的在经济物质上供养照顾父母，使他们吃穿不愁，就算报答父母了，但如果奉养父母就是孝，那家里的狗马等牲畜同样也都是供给饮食加以饲养的，能说这是孝吗？只养活父母，对父母不尊敬，也不能算做孝，因为那和饲养狗马等牲畜是没有区别的。在古人看来，子女在经济物质上供养照顾父母，使他们吃穿不愁，这是最基本的要求，还不能说是孝。因为儒家强调对待父母重要的是"敬"，即孝顺不是表面文章，而是由心而生的实际行动，所谓尽心竭力、真心实意。内心孝顺，态度上自然会有好的表现。子女对于父母，必先有深切笃定的孝心、真心诚意的敬重，才会有愉悦和婉的面容。《论语》载："子夏问孝。子曰：色难。有事，弟子服其劳；有酒食，先生馔；曾是以为孝乎？"③ 父母有事情子女帮忙代劳，有丰盛的美食也请父母先吃，做到这些就是孝了吗？固然这些也是应当提倡的，但不可以仅以此来判断孝与否。所谓"色难"，即在侍奉父母时态度要好，应做到和颜悦色才是难能可贵的，因为这体现着儿女由衷的敬爱之情。养是敬的基础，敬是养的前提。如果对父母的行为不恭敬，言语不和逊，脸色不柔顺，即使早起晚睡、耕耘栽种，十分辛苦劳累地奉养父母，也不会成为孝子。荀子也强调对父母的孝，不只是养更要做到敬。荀子引子路与孔子的对话说："子路问于孔子曰：'有人于此，夙兴夜寐，耕耘树艺，手足胼胝，以养其亲，然而无孝之名，何也？'孔子曰：'意者身不敬与？辞不逊与？色不顺与？古之人有言曰：衣与！缪与！不女聊。今夙兴夜寐，耕耘树艺，手足胼胝，以养其亲，无此三者，则何为而无孝之名也？'"（《荀子·子道》）荀子提出如果对父母的行为不恭敬，言语不和逊，面色不柔顺，即使是早起晚睡，耕耘栽种，十分辛苦劳累来奉养父母，也不会成为孝子的。概言之，对父母的孝，不只是养更要做到敬。

---

① 万丽华，蓝旭译注．孟子［M］．北京：中华书局，2016：204．
② 刘兆伟译注．论语［M］．北京：人民教育出版社，2015：22．
③ 刘兆伟译注．论语［M］．北京：人民教育出版社，2015：23．

顺亲。除了敬之外，还要顺。"孝者善事父母之名也。夫善事父母，敬顺为本，意以承之，顺承颜色，无所不至，发一言，举一意，不敢忘父母；营一手，措一足，不敢忘父母。"① "顺"就是趋向同一个方向，即顺从、承志，按照父亲的价值取向行事。曾子曰："孝子之养老也，乐其心，不违其志……"② 古人认为，孝子的养老，不但要让父母心情快乐，更要不违背父母的意志。孟子也说，"不得乎亲，不可以为人；不顺乎亲，不可以为子"。③ 为人子女如果不能取得父母的欢心，就不可为人；不顺从父母的意愿，就不可为人子女。《礼记·曲礼上》云："见父之执，不谓之进不敢进，不谓之退不敢退，不问不敢对。"④ 父母让做什么就做什么，如父母有不当之处，要劝止，不能使父母的错误发展下去，即"事父母，几谏，见志不从，又敬不违……"⑤ 但是劝止也要讲究方法，要轻微婉转。如果父母不能采纳，做子女的还是要一如既往地恭敬顺从，"父母有过，谏而不逆"。⑥ 即使父母去世，也要承其志，顺其意。"父在观其志，父没观其行，三年无改于父之道，可谓孝矣。"⑦ 父亲在世的时候，要观察儿子的志向；父亲去世之后，要观察儿子的行为，三年没有抛弃父亲为人处世之道则可称得上是孝了。曾子也曾进一步指出："君子之所谓孝者，先意承志，谕父母以道。"⑧ 为人子女者应当继承父母的志向，尽可能完成其未竟的事业，实现其期望。

四、事死

孝敬与报答父母不仅表现在父母生前，还延续至父母死后的祭享，也就是以丧祭之礼表达对逝亡父母的追孝。孟子甚至把父母的丧事看得比奉养还重要，他说："养生者不足以当大事，惟送死可以当大事。"⑨ 人们不仅要在父母

---

① 唐凯麟，张怀承. 成人与成圣 [M]. 长沙：湖南大学出版社，1999：221.
② 俞仁良译注. 礼记通译 [M]. 上海：上海辞书出版社，2010：223.
③ 万丽华，蓝旭译注. 孟子 [M]. 北京：中华书局，2016：169.
④ 俞仁良译注. 礼记通译 [M]. 上海：上海辞书出版社，2010：44.
⑤ 刘兆伟译注. 论语 [M]. 北京：人民教育出版社，2015：71.
⑥ 俞仁良译注. 礼记通译 [M]. 上海：上海辞书出版社，2010：376.
⑦ 刘兆伟译注. 论语 [M]. 北京：人民教育出版社，2015：12.
⑧ 俞仁良译注. 礼记通译 [M]. 上海：上海辞书出版社，2010：375.
⑨ 万丽华，蓝旭译注. 孟子 [M]. 北京：中华书局，2016：177.

在世时孝敬他们，在父母去世以后也不能违背礼制，要认真处理后事，常常进行祭祀，以追念父母生养教导之恩。《论语·为政》云："生，事之以礼；死，葬之以礼，祭之以礼。"①"事死"包括两个方面——葬与祭。礼只是形式，其内在核心与动力还是"不敢忘其所由生也"②，即对父母之恩的持续感念与回报。

一方面，葬之以礼。孔子主张"三年之丧"，"三年之丧"是"天下之通丧也"。之所以是三年之丧，孔子是将其与父母对子女的"三年之爱"相对应。

《论语·阳货》中有孔子和宰我的对话。

宰我问："三年之丧，期已久矣。君子三年不为礼，礼必坏；三年不为乐，乐必崩。旧谷既没，新谷既升，钻燧改火，期可已矣。"子曰："食夫稻，衣夫锦，于女安乎？"曰："安"。"女安则为之。夫君子之居丧，食旨不甘，闻乐不乐，居处不安，故不为也。今女安则为之。"宰我出，子曰："予之不仁也！子生三年，然后免于父母之怀。夫三年之丧，天下之通丧也。予也，有三年之爱于其父母乎？"③

一次，孔子的学生宰我对孔子说，"三年之丧"的时间太长了，因为守丧三年的时间里什么都不能做，结果是什么都坏了。应该像稻谷一样，旧的割掉了，又有新的长起来，钻燧改火。时令改变，岁月更移，宰我认为守丧一年足够了。孔子批评宰我是一个没有仁德的人，小孩子三岁才能离开父母的怀抱。所以三年之丧，就是对于父母怀抱了我们三年，把我们抚养长大了的一点点的还报。孔子还强调，"丧礼，与其哀不足而礼有余也，不若礼不足而哀有余也"。④ "丧，与其易也，宁戚"。⑤ 办理丧事，与其把礼仪办得周到详备，不如深切悲悼。

孟子认为感恩父母生育养育之恩，也要为父母守孝，而且这是一个贯彻终身的过程。他说："大孝终身慕父母。五十而慕者，予于大舜见之矣"。只有

---

① 刘兆伟译注. 论语 [M]. 北京：人民教育出版社，2015：21.
② 王国轩，王秀梅译. 孔子家语 [M]. 北京：中华书局，2014：150.
③ 刘兆伟译注. 论语 [M]. 北京：人民教育出版社，2015：431-432.
④ 俞仁良译注. 礼记通译 [M]. 上海：上海辞书出版社，2010：50.
⑤ 刘兆伟译注. 论语 [M]. 北京：人民教育出版社，2015：38.

懂得孝顺的人，才是懂得感恩父母的人，大舜即是如此。

荀子按照礼的规定，对为什么要实行三年之丧作了详细的说明。他认为"礼者，谨于治生死者也。生、人之始也，死、人之终也，终始俱善，人道毕矣。故君子敬始而慎终，终始如一，是君子之道，礼义之文也。"（《荀子·礼论》）生是人生的开始，死是人生的终结，终结和开始都处理得很好，做人的道理就算完全了。所以君子对人生的开始很敬重，对人生的终结也很谨慎。始终如一，这就是君子之道，也是礼义的表现。相反，如果只重视生，而不重视死，那是对亲人的背叛。荀子说，"夫厚其生而薄其死，是敬其有知，而慢其无知也，是奸人之道而倍叛之心也。君子以倍叛之心接臧谷，犹且羞之，而况以事其所隆亲乎！丧礼者，以生者饰死者也，大象其生，以送其死也，故事死如事生，事亡如事存，始终一也"。对生和死都要按照礼的规定同样地对待。丧礼就是像人活着时的那样来妆饰死者，像活着时那样来送往死者，也就是对生和死都要按照礼的规定同等对待。

另一方面，祭之以礼。孔子把"祭祀"作为治理国家的四件大事之一，祭祀十分重要。祭祀不但要按照礼的规定进行，关键还要做到"敬"，不仅丧尽其礼，更要祭尽其诚，"祭思敬，丧思哀"。① 祭礼和丧礼是有区别的，丧礼发生在父母去世时，人的内心充满了巨大的哀痛；祭礼发生在父母去世之后，怀念与追思便成了主题。孔子强调对待祭礼要真情实感。所谓"祭如在，祭神如神在"②"吾不与祭，如不祭"③"祭礼，与其敬不足而礼有余也，不若礼不足而敬有余也"。孔子明确提醒世人，祭祀时只有以诚敬的态度置身其中，才能使参祭者得到净化和洗礼。如果没有哀思敬仰之情，祭礼办得再周到、再奢华，既没有感念先人，也没能感动自己，祭也就成了只给别人看的华而不实的形式，没有任何意义。

以上都是报答父母之恩的表现，孝不仅要从形式上按礼的原则侍奉父母，而且要从内心深处真正地尊敬父母，做到"孝子之事亲也，居则致其敬，养则致其乐，病则致其忧，丧则致其哀，祭则致其严"④，"事生，饰骧也；送死，

---

① 刘兆伟译注. 论语 [M]. 北京：人民教育出版社，2015：455.
②③ 刘兆伟译注. 论语 [M]. 北京：人民教育出版社，2015：45.
④ 汪受宽，金良年. 孝经·大学·中庸译注 [M]. 上海：上海古籍出版社，2012：50.

饰哀也；祭祀，饰敬也"。① 对父母，在日常家居的时候，对父母竭尽恭敬，在饮食生活的奉养时，要保持和悦愉快的心情去服侍；父母生病了，要带着忧虑的心情去照料；父母去世了，要竭尽悲哀之情料理后事，对先人的祭祀，要严肃对待，礼法不乱。

可以说儒家对报答父母之恩的推崇已至极致，堪为中国感恩文化传统的核心。随着封建文化的发展，孝的观念也在发生变化。特别是唐宋以后，"父为子纲""父虽不父，子不可以不子"，将孝极端化，绝对化，甚至带有愚昧的成分，扭曲了孝报亲恩的本来面目。对此，我们应辩证看待、合理取舍、科学弘扬。

第二节 忠以感恩君王

《说文解字》讲：忠，敬也，从心，中声。《注》曰：敬者，肃也，未有尽心而不敬者。《笺》曰：尽己之谓忠。故忠有诚义。《论语》曰：为人谋而不忠乎？《礼记》曰：丧礼，忠之至也。又曰：瑕不掩瑜，瑜不掩瑕，忠也。《左传》曰：小大之狱，虽不能察，必以情。忠之属也。可见，存心居中、正直不偏、竭诚尽责、尽己心力以奉公、任事、对人，都是"忠"。

古人云："夫忠，德之正也，唯正己可以化人，唯正心所以修身。"在我国古代，忠也是最讲究、最被看重的价值观念，影响极其广泛和深远。一则人与人相处要忠。孔子有言"近人而忠"②"忠利之教"③，孟子言"教人以善谓之忠"。④ 二则圣贤、君主及官吏要忠于民。《礼记·表记》中载孔子言："君天下，生无私，死不厚其子，子民如父母，有憯怛之爱，有忠利之教……耻费轻实，忠而不犯。"⑤《左传·桓公六年》讲"所谓道，忠于民而信于神。上

---

① 方达评注. 荀子 [M]. 北京：商务印书馆，2016：472.
② 俞仁良译注. 礼记通译 [M]. 上海：上海辞书出版社，2010：440.
③⑤ 俞仁良译注. 礼记通译 [M]. 上海：上海辞书出版社，2010：441.
④ 万丽华，蓝旭译注. 孟子 [M]. 北京：中华书局，2016：114.

思利民，忠也"。① 三则天下兴亡，匹夫有责，百姓要公忠体国。《左传·昭公元年》："临患不忘国，忠也。"② 忠，用明清之际著名儒家学者黄宗羲的话来讲，就是"不以一己之利为利，而使天下受其利；不以一己之害为害，而使天下释其害"。③ 人们在社会生活中，应该以国家的根本利益为重，把国家的利益放在首位作为自己行为的基本原则，为促进和维护国家的利益尽职尽责，主动积极地奉献自己的力量。

但从传统感恩实践来看，民对国家之忠、臣对君王之忠，是此感恩范畴的主要内容，更多体现的是一种政治伦理层面上对国家、君主的态度和行为，是一种下对上、民对国、私对公，尤其是臣对君的行事准则。一方面，国家对于个人有庇护之恩，所谓"人非父母无自生，非国家无自存。孝于亲，忠于国，皆报恩之大义"。④ 正因为国家对于个人是有庇护之恩的，所以忠于国家是报国之举，是每个人应尽的义务，个人要像热爱父母一样尽心竭力地热爱并效力于自己的国家。为此，不但要有"先天下之忧而忧，后天下之乐而乐"的天下己任的胸怀抱负，还要有"苟利国家生死以，岂因祸福避趋之"的坚定信念，更要有"只解沙场为国死，何须马革裹尸还"的生死气概。这种效忠国家的强烈责任感与崇高使命感在中国的文化传统中是一脉相承的。另一方面，在专制统治的背景下，君王成为国家的代表，对君王之忠，也就是对国家之忠，报恩于国家，演变为对君王本人的报恩。孔子在论君臣关系说："君使臣以礼，臣事君以忠。"⑤ 此处"忠"特指下对上的臣对君忠，就是臣对君王尽心竭力，全心全意，毫无隐瞒。而在后世帝王时代，这种含义几乎演变为"忠"的唯一含义。尤其是自西周以后，统治阶级利用劳动人民对自然力量的迷信和崇拜，把自己的意志假托为上天的命令，宣称君主是神在人间的代表，受天命派遣于凡间管治世人、代理上天管理民众，通过宣扬"君权神授"、神圣不可侵犯，增强其统治的合理性与权威性。由此，作为臣民只能遵从君王的指示去做，更要感恩君王。因为"溥天之下，莫非王土；率土之滨，莫非王臣"⑥，

---

① 李索．左传正宗［M］．北京：华夏出版社，2011：35.
② 李索．左传正宗［M］．北京：华夏出版社，2011：461.
③ 唐凯麟，张怀承．成人与成圣［M］．长沙：湖南大学出版社，1999：244.
④ 梁启超．饮冰室合集·专集之四［M］．北京：中华书局，1989：3.
⑤ 刘兆伟译注．论语［M］．北京：人民教育出版社，2015：50.
⑥ 陈晓清，陈淑玲译注．诗经［M］．广州：广州出版社，2006：174.

君王是国家的拥有者和最高统治者,代表着整个国家;土地、财富等一切都是君王的恩赐,百姓必须感恩于君王,听从君王的安排,效忠于他。故忠虽"非专指臣民尽心事上,更非专指见危授命,第谓居职任事者,当尽心竭力求利于人而已",但是在专制统治的背景下,"忠"突出表现为一无所有的臣民对拥有天下的君王的给予、信任、栽培、知遇等恩情的感激与回报——对君王尽忠就是对国家尽忠,忠君即爱国。

一、移孝为忠

如何报恩君主呢?在"家国同构"的基础上由孝劝忠,将孝道转化为治国之道,将君臣转化为父子,自然地将感恩意识渗透到政治层面,教导臣子要像孝敬报答父母一样报恩君王,把孝顺父母之心转为忠报君主之责。

儒家认为"天下之本在国,国之本在家"①"欲治其国,必先齐其家"。②家是小国,国是大家。在家庭或家族内,父亲地位最尊,权力最大;在国家范围内,君主的地位至尊,权力至大。父亲在家庭中就像君主一样,所谓"家人有严君焉,父母之谓也"③,家长在家庭中类此具有君主般的地位和威严;君主则是一国之严父,《新唐书·礼三本》说:"夫君者,民众父母也",连带各级行政长官也被百姓视为父母官。马克思说:"就像皇帝通常被尊为全国的君父一样,皇帝的各个官吏也都在他所管辖的地区内被看作是这种父权的代表。"在家国同构的格局下,"国"的问题被视作"家"的问题,"家"的治理亦可视作"国"的治理,父是家君,君是国父,君与父互为表里,国与家彼此沟通,君父同伦,君臣如父子。为此,"君子之事亲孝,故忠可移于君"④,将家中对父母的孝,推衍、转移到国就变成了臣对君的忠。孝亲成为忠君的手段,忠君则成为孝亲的目的。所以,要"求忠臣于孝子之门",因为"其为人也孝悌,而好犯上者,鲜矣;不好犯上,而好作乱者,未之有也"。⑤ 一个人如果能够在家中对父母尽孝,那么他在国就可以对君主尽忠;一个在家中孝顺的

---

① 万丽华,蓝旭译注. 孟子 [M]. 北京:中华书局,2016:151.
② 汪受宽,金良年. 孝经·大学·中庸译注 [M]. 上海:上海古籍出版社,2012:95.
③ 刘慧译注. 周易 [M]. 合肥:黄山书社,2015:125.
④ 汪受宽,金良年. 孝经·大学·中庸译注 [M]. 上海:上海古籍出版社,2012:59.
⑤ 刘兆伟译注. 论语 [M]. 北京:人民教育出版社,2015:4.

人，在国为臣也就不太可能发生犯上作乱的事情，"孝，迩之事父，远之事君"；① 再把孝推广到民众中去，"人人亲其亲、长其长，而天下太平"②，只要人人爱自己的双亲，尊敬自己的长辈，天下自然就可以太平了。有人问孔子为什么不为政，孔子答曰："书云：'孝乎惟孝，友于兄弟。'施于有政，是亦为政，奚其为为政？"③ 孝敬父母，友爱兄弟，并把这种孝悌的道理施于政事，也是从政，为什么一定要做官才算从政呢？孔子这里说的是"为政之理"，即在国中为政，也不外乎就是孝父母，爱兄弟。

移孝为忠，"以孝治天下"，这样就把对父母的孝从家庭的血缘亲情领域扩展到了政治领域，孝同时成为维系家族关系与政治关系的伦理纽带。孝转化为治国之道后，就意味着将君臣关系转化为父子关系，从而自然地将对父母的感恩意识渗透到政治层面，形象而具体地教导臣子如何对君王怀有感恩之情——把对父母的孝心转化为对君王的忠心，把对家的责任转移为对国的责任。忠孝一体，使忠于君主和孝敬父母具有了同等效力——忠即是孝，孝而为忠；不忠就是不孝，不孝亦不能为忠。自古忠臣多出于孝子，在家孝感父母的，在国必然是忠臣，所以，曾子说："孝子善事君。"④

子曰："君使臣以礼，臣事君以忠。"⑤ 中国历史上，做君的以礼待臣，做臣的以忠报君，这样的典范比比皆是。春秋战国时期，管仲为保护旧主曾一箭射杀齐桓公，齐桓公继位后不计前嫌，拜管仲为相，委以重任，君臣同心，励精图治，终成霸业。三国时的刘备求才若渴，礼贤下士，三顾诸葛亮于茅庐之中，之后更是信任有加，心神无贰，诸葛亮一生竭忠尽智，鞠躬尽瘁以报其恩德，千古名作《出师表》更是将这种披肝沥胆之忠报表现得淋漓尽致。唐太宗李世民知人善任，用人不疑，魏征为报知遇之恩极言直谏，劝善黜恶，辅佐唐太宗安国利民开创"贞观之治"。此外，更有众多的忠臣义士以文死谏、武死战的悲壮豪迈置生死于度外以报君恩主恩。"风萧萧兮易水寒，壮士一去兮不复还"，战国时期的荆轲为报燕太子丹的知遇之恩冒死行刺秦王；唐代将领

---

① 刘兆伟译注. 论语 [M]. 北京：人民教育出版社，2015：419.
② 万丽华，蓝旭译注. 孟子 [M]. 北京：中华书局，2016：157.
③ 刘兆伟译注. 论语 [M]. 北京：人民教育出版社，2015：32-33.
④ 陈桐生译注. 曾子·子思子 [M]. 北京：中华书局，2009：40.
⑤ 刘兆伟译注. 论语 [M]. 北京：人民教育出版社，2015：50.

张巡,凭着忠君报国的信念于安史之乱中死守睢阳,在粮草断绝的情况下不惜杀其妾以飨军士,前后大小战有四百余次,杀敌十几万,城破之日以身殉国。刘昫评价说:"烈士徇义,见危致命。国有忠臣,亡而复存";唐代大诗人杜甫虽一生难展其志颠沛流离,家境潦倒致小儿饿死,却依然"每饭必思君恩";南宋抗金名将岳飞精忠报国,勇战杀场,纯正不曲,虽被奸人所害,但对大宋天子依然是感恩不尽;明朝大臣方孝孺忠臣不侍二主,刚正不阿,被灭十族依然宁死不屈;杨家四代人更是前仆后继、戍守北疆,忠烈报国,感君恩德……凡此忠君报国者数不胜数。忠君不再仅仅是一种上对下的要求,而是深入内心深处,转化为一种誓死捍卫且不可动摇的信仰。

二、从"君礼臣忠"到"君为臣纲"

在报君恩的问题上,经历了一个相对到绝对的过程。早期儒家计君恩之轻重而报之以忠义。孔子提出"君君,臣臣,父父,子子"①,君与臣、父与子都应该各司其职,各守其责。"君使臣以礼,臣事君以忠"。② 做臣子的不是无条件地效忠于君主,君待之以臣礼,臣尽忠;君若无礼,臣亦可不忠也。忠报君恩是一个相对双向互动的过程,而不是"君使臣,臣事君"的天经地义。孟子继承、发扬了孔子的思想,进一步明确了君臣之间的这种双向互动。

《孟子·梁惠王》记载:"邹与鲁哄。穆公问曰:'吾有司死者三十三人,而民莫之死也。诛之,则不可胜诛;不诛,则疾视其长上之死而不救,如之何则可也?'孟子对曰:'凶年饥岁,君之民老弱转乎沟壑,壮者散而之四方者,几千人矣;而君之仓廪实,府库充,有司莫以告:是上慢而残下也。'曾子曰:'戒之戒之!出乎尔者,反乎尔者也。'夫民今而后得反之也。君无尤焉!君行仁政,斯民亲其上,死其长矣。"③

针对穆公对老百姓何以不愿意为国家赴死尽忠之疑惑,孟子以引述曾子"出乎尔者,反乎尔者"之言来回应,指出君主如何对待臣子、臣子也将如何对待君主。国家明明仓廪充实却不顾灾荒年岁的百姓,任其逃荒或饿死,这样

---

① 刘兆伟译注. 论语 [M]. 北京:人民教育出版社,2015:265.
② 刘兆伟译注. 论语 [M]. 北京:人民教育出版社,2015:50.
③ 万丽华,蓝旭译注. 孟子 [M]. 北京:中华书局,2016:44.

怎能取得百姓的信任与拥护呢？只有施行仁政，善待人民，百姓才愿意将心比心为其赴难尽忠。可以看出，孟子倡导的是投桃报李的君臣、君民之间的双向互动，"君之视臣如手足，则臣视君如腹心；君之视臣如犬马，则臣视君如国人；君之视臣如土芥，则臣视君如寇仇"。①君主如果仁义，就没有人对君主不忠，所以要君以君道，臣以臣道，各尽其道，才能君礼臣忠。但唐宋以后，就很少再强调君恩这个前提，而片面强调"臣忠"，进而提出了"君为臣纲""君叫臣死，臣不敢不死""君虽不君，臣不可以不臣"等单一的臣民报君恩的绝对化原则，从而走上了极端。其他如官民、主仆之间的关系亦趋如此。

事亲以孝，事君以忠，这是中国传统感恩文化的基本内容，高度概括了感恩思想。移孝作忠，是传统孝道泛化的产物，也是感恩思想进一步扩大的体现。当孝从家庭亲子关系的伦理规范成为政治领域的治国之道，慢慢也就演变成为统治阶级维护封建等级制度的工具，历来统治者对孝的重视归根结底还是在不断地强化臣民对君主之恩的忠以报之。如《孝经》所言："忠者也，一其心之谓也。为国之本，何莫于忠？忠能固君臣，安社稷，感天地，动神明，而况天人乎？"忠，就是一心一意，一心为主，一个国家的根本没有比忠更重要的。忠能巩固君臣关系，使国家安定，感动天地、神明，更何况对于人呢？孙中山说："在国内，君主可以不要，忠字是不能不要的。……为四万万人效忠，比较为一人效忠，自然是高尚得多，故忠字的道德还要保存。"

第三节　节以感恩夫君

中国古代社会在男女两性问题上讲究的是男尊女卑、夫为妻纲。从历史发展趋势看，主要是因为伴随男子在社会生产部门中逐渐占据支配地位、妇女在社会生产中地位的下降，父系氏族社会确立及至宗法社会形成，男尊女卑意识因之萌生。关于男尊女卑，《易经·系辞上》中有"天尊地卑，乾坤定矣。卑

---

① 万丽华，蓝旭译注．孟子[M]．北京：中华书局，2016：174．

高以陈,贵贱位矣……乾道成男,坤道成女"。①《列子·天瑞》："男女之别,男尊女卑,故以男为贵。"② 男尊女卑一方面反映了封建宗法等级社会男子占据社会主导,女子处于从属地位的社会状况;另一方面也体现了古人基于对男女两性不同特质的深刻认识而对男女两性做出的不同要求。作为中国古代"三纲"中的重要一纲,"夫为妻纲"在儒家文化中有重要的论述。董仲舒说:"夫为阳,妻为阴,气达阳而不达阴,以天道制之也。丈夫虽贱,皆为阳,妇人虽贵,皆为阴——诸上者皆为其下阳,诸下者各为其上阴"。朱熹将"三纲"作为天理,认为任何人不可违,"盖天道运行,赋予万物,莫非至善无安之理而不已焉,是则所谓天命者也"。在男尊女卑、夫为妻纲的理念下,男女之间是不平等的,男子隶属家族,女子从属于男子。"夫为夫妇者,义以和亲,恩以好合……恩义俱废,夫妇离矣"③,男女结合成夫妻,主要是一种源于男方对女方的恩典,由此引申出因恩而不主要是情爱而结合的中国传统婚姻模式。所谓"一日夫妻百日恩",夫妻便是由这种恩情相系结合而来,而基于异性相吸之相悦之情爱则是一种非主流的存在。

一、"事夫如事天"

丈夫对妻子的恩典,有收容、保护、悦纳之恩。夫君,对于妇女来说首先犹如衣食之父母。由于父系继承制以及女嫁男、从夫居的婚姻居住制等社会制度的约束,中国古代妇女既在原生家庭无财产继承权,成人后又由于不能参与社会活动而无直接的经济来源,"子妇无私货,无私畜"④,这意味着妇女的衣食住行等基本生存都要依赖、仰仗他人。在家从父,出嫁从夫,一无所有的妇女嫁到夫家后,她所有的一切都是夫家给予,出嫁后连姓氏都要随夫。所以做妻子的要对丈夫的保护、收容之恩感恩。而又有"女为悦己者容",做妻子的还要感谢丈夫对自己的欣赏、悦纳之恩。《女宪》曰:"得意一人,是谓永毕;失意一人,是谓永讫。由斯言之,夫不可不求其心。"⑤ 妇人得意于丈夫,就

---

① 徐勇. 易经原理及注释 [M]. 北京:中医古籍出版社,2015:503.
② 叶蓓卿评注. 列子 [M]. 北京:商务印书馆,2015:12.
③ 张福清编注. 女诫 [M]. 北京:中央民族大学出版社,1996:2.
④ 俞仁良译注. 礼记通译 [M]. 上海:上海辞书出版社,2010:216.
⑤ 张福清编注. 女诫 [M]. 北京:中央民族大学出版社,1996:3.

能仰赖终生，幸福美满；妇人若失意于丈夫，一生的幸福就断送。由此看来，作为妇人，不可不求得丈夫的心意。总之，由于社会地位的低下，造成了女子对男子的依赖。所以，一个男子娶了一个女子，对该女子来说就是恩重如山。为此，妻子要视丈夫为天、敬重丈夫、辅佐丈夫，一切以丈夫及夫家为重，夫唱妇随。《女诫·夫妇》云："夫有再娶之义，妇无二适之文，故曰夫者天也。天固不可逃，夫固不可离也……故事夫如妻天，与孝子事父、忠臣事君同也。"①

妻子如何感恩丈夫呢？总的来说就是要做到"节"。关于节，《说文解字》说："节，竹节也。又操也"。《左传·成十五年》注："节，又止也，检也，制也。"《周易·疏》："节者，制度之名，节止之义，制事有节，其道乃亨"。节的本意是竹节，后喻指做事有尺度、有规则、讲分寸。这种尺度、有规则、讲分寸体现在夫妻关系上，主要指妻子为报答丈夫的恩典，对丈夫一心一意、始终如一的态度和行为。具体表现为以下几个方面：

首先，在婚姻家庭生活中，女子要恪守内外有别的格局。

"内外有别"是传统社会对男女两性最重要的规范，男女的位置和分工以"家门"为界，男外女内——男人负责家外的事情，从政、打仗、服役、种地、打猎、经商等以养家糊口；女人负责家内的"主中馈"，主持饭食酒浆、务蚕织、生儿育女、孝敬公婆等家庭内务。在上层阶级，"外"事特指主持、参与政治军事等国家大事，这是男性贵族官僚的特权，妇女一概不许涉猎，否则就是"牝鸡司晨，惟家之索"②，是不祥之兆。在下层的普通百姓家庭生活中，分工则是男耕女织。《周易》第三十七卦曰："家人，女正位乎内，男正位乎外。男女正，天地之大义也。"③ 孔颖达疏云："家人之道，必须女主于内，男主于外，然后家道乃立"。家庭领域中内外有别，男女各安其事，方是持家正道。这种对男女位置和分工的划分，在居处、活动、交往、行为等日常生活中形成了"男女授受不亲"④ "男不言内，女不言外"⑤ 等男女之大防。

---

① 张福清编注. 女诫 [M]. 北京：中央民族大学出版社，1996：3.
② 樊东译注. 尚书译注 [M]. 北京：北京联合出版公司，2015：85.
③ 刘慧译注. 周易 [M]. 合肥：黄山书社，2015：125.
④ 万丽华，蓝旭译注. 孟子 [M]. 北京：中华书局，2016：162.
⑤ 俞仁良译注. 礼记通译 [M]. 上海：上海辞书出版社，2010：214.

内外有别的作用不单在于"分"与"别",更在于在"分"与"别"的过程中强化了男性的主导性优势,进一步弱化了女性的地位。因为对男性而言,他的活动空间是向外开放扩展的,具有无限发展的可能性;而妇女的活动空间是向内封闭循环的,提升空间极其有限。

其次,为报夫恩,女子在道德、行为、修养上要遵三从之道、循四德之仪,不能自专、自主,须遵父命、夫旨、子意,做到为女孝、为妻贤、为母良。

"三从"见于《仪礼·丧服·子夏传》:"妇人有三从之义,无专用之道,故未嫁从父,既嫁从夫,夫死从子"。"从"是听从、随从、服从、跟从、遵从,也有敬重、学习和领教等意思。"妇人,从人者也:幼从父兄,嫁从夫,夫死从子。夫也者,夫也。夫也者,以知帅人者也。"① 既嫁从夫就是要求出嫁为人妻的妇女要听从和辅佐夫家,以夫家利益为重。"从夫"从女子出嫁就开始了,体现在迎娶的仪式上就是"男帅女,女从男,夫妇之义由从此始";② 到夫家后,妻子不但要按照丈夫的辈分、名分得到亲属称谓与身份认同(如子媳、娣姒、婶、嫂等),更要视丈夫为"天""无违夫子"③,所谓"天命不可逃,夫命不可违"。妻妇还需代丈夫行孝侍奉公婆日常生活起居,为丈夫生儿育女,为家族传宗接代,相夫教子以光耀门楣。所谓"夫死从子",就是丈夫死后,妻子还需要继续抚养教育子女。在儒家伦理道德中向来有尊母孝母的传统,母亲对儿子拥有相当高的管教约束权,这里的"从"是"从其教令"的意思,也就是抚养和教育儿子长大成才成人,这样以后遇到重大的事情儿子才能从容应对,做出决断,这也是从夫的一种延续。

"四德"见于《周礼·天官·九嫔》:"掌妇学之法,以教九御妇德、妇言、妇容、妇功。"④ 按照郑玄对"四德"的解释,"妇德谓贞顺,妇言谓辞令,妇容谓婉娩,妇功谓丝枲。"可见,"四德"是对中国古代妇女德行(德)、言辞(言)、容貌(容)、技艺(功)四种必备修养的要求,是中国古代女性实践"三从"道德目标必须具备的礼仪、风度修养和操作技术。

"妇德"是女人"四德"之首。作为女性要有贤惠的特质,这是女人操守

---

①② 俞仁良译注.礼记通译[M].上海:上海辞书出版社,2010:206.
③ 万丽华,蓝旭译注.孟子[M].北京:中华书局,2016:126.
④ 吕友仁,李正辉译.周礼[M].郑州:中州古籍出版社,2010:88.

的最重要的一项。"贞"与"顺"是妇德的核心。贞,就是女子要为丈夫坚守节操,守身如玉,忠贞不二,即"妇人贞吉,从一而终"①;顺,就是女子要"婉娩听从"②于丈夫、公婆及其家族。特别是"贞",不但成为女子对丈夫恩情的最好报答,甚至同男子对君王的忠诚一起成为维护社会正常秩序的两大基本准则。《史记·田单列传》云"忠臣不事二君,贞女不更二夫"③,鲁迅先生评价说"皇帝愈要臣子尽忠,男人便愈要女人守节"④,女子为男子守节与男子忠君爱国一样,二者是相提并论的。基本上中国历代朝廷对于贞节烈女的旌表大都不遗余力,公开表扬、奖励守节不再嫁或拒受污辱而自杀的节妇烈女。如隋代规定"孝子、顺孙、义夫、节妇,并免课役",宋代对于贞节妇女的表扬方式更多,包括实物赏赐、免赋役之外,尚有旌表门闾(亦即在家族的大门建筑上加上特定的标示装饰以作为标记,后来明清时代的贞节牌坊亦为其中一种)、封爵赠号、立祠供乡人祭祀、在墓上表记等。"夫在不改嫁,夫死不再嫁",春秋时期息国国君夫人息夫人,丈夫被楚国俘获,楚王逼她为夫人,她以死相拒,为此息夫人成为史书表彰贞节的模范。在官方的鼓励与提倡下,一些妇女不惜自残生命以维护贞洁,甚至在丈夫病死和战死前提前殉节,以自杀殉夫的方式来表达对丈夫的"节烈感恩"。而在这一点上,丈夫是不必对等的。女子虽只能从一而终,但男子可以延续香火之名续妻纳妾。上层男子除了一名正(嫡)妻外还可以娶若干个妾,如周代礼制规定天子一次娶12女,诸侯9个,大夫以下递减。秦朝开始规定了后妃的等级人数,后宫有三宫六院七十二妃的定制,但历代帝王往往突破定制,后宫佳丽三千,宫嫔多以万计。官僚也有纳妾的特权,即使是平民限制纳妾,也可以"延续香火"之名纳妾,像明代规定平民40岁无子可纳妾。

汉代女教家班昭在《女诫》中指出"妇德,不必才明绝异"⑤,也就是作为女子不必富有才干、聪明绝顶,这也是后来明代倡导"女子无才便是德"的原始依据,但是要注重品行的修养,要做到"清闲贞静,守节整齐,行己

---

① 刘慧译注. 周易 [M]. 合肥:黄山书社,2015:111.
② 俞仁良译注. 礼记通译 [M]. 上海:上海辞书出版社,2010:230.
③ 刘姗. 中华古诗文读本 [M]. 北京:北京大学出版社,2000:87.
④ 鲁迅. 坟 [M]. 沈阳:万卷出版公司,2015:77.
⑤ 张福清编注. 女诫 [M]. 北京:中央民族大学出版社,1996:3.

有耻,动静有法"。到了清末,兰鼎元在《女学》中对"妇德"的标准更加具体繁细,妇女在不同情境、不同角色中都有不同的规范:身为妻妇,事夫、事舅姑要恭顺柔和;身为正妻,要"去妒",帮丈夫纳妾;身为母亲,要会"教子",为人继母要"慈爱前子";与丈夫的家庭成员相处,要"和叔妹""睦娣姒"。家境贫寒时要能安贫,富贵时还需恭俭,还要具备敬身、重义、复仇等一系列美德。《后汉书·梁鸿传》:"为人赁舂,每归,妻为具食,不敢于鸿前仰视,举案齐眉。"东汉梁鸿与孟光夫妻患难与共,相敬如宾。孟光对落魄中的丈夫梁鸿,敬重有加,每当进餐时皆"举案齐眉",留下了夫妻恩爱的历史佳话。

妇言是对妇女言辞方面的规定与要求。班昭云:"妇言,不必辩口利辞也"①,女子说话不必伶牙俐齿,但要"择辞而说,不道恶语,时然后言,不厌于人,是谓妇言"。②女子说话要考虑言辞是否恰当,不恶言伤人,不抢话、不多言,不招人讨厌。蓝鼎元《女学》对"妇言"做了具体的正面引导,说"妇言不贵多,而贵当(恰当)",各种场合需要用不同的恰如其分的言辞,如勉励丈夫、教训孩子、委婉劝谏、明志守礼、表现贤智、免于灾祸等,都需要运用恰当的言辞来达到预期目的。所以,"妇言"是需要智慧和知识修养的。之所以对子女有如此的言语要求,最初是出于"利口覆家邦"之忧。古人认为能言善辩的女人会颠覆国家,是亡国祸首。周武王在牧伐纣时指出,商王昏聩的原因之一就是"惟妇言是用",所谓"妇有长舌,维厉之阶。乱匪降自天,生自妇人"。③《明史·孝义传一·郑濂》:"太祖问治家长久之道,对曰:'谨守祖训,不听妇言'"。为此,在皇家,后宫、妃嫔"妇言不及官中之事。"至于百姓家族,也忌讳女子多言,其理由是"离亲也"。《朱子家训》中说"听妇言,乖骨肉,岂是丈夫?"④ 也就是说,妻子作为一个原本从家族外进来的成员,说太多话就会被认为有离间家庭成员关系、影响家族和睦的可能,所以女子不应当多发表意见。如果一个女子被夫家认为是多嘴多舌,喋喋不休的话,丈夫可根据"七出"规定休妻。

妇容是指妇女要有端庄柔顺的容态,郑玄注:"妇容,婉娩也"。儒家主

---

①② 张福清编注.女诫[M].北京:中央民族大学出版社,1996:3-4.
③ 陈晓清,陈淑玲译注.诗经[M].广州:广州出版社,2006:221.
④ 姜正成主编.朱子家训:成长必备的教科书[M].北京:中国财富出版社,2015:56.

张重德轻色，所谓"贤贤易色"①，就是男子看中妻妇的品德要高过重视美色。古语云："慢藏诲盗，冶容诲淫。"② 女子打扮得过于妖艳，无异于在引诱男人的性情之欲，由此对妇容的要求是重质朴去修饰。《后汉书·列女传·曹世叔妻》："妇容，不必颜色美丽也……盥浣尘秽，服饰鲜絜，沐浴以时，身不垢辱，是谓妇容。"女子的容貌不必美丽娇娆，"出无冶容，入无废饰"，外出时不妖冶艳媚，在家时不蓬头垢面，家里家外要做到干净整洁、端庄大方。蓝鼎元认为"妇容，贵端庄敬一，婉娩因时"，不同的场合妇容的要求也不同，"事亲""敬夫"之容要柔顺恭敬，有妊之容要端庄，居丧之容要悲哀有节，避乱之容要镇定自若，不失容度等。

妇功是对妇女在家庭生活中从事的生活劳动方面的要求，郑玄注："妇功谓丝枲"。班昭认为，"妇功，不必工巧过人""专心纺绩，不好戏笑，洁齐酒食，以奉宾客，是谓妇功"。蓝鼎元讲"妇功，先蚕织，次中馈；为奉养，为祭祀——各执其劳而终之以学问……"。③ 因为中国古代是"女主内"，所以局限于家庭的"妇功"几千年来没有多大变化——维持生活衣食之需的采桑养蚕、纺绩织作，奉养公婆、丈夫，生养孩子，务中馈、备酒浆、招待宾客；准备家族祭祀的用品和协助祭祀等。事实上，妇女承担的妇功看似不直接创造经济效益，可不但是家庭得以延续的重要保证，也是历代国家赋税收入的重要来源，所以古有"一夫不耕天下为之饥，一妇不织天下为之寒"之语。班固在《汉书·食货志》指出妇女昼作夜集，每月相当于45个劳动日，比男人还要辛苦。

从最初的对宫廷妇女的要求，"四德"后来泛化为对所有妇女的要求。古代女子出嫁之前三个月，宗族都要请女师对女子进行集中培训，"教以妇德、妇言、妇容、妇功"，以成"妇顺"。归根结底，"四德"是为"三从"服务的，是古代女性实践"三从"道德目标的具体要求与表现。

二、"无以为报，唯以身相许"

在中国的文化传统中，女性报恩独具特色的一种表达方式是以身相许，就

---

① 刘兆伟译注. 论语 [M]. 北京：人民教育出版社，2015：8.
② 刘慧译注. 周易 [M]. 合肥：黄山书社，2015：111.
③ 张福清编注. 女诫 [M]. 北京：中央民族大学出版社，1996：3.

是将身嫁与之。"小女子无以为报，唯有以身相许"的语句逻辑就在于，对于掌握资源极其有限的中国古代女性来说，性和生育是其社会价值的主要体现。所以不论在女性眼里还是在男性眼里，以身相许便成了受恩女性最重的，也是最具意义的报答。大体来看，除魏晋隋唐短暂的开放外，中国古代对于女性贞操重要性的大力倡导从来都没有停止过，"饿死事小，失节事大"①，男女之间牵手、不小心的碰触都会被指责，"身"对于女性来说贵重无比，可以生命誓死捍卫之。在"大恩大德无以为报"的情况下，女子可以用"以身相许""为其传香火"来报答恩情，其中隐含的是千百年来根深蒂固的伦理秩序与潜移默化的性别想象。

　　古代的一些爱情故事皆是因恩引发继而结合的。中国人耳熟能详的故事《白蛇传》即是最好的说明例证。千年蛇妖白素贞巧施妙计与许仙相识，最终嫁与许仙。婚后，她常用草药为村民治病，使附近金山寺的香火变得冷落起来，金山寺长老法海大为恼火，决心破坏许仙的婚姻，置白娘子于死地。于是引出了"盗仙草""水漫金山寺"等情节。白娘子因为水漫金山而触动胎气，早产生下儿子许仕林。法海趁机用"金钵"罩住分娩不久的白娘子，将其镇压于南山的"雷峰塔"下。心灰意冷的许仙，在雷峰塔下出家修行，护塔侍子。十八年后，许仕林高中状元，回乡祭祖拜塔，救出母亲，最终一家团圆。千年蛇精白素贞为什么要千方百计嫁给许仙这一介凡人呢？原来是因缘际会，恩而成因。白素贞当年在修炼之时险些被一只黑鹰所食，幸好许家沟村的一位许姓老人路过将其救起，白蛇感念许家的救命之恩，许下了有恩必报的誓言；最终修炼成人以身相许嫁给许家后人许仙以偿还千年之前的救命之恩。《白蛇传》早期因以口头相传为主，由此派生出不同的版本与细节。但无论这个故事的版本、情节如何变化，始终都没有脱离女子以身相许以报恩德这样的主旨。

　　在中国古典戏曲、小说中，英雄救美、美人以身相许的例子数不胜数。从此种意义上看，夫妻之间的结合如果是缘于恩情的结合，似乎在中国人眼里远比纯粹的男女异性相吸的结合要厚重得多。但同时也要看到，这种以身相许用身体做筹码的报恩方式，对古代女性来说是有很大风险的。在森严的等级制度

---

① 刘姗. 中华古诗文读本[M]. 北京：北京大学出版社，2000：88.

和封建礼教影响下,中国古代婚姻制度讲究的是"父母之命,媒妁之言"。"娶妻如之何,必告父母……娶妻如之何,非媒不得"(《诗·齐风·南山》),"男女双方非媒不知名"(《礼记·曲礼上》)。在婚姻方面,子女要听从父母的安排,经过父母同意后,再经过媒人介绍,男女双方才能结婚。女性如果未经父母同意无媒自嫁即是非礼非法的"淫奔",为人所不齿,也不会得到宗族和社会的认可。《礼记·内则》中有:"聘则为妻,奔则为妾",私自奔就和男子结合,即使相爱情深,女方也没有资格成为正妻,因为双方家族都认为她不过是一个妾而已。东汉刘熙《释名》说:"妾,接也,以贱见接幸也",在古代法律以及礼教中,妾只不过是丈夫的一个生育后代的工具,毫无地位而言。一个女子,以身相许,包含着女人对男人的一种信的托付与义的承诺,许的是一生,却不一定包括名分,许的是自己,却不一定得到幸福。

总之,自从周代父权制婚姻家庭建立以后,女性角色就以报恩者的姿态服从服务于男性及其家族。在贞节操守之道、内外有别之则、"三从四德"之教戒劝誉以及"七出"条规威吓惩罚的共同作用之下,女子对丈夫的报恩从外在的社会压迫逐渐成为了一种内省和自觉。具体繁细的条规对妇女强调更多的是缄默和牺牲,妇女为之付出的代价也就更多。

第四节　义以感恩朋友

中国古代社会本质上是家族社会,人们聚族而居。由于农业社会的稳定性,人口流动少,大多数人从出生到死亡,生活地点基本上是固守不变的。由于长期在一起共同生活,天长地久间形成了世代相识的"熟人社会"。"家庭生活是中国人第一重的社会生活,亲戚邻里朋友是中国人第二重的社会生活。这两重社会生活,集中了中国人的要求,范围了中国人的活动"。[①] 生活在熟人社会里的中国人,除了家庭中的父子、夫妇关系、政治上的君臣关系外,还有亲戚、邻里、同学、朋友等熟人关系。而亲朋好友之间的熟人关系的维系关

---

① 梁漱溟.中国文化要义[M].上海:上海人民出版社,2005:16.

键在于"义"。

关于义,子曰:"义者,宜也。"朱熹:"义者,天理之所宜"。子曰:"君子之所谓义者,贵贱皆有事于天下。"① 义者,理义、道义、正义、公义也。董仲舒说:"春秋之所治,人与我也。所以治人与我者,仁与义也。以仁安人,以义正我,故仁之为言人也,义之为言我也,言名以别矣……是故《春秋》为仁义法。仁之法在爱人,不在爱我,义之法在正我,不在正人。"② 对别人有爱心,叫仁;匡正自我,正以待人,叫作义。贺铸词说"少年侠气,交结五都雄""立谈中,死生同,一诺千金重",义体现的是一种节烈、正义的气概,为他人甘愿承担风险甚至不虑生死、自我牺牲的气度。《三国演义》中的关羽有温酒斩华雄之雄烈、千里走单骑之忠义、华容道释放曹操之恩义、单刀赴会之勇猛、败走麦城而不屈就,被后人尊称为"忠义神武关圣大帝",崇为"武圣",与"文圣"孔子齐名,原因就在于人们认为其侠肝义胆,义薄云天,感慨其有恩必报。金庸小说《天龙八部》中的主人公乔峰在被众人群起而攻之时,也要先与众人喝一碗"绝情酒",先断了兄弟情义,托付了生死后事,然后才兵戎相见,决战杀场。在中国人看来,即使大家最终因道不同不相为谋,志不同不相为友而走向决裂,也要先报答他人之恩惠,然后才是各奔前程,否则便是为人不齿的忘恩小人。可见,能否做到知恩报恩是义与不义的关键所在。因此,对于亲戚朋友等的熟人之"义",本质上亦是感恩。而在这第二重的熟人社会生活中,最具代表性的是朋友之"义",也就是对朋友之恩的报答。

朋友是熟人关系中重要的交际对象。《易·兑》说:"君子以朋友讲习。"③ 孔颖达疏:"同门曰朋,同志曰友,朋友聚居,讲习道义。"友与朋、友与朋友、朋与朋友的含义在古代不大一样,后来把同学、志同道合的人、交谊深厚的人统称为朋友。相比之下,其他的所谓熟人可能是泛泛之交、点头之谊,但朋友与众不同。子路曰:"'愿车马,衣轻裘,与朋友共,敝之而无憾'。"④

---

① 俞仁良译注. 礼记通译 [M]. 上海:上海辞书出版社,2010:438.
② 董仲舒,叶平注译. 春秋繁露 [M]. 郑州:中州古籍出版社,2010:87.
③ 徐勇. 易经原理及注释 [M]. 北京:中医古籍出版社,2015:451.
④ 刘兆伟译注. 论语 [M]. 北京:人民教育出版社,2015:98.

"朋友死，无所归。曰：'于我殡'"。① 朋友不但可以共享荣华，亦是可以托生死之人。因为"人之相识，贵在相知；人之相知，贵在知心"，朋友之间虽没有血缘关系，但是可能因性情相近或志趣相投而心意相通，相互理解、相互欣赏、相互钦慕，彼此成为十分要好的人和能够信任支撑的伙伴。"管鲍之和，穷达不移；范张之谊，生死不弃""高山流水遇知音"等典故都表现了朋友间的深情厚谊，成为交朋结友的千古楷模。"人生得一知己足矣"，知音难觅，知己难寻，朋友可遇不可求，弥足珍贵。

如何义报友恩呢？对朋友等熟人讲义，要做到讲信讲诚、披肝沥胆、荣辱相戚甚至生死与共。具体来说，包括以下几个方面：

一、与朋友交，言而有信

作为对朋友之恩的报答，"义"首先是对朋友讲信誉，以诚立人、以信为本，言而有信。当然，信任是相互的，要想得到别人的信任，首先就要自己讲信用。子曰："人而无信，不知其可也。大车无輗，小车无軏，其何以行之哉？"② 信是一个人的立世之本，不讲诚信，就好像大车小车失去了牵引的动力，是什么都做不成的。"信则人任也"③，一个守诺、践约、无欺的诚信之人，人们才会信任他。由此，人无信则无以立，人无信则无以行，"与朋友交，言而有信"。④《国语卷九·晋语三》曾记载，丕郑出使秦国，在回来的路上听说晋惠公杀了里克，就去见自己的好友共华，请教自己是否可以回朝复命。共华认为，里克被杀的时候，包括自己在内的在朝人士都没有被牵连，而丕郑是奉命出使到秦国的，应当无性命之忧，可以入朝复命。丕郑听了共华的话于是入朝，然而惠公却杀了丕郑。事后，共赐劝共华逃命，共华认为，丕郑入朝复命是听了自己的意见，所以自己不能苟且逃生，而应等待灾祸的到来。共赐劝说他不必执着于此，毕竟没有其他人知道是共华建议丕郑入朝复命的。但共华却认为，拒绝承认自己所做之事乃"不信"之举，因自我建议而致使朋友遇难是为"不智"，使人陷于绝境而自己逃跑更是"不勇"。如若背负此

---

① 刘兆伟译注. 论语 [M]. 北京：人民教育出版社，2015：221.
② 刘兆伟译注. 论语 [M]. 北京：人民教育出版社，2015：33.
③ 刘兆伟译注. 论语 [M]. 北京：人民教育出版社，2015：415.
④ 刘兆伟译注. 论语 [M]. 北京：人民教育出版社，2015：8.

三大罪名,将无以立足于世。此则典故所记载的共华这种对好友负责、重信义、讲信用、杀身成仁、以身殉友的精神,深受后人赞扬。

二、重义轻利,舍生取义

作为对朋友之恩的报答,"义"还表现为对义与利的正确取舍。关于义与利,儒家文化崇尚的是"重义轻利"的义利观,倡导见利思义、先利后义,"不义而富且贵,于我如浮云"。①《荀子·荣辱》里讲"先义而后利者荣,先利而后义者辱"。②《左传·成公二年》曰:"礼以行义,义以生利,利以平民,政之大节也。"③儒家认为,在义与利间如何取舍,成为区别小人与君子的标志。"君子义以为上""君子喻于义,小人喻于利"④,君子看重的是道义,小人看重的是利益。由此,在义利的取舍间,要义字当先,朋友之间不能把利益看得过重,为朋友排忧解难,不但不能为了利出卖、背叛朋友,而且要在朋友落难时出手相助,雪中送炭,必要时为朋友两肋插刀。所谓"士为知己者死",舍生取义,这是对朋友之恩的最厚重的报答。

刘向《列士传》有羊角哀左伯桃舍命之交的典故:"六国时,羊角哀与左伯桃为友,闻楚王贤,俱往仕,至梁山,逢雪,粮尽,度不两全,遂并粮与角哀。角哀至楚,楚用为上卿,后来收葬伯桃。"左伯桃、羊角哀二人落魄之时偶然相遇,两人均雄才大略,互相欣赏,视为知己。恰逢楚平王招纳天下贤士,于是两人同去楚国求官。行至鄎邑,忽遇风雪,行粮不敷,衣单食缺,仅够一人生存,左伯桃将所带干粮、衣物全部留给羊角哀,让其前往楚国,自己因冻饿死于树洞之中。羊角哀到了楚国,位至中大夫,将此事禀告楚王。楚王听后很受感动,下令伐倒林树安葬左伯桃。后左伯桃托梦给羊角哀,说自己在阴间受荆轲欺侮,羊角哀便自刎于左伯桃墓前,与他合葬在一起,赴阴间与好友共战荆轲。楚王感其义重,差官往墓前建庙,加封羊角哀为上大夫,敕赐庙额曰"忠义之祠",立碑以记其事。

《世说新语》中记载了"荀巨伯远看友人疾"的典故:"荀巨伯远看友人

---

① 刘兆伟译注. 论语 [M]. 北京:人民教育出版社,2015:138.
② 方达评注. 荀子 [M]. 北京:商务印书馆,2016:48.
③ 李索. 左传正宗 [M]. 北京:华夏出版社,2011:254.
④ 刘兆伟译注. 论语 [M]. 北京:人民教育出版社,2015:69.

疾，值胡贼攻郡。友人语巨伯曰：'吾今死矣，子可去！'巨伯曰：'远来相视，子令吾去，败义以求生，岂荀巨伯所行邪？'贼既至，谓巨伯曰：'大军至，一郡尽空，汝何男子，而敢独止？'巨伯曰：'友人有疾，不忍委之，宁以吾身代友人命。'贼相谓曰：'我辈无义之人，而入有义之国！'遂班军而还，一郡并获全。"荀巨伯千里迢迢探望重病的朋友，正好赶上战乱。朋友对荀巨伯说："我不久于人世，敌人马上要来了，你赶紧离开逃命去！"荀巨伯说："我跋涉千里来探望你，你却让我离开，为了苟且偷生而毁掉道义，这不是我荀巨伯做的事"。城破敌入，胡贼问荀巨伯："大军到了，整个城的人都跑空了，你是什么人，竟敢独自留在城中？"荀巨伯说："我的朋友身患重病，我不忍心舍弃他，我愿用我的命来换取朋友的命。"胡贼议论说："我们这些不懂道义的人啊，却入侵了这么讲仁义的国家！"于是撤兵而去。荀巨伯的义举竟使全郡得以保全。

　　孟子说："生，亦我所欲也，义，亦我所欲也；二者不可得兼，舍生取义者也。"① 羊角哀以死报答了朋友的知遇之恩，这样的壮烈情怀，让人钦佩；荀巨伯临危不惧，冒着生命之险也要保护他的朋友，这样的友谊，让人敬仰。

　　我们讲义为报友恩，并不是指朋友做尽了坏事，我们还要为了感恩而帮助他。我们在结交朋友、感恩友情之时，先要确认所交之友、所报友恩是否值得。因为朋友不是随意结交的，要有所选择。"主忠信；毋友不如己者"（《论语·子罕》），不要跟不如自己的人交朋友。人有好坏之分，交友要慎重，要结交益友，所谓"益者三友，损者三友。友直、友谅、友多闻，益矣；友便辟、友善柔、有便佞，损矣。"（《论语·季氏》）一个人要多结交正直、诚信、博学的朋友，不要与谄媚、伪善、夸夸其谈的人做朋友。为什么要结交益友呢？"泛爱众而亲仁"（《论语·学而》），孔子认为结交"仁者"朋友，有助于培养自己的仁德，才会更懂得感恩。子贡有一次向孔子请教如何培养仁德，"子贡问为仁。子曰'工欲善其事，必先利其器。居是邦也，事其大夫之贤者，友其士之仁者"（《论语·卫灵公》）。孔子在这里明确告诉弟子，培养仁德就像做事需要锋利的工具一样，要以谦恭的态度尊重贤德之人，以真诚的行动结交仁德之士，因为与仁者志士交朋结友，才有更多向其学习的机会，进而

---

① 万丽华，蓝旭译注. 孟子 [M]. 北京：中华书局，2016：253.

成功地培养自己的仁德。所以，交友是有前提的，就是这个朋友一定要重情义，懂得感恩，值得交往。

当然，报友恩也需要讲究效果和方法。《论语》中有"子贡问友"之教。子曰："忠告而善道之，不可则止，毋自辱焉。"① 孔子告诫弟子，对待朋友要立意忠诚，如果友人犯了错误，不懂感恩，不按常理办事，一定要以肺腑之言、精诚之意提醒之，劝告之，引导之。如此尽心尽力地去做了，他若仍不听，就不要再勉强相劝，因为劝诫朋友也要恰到好处，否则就是自找侮辱，进退报颜。换言之，朋友之间的相处必须以义为前提，待友真诚，交友正义，相互劝勉上进，此乃"义报友恩"的精髓所在。

第五节　祭以感恩天地

人类的祭祀活动历史悠远。原始时代，社会生产力低下，人类知识极度贫乏，对于人与自然现象感到神秘而恐惧。面对难以理解的生老病死、幻觉梦境，古之先民相信人有灵魂。人的灵魂不但可以离开躯体而存在，而且可以作祟于生者，使其生病或遭灾。以己类观，自然界中包括天上的风云变幻、日月运行，地上的山石树木、飞禽走兽，同人类一样，也是有意志、有灵魂的。这些神灵既哺育人类成长，也给人类生存带来威胁；人类感激这些神灵所带来的福佑，同时也对它们有所畏惧，因而对这众多的神灵顶礼膜拜，以感其恩泽、祈求其赐福。虽在灵魂观念异化为神灵观念的具体过程中，各地区、各民族、各宗教可能有不同的途径和形式，但祭祀确是这种"万物有灵"观念派生的产物，带有浓厚的原始宗教色彩和朴素的感恩情怀。

最初的祭祀活动比较简单，也比较野蛮。人们用竹木或泥土塑造神灵偶像，或在石岩上画出日月星辰野兽等神灵形象，作为崇拜对象的附体。然后在偶像面前陈列献给神灵的食物和其他礼物，并由主持者祈祷，祭祀者则对着神灵唱歌、跳舞。进入文明社会后，物质的丰裕，使祭祀礼节越来越复杂，祭品

---

① 刘兆伟译注. 论语 [M]. 北京：人民教育出版社，2015：276.

也越来越讲究，并有了一定的规范。旧俗备供品向神佛或祖先行礼，表示崇敬并求保佑。随着社会生产力的发展以及人类自身的进化发展，人类的自我意识得到提升，逐渐开始可以把自身与外界划分开来。到西周时期，随着宗法制度的完善，祭祀活动逐步转向以先祖、"圣人"为对象的尊祖敬宗的感恩祭祀。缅怀先祖，对于亡者，就是"无念而祖，幸修厥德"，意思是始终不忘思念先祖，继承遗志，将他们的功德修养发扬光大。由祭天神到祭拜人鬼，由对自然的崇拜感恩到对人类自身的感恩崇拜，这是人类文明史的一大进步。

华夏礼典中，祭祀是儒家礼仪的主要组成部分。《礼记·祭统》云："礼有五经，莫重于祭。"① 许慎《说文解字》云："礼，履也。所以事神而致福。从示从豊，豊亦聲。"② 郭沫若在《十批判书》中指出："礼之起起于祀神，其后扩展而为对人，更其后扩展而为吉、凶、军、宾、嘉等多种仪制。"③ 可见，礼义之兴，源于敬神，敬神以礼，求神赐福。《礼记·郊特牲》说："万物本乎天，人本乎祖，此所以配上帝也。郊之祭也，大报本反始也。"④ 汉代王充《论衡·祭意》讲："凡祭祀之义有二：一曰报功，二曰修先。报功以勉力，修先以崇恩。力勉恩崇，功立化通，圣王之务也。"⑤ "缘生人有功得赏，鬼神有功亦祀之。"⑥ 古代帝王修建天坛祭祀皇天，修建地坛用来祭地，祈五谷丰登，佑国泰民安。水、火、雷、风、山、泽六神因辅助天地变化滋润万物，君王也尊重、祭祀它们。祭祀社神是报答它生育万物，祭祀谷神是报答它生育五谷，门、户是人们出入的地方，井、灶是供人饮食的处所，中霤是人依托和居住的地方，进行五祀，就是报答门神、户神、井神、灶神、室中霤神对人守护的功劳。同人有功劳获得奖赏的道理一样，鬼神有功人们也应报答它们。所以中国古代家家户户都在固定的位置供奉"天地君亲师"牌位，逢年过节还要拜财神、灶神、门神；民间还有菩萨庙、娘娘庙、妈祖庙、土地庙等用来进行祭奠活动。从黄帝、炎帝，到尧、舜、禹、汤，从文武周公到诸子百家，直到各行各业杰出的开创者，受到祭祀皆是因为他们"有功烈于民者也"⑦，所

---

① 俞仁良译注. 礼记通译 [M]. 上海：上海辞书出版社，2010：382.
② 许慎. 说文解字 [M]. 长沙：岳麓书社，2006：2018.
③ 郭沫若. 十批判书 [M]. 北京：人民出版社，1954：82-83.
④ 俞仁良译注. 礼记通译 [M]. 上海：上海辞书出版社，2010：201.
⑤⑥ 王充. 论衡 [M]. 长沙：岳麓书社，2015：313-314.
⑦ 俞仁良译注. 礼记通译 [M]. 上海：上海辞书出版社，2010：365.

以才成为"民所瞻仰"者。敬天法地是中国文化的一大特点,这种尊崇来源于对自身存在的感恩,因为没有天地和自己的祖先便没有自己和周围的一切——念天地的生化养育之德,感祖辈的庇佑之恩。"王者父事天,母事地,推人事父母之事,故亦有祭天地之礼"。① 祭祀礼仪中虽然没有直接用感恩加以明确表述,但在深层次上反映着人们重恩尊功、慎终追远、报本反始的理念,是人对自身所受恩泽及其源头的体认、尊崇、感激和报答。

万物有灵形成多神崇拜,也使人们的祭祀感恩的对象繁多。中国古代宇宙观最基本的三要素是天、地、人,《礼记·礼运》称:"夫礼,必本于天,殽于地,列于鬼神。"②《周礼·春官·宗伯》记载:"大宗伯之职:掌建邦之天神、人鬼、地祇之礼,以佐王建保邦国。以吉礼祀邦国之鬼神祇。"③《荀子·礼论》称:"上事天,下事地,尊先祖而隆君师,是礼之三本也。"④ 古代祭祀的对象主要分为天神、地示和人鬼三类。天神称祀,地示称祭,宗庙称享。"神不歆非类,民不祀非族",祭祀具有严格的等级界限。天神和地示由天子祭祀,诸侯大夫可以祭祀山川,士与庶人则只能祭祀祖先和灶神等。

一、祭天神

祭天是人与天的"交流"形式,是华夏民族最隆重、最庄严的祭祀仪式。在华夏先民眼中,天地哺育众生,"天地之大德曰生"⑤,人所赖以生存的一切都来源于上天的恩赐。《周易》称颂"天行健,君子以自强不息"⑥,孔子叹曰:"四时行焉,百物生焉,天何言哉"⑦,北宋思想家张载在《西铭》中写道:"民吾同胞,物吾与也"。所谓"乾,天也,故称乎父"⑧,《乾·象》曰:"大哉乾元,万物资始,乃统天"⑨,上天是世间万物的缔造者、保护者,决定

---

① 王充. 论衡 [M]. 长沙:岳麓书社,2015:313-314.
② 俞仁良译注. 礼记通译 [M]. 上海:上海辞书出版社,2010:171.
③ 吕友仁,李正辉注译. 周礼 [M]. 郑州:中州古籍出版社,2010:179.
④ 方达评注. 荀子 [M]. 北京:商务印书馆,2016:334.
⑤ 徐勇. 易经原理及注释 [M]. 北京:中医古籍出版社,2015:506.
⑥ 刘慧译注. 周易 [M]. 合肥:黄山书社,2015:3.
⑦ 刘兆伟译注. 论语 [M]. 北京:人民教育出版社,2015:429.
⑧ 徐勇. 易经原理及注释 [M]. 北京:中医古籍出版社,2015:509.
⑨ 徐勇. 易经原理及注释 [M]. 北京:中医古籍出版社,2015:27.

着人世万物的祸兮旦福，所以人要顺天应物，敬畏、感念上天的创始化生之恩。这样，就形成了崇拜天神、祭祀天神的形式，感恩天神的恩泽变成了远古祭天文化的主流。

感恩受祀的天神不仅多，而且有尊卑之别。第一等为昊天上帝，或称皇天大帝、百神之君等。天子选择在阴尽阳生冬至这天，在国都南郊圜丘圆形的祭天之坛祀昊天上帝。第二等为日月星辰。日月为天之明，星辰指"五纬"（金、木、水、火、土五行）以及十二辰和二十八星宿，这些都是与民生关系最为密切的天体。第三等祀除第二等之外，凡是职所有司、有功于民的列星，如司中、司命、风师、雨师等。感恩祭天的方法，据《礼记·祭法》所讲是"燔柴于泰坛"。① 《周礼·春官·宗伯》中有"以实柴祀日月星晨"② 之说。"实柴"是指将牲玉等品加于柴上。在古人看来，天神在上，非燔柴不足以达之，燔祭时烟气升腾，直达高空，容易被天神接受。此外，还有祈谷于天的雩祭。雩祭分为"常雩"和"因旱而雩"两种。常雩为固定的祭祀，即使没有水旱之灾，都会在固定的时间进行祭祀。常雩的时间，《左传》曰"龙见而雩"。所谓"龙见"，是指苍龙七宿在建巳之月（夏历四月）昏时出现在东方，此时万物始盛，急需雨水，故每年此时有雩祭。"因旱而雩"是指因旱灾而临时增加的雩祭，多在夏、秋两季，雩祭的对象，除上天外，还有"山川百源"即地面上所有的水源。

祭天要由天子亲自主持，因为这是奉天承运，顺乎天意。古人有"天人合一""以德配天"的理念，即君主的地位和权力是天之所命，但也只有有德者才可承受天命。因为"皇天无亲，唯德是辅"，既然伦理秩序和道德规范是天命所定，天对人事如何干与，则以人的品质、德行、作为是否符合道德规范而转移。统治阶级用这种"受命于天"的君权神授思想凸显其皇权合法性和至高无上性，并赋予其以神圣不可侵犯的绝对权威。而所谓的"天秩有典""天秩有理""天命有德"等，实际上不过是假托天命，用上帝的命令和安排来神化社会的等级秩序和人伦关系为其阶级统治服务，实质是阶级统治、政治斗争的工具。天子本人仿佛就成了天神的化身，操持着天神上帝的诸种专责，

---

① 俞仁良译注.礼记通译 [M].上海：上海辞书出版社，2010：362.
② 吕友仁，李正辉注译.周礼 [M].郑州：中州古籍出版社，2010：179.

以君临国家万邦万民。同时，天子也只有"以德配天"才能接近天帝，失德就会失去天命，也就无权祭天；所以春耕时求天神保佑的主祭者是天子，秋收帅官民谢恩于天的也是天子。只要天子真正地以德配天，人们便可受之福祚，反之便自招灾殃。《国语·周语上》说："古者，先王既有天下，又崇立于上帝、明神而敬事之，于是乎有朝日、夕月以教民事君。"① 《中庸本义》说："郊社之礼，所以事上帝也，宗庙之礼，所以祀乎其先也。明乎郊社之礼，禘尝之义，治国其如示诸掌乎！"② 《左传·成公十三年》云"国之大事，在祀与戎"。③ 天子对天的祭祀表达了一种感恩情怀，既要感念上苍滋润、哺育万物的好生之德，通过虔诚地祈福，希望风调雨顺、五谷丰登、国泰民安，更要感谢上天恩赐的权力，以保其江山长久、稳固。由此古代帝王的封禅、祭天活动非常广泛和普遍。从夏商周开始，历代历朝统治集团无不重视祭祀天地之神。像明清两朝设天坛和地坛分别祭祀天与地。封禅泰山则是古代帝王祭祀天地的最高礼仪。管仲曰："古者封泰山禅梁父者七十二家，而夷吾所记者十有二焉。"④ 管仲所述古代12位君王"皆受命然后得封禅"。⑤尽管未必尽可信，但却表达了中国古代君主对天地的敬仰、感念之心。

二、祭地示

《经典释文》讲"示，或本作只"，郑玄注亦作只，"示"通"只"。《说文示部》讲："只，地只，提出万物者也"。远古时已有对土地的崇拜，有"地也，称乎母"⑥ 的说法，指大地犹如慈爱的母亲生长五谷，养育万物。

地界神灵源于大地，数量众多，它们与人类生存密切相关，也依照尊卑分为三等。第一等为社稷、五祀、五岳。社为土地，稷为百谷之主；五祀在此为五行之神；五岳为东岳泰山、南岳衡山、西岳华山、北岳恒山、中岳嵩山，此五山被认为是天下五方的镇山。第二等为山林、川泽。此类祭祀的对象还包括社稷、城隍、四方山川、五祀、六宗等，主要祭祀四方的大河、大山。第三等

---

① 罗家湘注译. 国语 [M]. 郑州：中州古籍出版社，2010：41.
② 汪受宽，金良年. 孝经·大学·中庸译注 [M]. 上海：上海古籍出版社，2012：117.
③ 赵捷，赵英丽注译. 左传 [M]. 武汉：崇文书局，2015：87.
④⑤ 司马迁. 史记全本（上）[M]. 沈阳：万卷出版公司，2011：141.
⑥ 徐勇. 易经原理及注释 [M]. 北京：中医古籍出版社，2015：509.

是四方百物,指的是掌管四方百物的各种小神,如户、灶、雷、门、行五祀。《礼记·月令》说,"春祀户,夏祀灶,中央祀中雷,秋祀门,冬祀行"。① 此五者厚于民生,故要祭五者之神。

祭地感恩的方法,《周礼·大宗伯》称:"以血祭祭社稷"。② 关于血祭,据清人金鹗《求古录·燔柴瘗埋考》中的解释:"血祭,盖以滴血于地,如郁鬯(酒)之灌地也。"可见灌祭就是把用来祭祀地神的血和酒灌注于地,血、酒很快就渗透到地下,人们认为这样可以达之于神。《礼记·郊特牲》载:"周人尚臭。灌用鬯臭,郁合鬯,臭阴达于渊泉。灌以圭璋,用玉气也。既灌,然后迎牲,致阴气也。"③ "臭"指香气,周人降神以香气为主,所以献神之前先灌鬯酒,用香气浓郁的郁香草调和鬯酒,香气就能随着灌地通达于黄泉。灌鬯用的勺以圭璋为柄,是为了发挥玉的润洁之气。

三、祭人鬼

人界神灵种类繁多,包括春祠、秋尝、享祭先王、先祖,有祖先神、圣贤神、行业神、起居器物神等,它们直接与人们的日常生活密切关联,享受了最多的祭品,其中主要是对祖先和父母的祭祀。

祭先祖主于孝,祭神主于敬。古人认为,人的生命不仅是祖先神灵赐予的,人的命运也是掌握在祖先神灵之手中,祖先的灵魂可以保佑本族成员,保佑本氏族的繁荣。《礼记·表记》说:"殷人尊神,率民以事神,先鬼而后礼。"④ 这里所说的"神"和"鬼",就是死去的祖先。殷人认为过世的祖先其灵魂依然存在,而且和天神很接近,且有一种神秘的力量,可以降祸延福于子孙。于是视祖先为具有超能力的神明,祈福避祸均乞助于祖先神,这是殷人祭祖的主要观念。周人则不仅深信祖先的灵魂有降祸赐福的能力,且可配乎天。再加上周人认为君主虽是天子,但因之鼎革无常的现象,愈加深感天意难测,唯先王的典型美德可以模仿遵行。"祭法:有虞氏禘黄帝而郊喾,祖颛顼而宗尧;夏后氏亦禘黄帝而郊鲧,祖颛顼而宗禹;殷人禘喾而郊冥,祖契而宗

---

① 俞仁良译注. 礼记通译 [M]. 上海:上海辞书出版社,2010:137.
② 刘慧译注. 周易 [M]. 合肥:黄山书社,2015:179.
③ 俞仁良译注. 礼记通译 [M]. 上海:上海辞书出版社,2010:207.
④ 俞仁良译注. 礼记通译 [M]. 上海:上海辞书出版社,2010:440.

汤；周人禘喾而郊稷，祖文王而宗武王"。① 祖先们曾创立了伟大的功绩，造福于后人，而且这种牺牲自己、爱民利他的高尚品德，感动并影响着民众及其子孙后代。人们在缅怀先贤的功德中感悟生命的价值，在继承先贤的遗志中展现人生的意义，期望藉勉励祭祖来纪念并效法先人的德性，并通过有血统关系的先祖代为请命，得天福佑。汉代王充也认为，"宗庙祖先，己之亲也。生时有养育之道，死亡义不可背，故修祭祀，示如生存。推人事鬼神，缘生事死。人有赏功供奉之道，故有报恩祀祖之义"。② 祭祀的实质是"重恩尊功，殷勤厚恩，未必有鬼而之者"③，"皆为思其德，不忘其功也"④，目的是为勉励后人，提倡尊崇恩德。尽心尽力的人受到勉励，恩德受到尊崇，功业才能树立，教化才得以广布。

父母来自祖先，故西周时期形成了以孝为五教之首的观念。孝的实质是对父义、母慈施以恩报的情感和行为。《诗经·周颂·载见》中就有记载："率见昭考，以孝以享。"《礼记·祭统》也认为"祭者，所以追养继孝也"。人们不仅要在父母在世时孝敬他们，在父母去世以后也不能违背礼制，要认真处理后世，常常进行祭祀，以追念父母生养教导之恩。儒家将孝道、孝行的礼治秩序的内涵界定为生之事、死之葬与祭两大方面。孔子讲："生，事之以礼；死，葬之以礼，祭之以礼。"⑤ 对父母生前的孝敬或孝养，还延续至父母死后的祭享，也就是以丧祭之礼表达对亡父母的追孝。所以，他们对作为孝道重要表现形式的祭祀活动非常重视，孔子说："所重：民、食、丧、祭。"孟子甚至把父母的丧事看得比奉养还重要，他说："养生者不足以当大事，唯送死可以当大事。"不仅如此，春秋战国之际，当政者甚至将表现孝道的祭祀活动提升至国家大事的高度，《左传》从礼治为治国和序民之大经高度强调"国之大事，在祀与戎"。在祭祀中，儒家强调不仅要丧尽其礼，更要祭尽其诚，对于已经逝去的父母、祖先的祭祀，要基于一种敬重和追念的情感，祭祀的关键在于秉持恭敬与虔诚之心，要能达到"祭如在，祭神如神在"。如果不能做到虔诚与恭敬，则不如不祭，就如孔子所说的"吾不与祭，如不祭"。在孔子思想的启发下，学生们都十分重视祭祀过程中真诚情感的表达，子张曾经说过：

---

① 崔高维. 礼记 [M]. 辽宁：辽宁教育出版社，1997.
②③④ 王充. 论衡 [M]. 长沙：岳麓书社，2015：315—316.
⑤ 刘兆伟译注. 论语 [M]. 北京：人民教育出版社，2015：21.

"祭思敬，丧思哀，其可已矣。"

祭必于庙。《礼记·王制》记载："天子七庙，三昭三穆，与太祖之庙而七。诸侯五庙，二昭二穆，与太祖之庙而五。大夫三庙，一昭一穆，与太祖之庙而三。士一庙。庶人祭于寝。"① 昭、穆是指宗庙的排列次序，各个庙都向南，昭庙在左，穆庙在右，依次排列。《诗·小雅·天保》云："禴祠尝烝，于公先王。"② 禴、祠、尝、烝分别是春夏秋冬四时的祭名，所谓四时祭，就是每逢岁时之首，用时令蔬果祭祖。对父祖的祭祀还大量集中在丧礼中，有奠、虞、卒哭、袝、小祥、大祥、禫等名目，甚为复杂，并包括历代帝王、先圣先师、贤臣、先农、先蚕、先火、先炊、先医、先卜等。在坟场墓地祭祀神灵是较原始朴素的方法，它多用于祭祀祖先神。古人认为，到坟墓祭祀离祖先最近，祖先神听得最清楚。《礼记·檀弓下》记载：孔子出外游说时，"去国则哭于墓而后行，返其国不哭，展墓而入"。

总之，如东汉学者王充所言："缘生人有功得赏，鬼神有功亦祀之。山出云雨润万物，……社稷报生万物之功：社报万物，稷报五谷。"③ 在古人看来，凡有功于人类社会文明历史进步的，不论是君王还是诸侯、大臣，不论是自然物如天地日月、山川草木，还是历史人物，都应获得后人的报答、感恩；祭祀正是感恩的具体形式。当然，由祭天神到祭拜人鬼，由对原始图腾的崇拜感恩到对人类自身尊祖敬宗的感恩崇拜，是人类文明史的一大进步，彰显了人类对自身力量体认在不断增强。但无论如何，所谓祖先崇拜之原始本质仍是敬天畏地的体现。

第六节　尊以感恩老师

尊师重教是中华民族的传统美德。在中国古代，老师具有很高的社会地位。古人常把是否尊重老师和国家兴亡联系在一起，"国将兴，必贵师而重

---

① 俞仁良译注.礼记通译 [M].上海：上海辞书出版社，2010：105.
② 陈晓清，陈淑玲译注.诗经 [M].广州：广州出版社，2006：219.
③ 王充.论衡 [M].长沙：岳麓书社，2015：314.

傅，贵师而重傅，则法度存。国将衰，必贱师而轻傅，贱师而轻傅则人有快，人有快则法度废"。① 国家将要兴盛时，一定是尊敬重视老师的，国家将要衰亡时，一定是鄙视轻贱老师的。《孟子》载《书》曰："天降下民，作之君，作之师，惟曰其助上帝宠之。"② 上天降生了老百姓，又为他们降生了君王与师表，君王和师表的责任，就是辅助上天来爱护、治理百姓。这是孟子借《尚书》之语把君、师并列在一起。荀子明确地提出了天地君亲师，"礼有三本：天地者，生之本也；先祖者，类之本也；君师者，治之本也。无天地恶生？无先祖恶出？无君师恶治？三者偏亡焉，无安人。故礼上事天，下事地，尊先祖而隆君师，是礼之三本也。"③ 荀子提出天地、祖先、君师是礼的三个本源，缺一不可。《白虎通义》讲："人有三尊，君父师是也"。民间"俗以天地君亲师五者合祀，比户皆然"。所谓师道尊严，礼上老师与天、地、君、亲并列，君师一体，受到特殊尊敬与祭拜。这些都充分彰显了老师地位的尊贵，体现了中华民族重师、尊师、敬师的传统。

为什么要尊师重教、感恩老师呢？国家层面讲，国以人立，教以人兴，老师是立教之本、兴教之源。《礼记·学记》："玉不琢，不成器；人不学，不知道。是故古之王者建国君民，教学为先。《兑命》曰：'念终始典于学'。其此之谓乎！"玉石不加琢磨，就不会成为可用之器；人不学习，就不会明白人生的各种道理。因此，古代的君主在建立国家、统治百姓的时候，总是把教育放在首要位置。《尚书》里的《兑命》篇说要始终如一地注重学习，说的就是这个道理。而"如欲化民成俗，其必由学"，教育教化需要由老师来实现和完成。由教育对国家的重要进而强调要给予老师崇高的礼敬，正是因为尊师对治理国家有如此重要的作用，所以古之"明王圣主，莫不尊师贵道"（《后汉书·孔僖传》）。从个体层面看，老师对于个人安身立命的才与德有造就、培育之恩。"师者，所以传道受业解惑也"，老师给予了个体人生成长中的智慧，教以学业、技能和为人处世的行为规范，教以为人成才之道。"父生之，师教之"，父亲有生养之恩，老师有教诲塑造之恩，所以个体要尊师重道，感恩老师的付出。"人之常尊，曰君，曰父，曰师，三者而已……君之于臣，父之于

---

① 方达评注. 荀子[M]. 北京：商务印书馆，2016：499.
② 万丽华，蓝旭译注. 孟子[M]. 北京：中华书局，2016：28.
③ 方达评注. 荀子[M]. 北京：商务印书馆，2016：334.

子,力有所不及处,赖师之教尔,故师之德配君父"。老师的恩德堪比父亲,因而老师有"恩师""师父"之称。尊师敬师皆是为了报师恩。

古代的尊师,具有广泛的社会性,尊师敬长不仅在民间百姓、士大夫中形成风尚,上至君王贵族、王公大臣等统治阶级也大力提倡并身体力行做出表率,涵盖了礼仪、祭祀、物质、日常生活、生前死后等。尊报师恩具体表现在以下几个方面:

一、师不施臣子之礼

面对天子,老师可以不跪拜,帝王在老师面前也不以王族自居,不以臣子之礼对待授受自己的老师,对老师谦恭有礼,表现出对老师的尊重。

"天子入太学,祭先圣,则齿尝为师者弗臣,所以见敬学与尊师也"①。为表敬学与尊师,天子进入太学学习前都要先祭祀先圣。"当入学而与太子齿"②,在老师面前,学生们的座次是按照年龄大小而不是按照等级地位的高低来排序,即使对周王的太子来说,也一视同仁。

"礼闻来学,不闻往教"③。为学之法是学生到老师那里上门虚心求教,而不是老师屈尊去找学生登门来教。"为其多闻也,则天子不召师,而况诸侯乎"④,早在春秋战国时期,天子、官员对于老师都是不能"召"的,要主动上门、亲自拜访。

南面而王,北面而问。北宋著名思想家王安石在《虔州学记》云:"若夫道隆而德骏者,又不止此。虽天子,北面而问焉,而与之迭为宾主,此舜所谓承之者也。"朝堂宫殿之上,一贯是天子坐北朝南,南面为王。但是面对"道隆而德骏者",南面为王的天子也须调换位置"北面而问",礼敬请教,这是王安石对"尧帝礼拜善绻"典故的引用。

据传,善绻是远古尧舜时代的隐士,是帝尧和帝舜的老师。帝尧和帝舜都因仰慕他的德行才华先后要将帝位禅让给他,都被他拒绝。因其德播天下,成为中国道德文化的渊源,被尊为"德祖"。《庄子》《吕氏春秋》等古籍都记

---

① 关贤柱,廖进碧,钟雪丽译注.吕氏春秋全译(上)[M].贵州:贵州人民出版社,2009:99.
② 俞仁良译注.礼记通译[M].上海:上海辞书出版社,2010:379.
③ 俞仁良译注.礼记通译[M].上海:上海辞书出版社,2010:2.
④ 万丽华,蓝旭译注.孟子[M].北京:中华书局,2016:234.

载了尧帝慕贤,礼拜善绻为师的典故。

"尧不以帝见善绻,北面而问焉。尧,天子也。善绻,布衣也。何故礼之若此其甚也?善绻,得道之士也。得道之人不可骄也。尧论其德行达智而弗若,故北面而问焉,此之谓至公。非至公其孰能礼贤?"(《吕氏春秋·慎大览·下贤》)

尧是天子,善缮是平民,尧不以帝王的身份去见善缮,而是以非常隆重的礼仪朝北恭敬地拜善缮为师,向他请教。尧为什么如此隆重地礼遇他呢?因为善缮是得道的高人。对于得道的人,是不可傲视的。尧衡量自己的德行智谋不如善缮,所以面向北恭恭敬敬地向他请教。对此,汉代高诱注云:"人轻道重也。"舜继位后,听到很多关于"帝者师"善缮的事迹,也在南巡的途中专程到枉人山拜会善缮。经过交谈,由衷佩服,要将天下禅让善卷,善缮力辞并归隐。

《学记》云:"凡学之道:严师为难。师严然后道尊,道尊然后民知敬学。是故君之所不臣于其臣者二:当其为尸,则弗臣也;当其为师,则弗臣也。大学之礼,虽诏于天子无北面,所以尊师也。"尊师才能重道,重道才能使人重视学习。所以国君不以对待臣下的礼节来对待下属的情形有两种:一是当臣子在祭祀中担任祭主时,不以臣下之礼来待他;二是当臣子担任老师的时候,也不以臣下之礼来待他。在大学的礼仪中,做老师的人虽然接受国君的召见,也不必按臣礼面朝北,这是为了表示尊敬老师。汉代贾谊《新书·官人》中有如下记载:"取师之礼,黜位而朝之……师至,则清朝而侍,小事不进。"也就是说,面对老师,即使是君王,也要从君王的宝座上下来,朝拜老师,老师到了,要停朝罢事,恭敬地迎接老师,以表尊重。

二、束脩之风

古代学生与老师初见面时,必先奉赠礼物,表示敬意与感谢,被称为"束脩"。这种礼节早在孔子的时候已经施行。《论语》载,子曰"自行束脩以上,吾未尝无诲焉"[①],说孔子的教学条件是只要自愿拿着十余干肉来拜见,他就愿意收其为弟子,表现了孔子有教无类、诲人不倦的治学态度。

---

① 刘兆伟译注. 论语 [M]. 北京:人民教育出版社,2015:132.

自《论语》之后，束脩这种尊师风俗的表现形式较少见到。但至两汉时期，又初步流行。"门徒来学，不远万里，或襁负子孙，舍于门侧，皆口授经文，赠献者积粟盈仓。或云：'贾逵非力耕所得，诵经口倦，世所谓舌耕也'。"① 贾逵是东汉著名经学家、天文学家，许多学生向他求教，学生给他粮食作学费，积累起来装满粮仓，有人说贾逵的粮食不是自己种地得到的，而是靠讲经书讲得唇焦口燥得到的，这就是世人说的以舌代耕。这段记述表明，在汉末，向老师赠送束脩，表示对老师的尊敬，已经初步流行。

束脩之风经两汉、魏晋南北朝到唐代成为一种非常重要的尊师礼仪。本来束脩只是私学老师重要的生活来源，官学老师由于有朝廷俸禄，一般不是很看重。但是到了唐代这种情况发生了变化，唐代官方规定学生必须向官学老师缴纳束脩，以示尊崇。"龙朔二年九月，敕学生在学，各以长幼为序。初入学皆行束脩之礼，各绢三匹；四门学生，各绢二匹；隽士及律、书、算学，州县学，各绢一匹。皆有酒脯。其分束脩，三分入博士，二分助教。"② 可见在唐代，束脩之礼由国家制度明确规定，不过礼物的轻重，随学校的性质而有差别。唐代不仅规定官学学生向老师缴纳一定的束脩，还制定了中国首部完备的皇太子束脩礼。根据史料记载，皇太子的束脩数量是"束帛一篚，五匹；酒一壶，二斗；脩一案，五脡"。③ 一般来说是天刚亮的时候，皇太子穿着学生的衣服带着束脩之礼由引导人员带领到学堂东阶下拜见老师，通过引导人员请求老师接受自己的束脩之礼，经过博士与皇太子之间的相互谦让之后，博士出来接受皇太子的束脩礼品，整个束脩尊师仪式结束。这种皇太子的束脩之礼此前没有如此完备过，唐代制定此种礼仪，根本目的在于通过自上而下的示范作用，形成一种尊师的风气。束脩之礼，在于表达对老师的尊重与感恩，逐渐成为拜师的必备程序。

三、侍师如父

我国自古有很多尊师敬师的名言，如"明师之恩，诚为过于天地，重于

---

① 王嘉等，王根林等校点. 拾遗记（外三种）[M]. 上海：上海古籍出版社，2012：45-46.
② 王定保. 姜汉椿校. 唐摭言（卷一）[M]. 上海：上海社会科学出版社，2003：15.
③ 杜佑. 通典（卷一百十七）[M]. 北京：中华书局，1988：177.

父母多矣""德业之师,以父道事之""一日之师,终身为父""事师之犹事父也"等,把师与父定位于同一等级。古代很多脍炙人口的尊师故事如"子贡尊师""魏照尊师""李世民教子尊师"等历史典故代代相传,传唱不衰。古之弟子像孝敬父亲一样对待老师,虔诚从学。在师生共同的学习生活中,弟子像侍奉父母一样精心侍奉老师的起居饮食;老师去世后,弟子像对死去的父母那样进行祭祀。"生则谨养,谨养之道,养心为贵;死则敬祭,敬祭之术,时节为务;此所以尊师也"。① 这种情同父子的师生情谊,表现出了我国独具特色的尊师情怀。

作为弟子,日常生活中在语言、称呼、座位、行走等方面对老师要毕恭毕敬。《礼记·曲礼》:"从于先生,不越路而与人言。遭先生于道,趋而进,正立拱手。先生与之言则对,不与之言则趋而退。"② 对父亲和老师的召唤,不能只口头上应答,应该在应答的同时,停下自己的事,立即起身听候吩咐。跟随老师出行,只能尾随于老师之后,不可越过老师与他人搭话;在路上碰见老师,要快步向前,先站正身体,再向老师拱手致意;老师问话要等老师说完再回答,向老师请教或者要求老师增加讲解的时候要起立。这方面最为著名的是《管子·弟子职》:"摄衣共盥,先生乃作。沃盥彻盥,汛拚正席,先生乃坐。出入恭敬,如见宾客。危坐乡师,颜色毋怍……若有所疑,捧手问之。师出皆起……至于食时,先生将食,弟子馔馈。摄衽盥漱,跪坐而馈……先生有命,弟子乃食……昏将举火,执烛隅坐。错总之法,横于坐所。栉之远近,乃承厥火,居句如矩,蒸间容蒸,然者处下,捧椀以为绪。右手执烛,左手正栉,有堕代烛,交坐毋倍尊者。乃取厥栉,遂出是去……先生将息,弟子皆起。敬奉枕席,问何所趾。俶衽则请,有常有否……先生既息,各就其友,相切相磋,各长其仪。周则复始,是谓弟子之纪。"

《管子·弟子职》详细描述了作为弟子是如何侍师的。教学上,洒扫室屋摆好讲席,服侍先生入座讲习。弟子出入都要保持恭敬,其情景如同会见宾客。端正地坐着面向老师,不可随便地改变脸色。学习中若有疑难,便拱手提出问题。先生下课走出,学生一律起立。饮食上,先生用饭时,弟子把饭菜端

---

① 关贤柱,廖进碧,钟雪丽译注. 吕氏春秋全译(上)[M]. 贵州:贵州人民出版社,2009:97.
② 俞仁良译注. 礼记通译[M]. 上海:上海辞书出版社,2010:5.

上，挽起衣袖洗漱之后，跪坐把饭菜献给师长。先生吩咐之后，弟子才开始进餐。到黄昏准备点燃火炬，弟子要执火炬坐在屋的一隅。一人疲倦另一人及时接替，轮番交坐但不可背向老师。最后把余烬收拾起来，到外边把它们倾倒出去。先生将要休息，弟子起来服侍，恭敬地奉上枕席。先生休息后，弟子还要和学友互相切磋琢磨，加深理解老师所教的义理。以上要周而复始地坚持下去，这乃是弟子的规矩。由此可见，按照《管子·弟子职》的要求，学生尊敬老师可以说是无微不至，涉及日常生活中的吃、穿、住、行等方方面面，就如同对待自己的父亲一样。

丧师若丧父，若丧父而无服。弟子除了在言谈举止等方面身敬老师外，更要在内心、志向上尊敬老师。所以，师如父，侍奉和尊敬老师不只是简单的扫洒端食，更在于发自内心地由衷地敬佩和恭敬。古代诸多对老师的雅称如先生、严师、良师等，把老师的话称作教导、教诲、赐教等，都是心敬的体现。老师去世后，弟子施心祭之礼，虽不着丧服，但是心中要祭奠、悼念老师。

"事师无犯无隐，左右就养无方，服勤至死，心丧三年。……孔子曰：'师，吾哭诸寝。'"这表明孔子主张"心丧三年"。孔子丧后，他的弟子们对如何为孔子服丧进行了讨论。

"孔子之丧，门人疑所服。子贡曰：'昔者夫子之丧颜渊，若丧子而无服；丧子路亦然'。请丧夫子，若丧父而无服"。（《礼记·檀弓上》）

"孔子葬鲁城北泗上，弟子皆服三年。三年心丧毕，相诀而去，则哭，各复尽哀；或复留。唯子贡庐于冢上，凡六年，然后去"。（《史记·孔子世家》）

孔子去世了，他的学生们为了怀念老师的教育栽培之恩，都希望能有具体的哀悼表示，可是丧服的礼仪是为具有亲属关系的人而制定的，没有老师和学生这项非亲属关系的规定，于是学生如何为老师守丧就成了问题。后来子贡提出了很好的建议，他说以前颜渊死的时候，老师虽然没有穿戴任何丧服，但内心就跟失去亲生儿子一样痛苦；后来子路死的时候也是一样。如今老师去世了，我们至少应该照老师对学生的态度回报老师，哀悼老师就像失去自己父亲一样的哀痛，而不必有任何丧服的穿戴。孔子死后葬在鲁城北面的泗水岸边，弟子们不着丧服，怀着沉痛的悼念在心里为他服丧三年。三年心丧完毕，大家道别离去时，都相对而哭，又各尽哀；有的就又留了下来。子贡在墓旁搭了一间小房住下，守墓总共六年，然后离去。子贡"若丧父而无服"的心丧主张，开了丧师礼俗之先。

以后,无论距离多远,还是身兼何职,学生都要为老师奔丧,人数少的有几个人、几十人,人数多的有数百人、上千人,从而形成了壮观的弟子会葬之风,史料中也多有记载。

"桓荣少习欧阳尚书,事博士朱普,至王莽篡位,乃归。会朱普卒,荣奔丧九江,负土成坟"。(《册府元龟》卷六百《师道》)

东汉末年大儒郑玄"遗令薄葬,自郡守以下尝受业者,缞绖赴会千余人"。(《后汉书·郑玄传》)

扬雄"年七十一,天凤五年卒,侯芭为起坟,丧之三年"。(《后汉书·扬雄传》)

"明年,文成卒於南安。先生方赴廷试,闻之,奔丧至广信,斩衰以毕葬事,而后心丧"。(《明儒学案》卷三十二)

东汉名儒桓荣是齐桓公的后代,其祖先迁居龙亢,到桓荣这里已六代。少年时在长安学习,拜博士朱普为师,他家中贫困,刻苦自励,十五年没有回家,终成学业。到王莽篡位时才回家,恰逢朱普去世,桓荣到九江郡奔丧,自己背着土为老师筑坟;东汉末年的经学大师郑玄留下遗嘱要求薄葬,从郡守以下曾经跟随他学习的人中,披麻戴孝参加丧会的有一千多人;西汉著名的学者扬雄,他的学生侯芭在其死后,秉承丧师礼俗,为老师起坟,服"三年心丧";明代著名的思想家王畿年轻时豪迈不羁,因试礼部进士不第,返乡受业于王阳明,为王阳明最赏识的弟子之一。嘉靖八年王畿赴京殿试,途中闻王阳明卒,奔广信料理丧事,服心丧三年。十三年中进士,官至南京兵部主事。

四、尊师祭孔

古人认为,不仅君主是接受天命而立;师,也是天之所命。邵雍《观物篇》讲圣人"能以一心观万心,以一身观万身,以一物观万物,以一世观万世";又谓其"心代天意,口代天言,手代天工,身代天事"。因此,先师也享受如同神灵一样的祭祀。

祭孔是尊崇与怀念至圣先师孔子的祀典,分公祭和家祭,两千多年来从未间断。《史记·孔子世家》:"孔子以诗书礼乐教,弟子盖三千焉,身通六艺者七十有二人。"孔子一生从事教育事业,首创私学,打破学在官府、官师一体的格局,提倡有教无类、因材施教,被奉为万世师表、至圣先师,祭祀的庙宇也设在学校,即庙设学、庙学合一。

早在孔庙未修之前,在学宫里就有祭祀先师先圣的释奠礼。《周礼·春官》:"始入学,必释菜礼先师者。"《礼记·文王世子》:"凡学,春,官释奠于其先师,秋冬亦如之。凡始立学者,必释奠于先圣先师。"先师的含义,《周礼·春官宗伯第三》:"凡有道者,有德者,使教焉,死则以为乐祖,祭于瞽宗,此之谓先师类也"。《说文》:"教,上所施,下所效也。"教者,所以教人改过迁善。可见,当时所谓的先师先圣没有具体明确某一个人或某些人,但可以推断出有德有道、对教育有贡献且已过世的老师都是祭祀的对象。《礼记》中的这些记载表明,早在周代,建立学校必然要释奠,天子视学也要祭先师先圣。释奠即设荐俎馈酌而祭,目的在于祭祀先圣先师;释菜即以菜蔬设祭,目的在于尊敬先圣先师。这是周代尊师的一种祭祀风俗,成为后世公祭孔子的重要源头。

孔子殁后第二年,鲁哀公下令在曲阜阙里孔子旧宅立庙,将孔子生前的衣、冠、琴、车、书等奉于其中,按岁时祭祀,开祭祀孔子之先河,孔子故居成为第一座孔庙。孔子子孙"世以家学相承,自为师友",在孔庙里学习礼乐文化,学在庙中,庙中有学,"庙学合一"初显端倪。汉高祖刘邦过鲁,以"太牢"祭祀孔子,并且"修其祠",成为中国皇帝祭孔第一人。汉武帝采纳董仲舒的建议实行"罢黜百家,独尊儒术"的文化政策,把儒家学说奉为正统,兴建太学,置五经博士,以儒家经学作为学校教育的基本内容,师也就明确由儒者担任,孔子的地位自此日增。汉明帝于"永平二年,养三老五更于辟雍,郡县行乡饮酒礼于学校,皆祀圣师周公孔子,牲以犬十"(《文献通考》卷四十三《学校考四》),这是官方首次规定学校要祭祀圣师"周公、孔子",开了中国教育机构祭祀孔子的先例。唐太宗贞观二年(628),停祭周公,专立孔庙,以孔子为先圣,颜回配飨;贞观四年,又"诏州县学皆作孔子庙",从此各州县多于学宫旁建立孔庙,"庙学合一"遂成定制,祭孔成为全国性的重要政教活动,历代相袭。由于孔子在教育事业上的卓越成就和儒学的深远影响,孔子的封号也从汉平帝时的"褒成宣尼公"逐渐提升为唐玄宗时百代帝王师的"文宣王",到明清时去王称师的"至圣先师"。孔子作为先圣先师,释奠的对象从最初的不明确到逐渐以孔子为主,至隋唐时释奠便成为祭孔典礼的专属名称，帝王祭孔需要以弟子礼拜祭。明清时，全国孔庙多达1560多处。随着孔子思想的对外传播和华人的外移，在欧洲、美洲和亚洲的其他国家也出现了许多孔庙。

新中国成立后，自1989年开始于每年的孔子诞辰前后在孔子故乡曲阜举行中国（曲阜）国际孔子文化节。2004年祭孔大典由家祭改为政府公祭，2006年经国务院批准祭孔大典列入第一批国家级非物质文化遗产名录。新的历史时期的祭孔大典，不仅是缅怀先圣、继承优良传统的重要途径，对激励后昆奋进、促进文化交流也有重要意义。

古代的尊师固然有其时代的局限性，但它所体现并流传下来的尊师敬长精神，则是值得继承和提倡的。师和道是紧密联系在一起的。师的伟大之处在于"无其师，道不生也""断木为棋，刳革为鞠，犹必有师焉，况于学道乎。"随着时代的变迁，老师的评价标准、从师的目的、任职的能力要求等都在不停地变化，但是师以载道、师道尊严确是一脉相承的。在社会主义现代化建设的新时期，教师担负着培养现代化建设人才的重任，依然享有崇高的社会地位。1985年第六届全国人大常委会第九次会议作出决议，将每年的9月10日定为我国的教师节，将教师节定在9月10日，主要是考虑到全国大、中、小学新学年开始学校要有新的气象，新生入学开始即尊师重教，可以给"教师教好、学生学好"创造良好的气氛。党的十八大以来，习近平总书记对中国的教育发展和教师工作高度重视，每逢教师节前夕，都会到学校看望教师或致信表示祝贺，指出教师的责任重大，使命光荣，在多个场合倡导尊师重教，对教师发展与人才培养寄予殷切期望。

本章小结

通过历史梳理可以看到，尽管儒家文化极少直接提及感恩，忠、孝、节、义、祭、尊等思想理念之表现形式虽各有差异，但是分析其本质都内在地体现了感恩的思想。

感恩是中华民族的传统美德。《三字经》所启蒙的"香九龄，能温席。孝于亲，所当执"①，《增广贤文》所揭示的"鸦有反哺之义，羊有跪乳之恩"②，《游子吟》所抒发的"谁言寸草心，报得三春晖"等，强调的是对父母之恩的报答。《诗经》中的"投我以木瓜，报之以琼琚……投我以木桃，报之以琼瑶"③，白居易的"今我何功德，曾不事农桑。吏禄三百石，岁晏有余粮。念此私自愧，尽日不能忘"等，强调的是对他人帮助的感念。孟子所倡导的"老吾老，以及人之老；幼吾幼，以及人之幼"④，体现的更是一种将感恩之心推及他人的高尚境界。《朱子家训》云"施惠勿念，受恩莫忘"⑤，《弟子规》讲"恩欲报，怨欲忘，抱怨短，报恩长"，《战国策》又言"人之有德于我也，不可忘也；吾有德于人也，不可不忘也"⑥，魏源也说"居功之行，人不功其行；求报之惠，人不报其惠"等，这些都是关于受恩与施恩的训诫箴言。除此之外，中国的传统文化中记载的"孝感动天""戏彩娱亲""啮指痛心""亲尝汤药""卖身葬父"等诸多感恩故事，也诠释了中华民族知恩图报的淳朴风尚。施恩是付出，报答是回馈，感恩是人自身价值的体现。可以说，中华文化有着深厚的感恩文化传统。

感恩是中华传统美德的内在驱动力。"恩是人在自然、本性、社会层面无法躲避的问题，有着切实而宽广的基础"。⑦ 无论是仁爱孝悌、谦和好礼的处事原则，还是克己奉公、精忠报国的高尚情操；无论是厚德载物、天下为公的博大胸怀，还是杀身成仁、舍生取义的气节追求，均由感恩生发而来。依此维度，感恩既是中国传统道德价值形成的起点，也是中国传统道德价值升华的基础。在中国传统社会，感恩不仅是一种人生态度、处世哲学，还是一种伦理思想、文化现象，是维系家庭、宗族、社会的伦理规范，是国家层面的忠君报国的政治制度，体现了一个由己及人、由家而国的逻辑推衍。

感恩是编织人的社会关系网络的重要纽带。从中国传统感恩文化的主要表征看，感恩是连接个人与他人、个人与社会、个人与国家以及人与自然的切入

---

① 区志坚导读，李逸安译注. 三字经·百家姓·千字文 [M]. 北京：中信出版集团，2017：42.
② 丁伟编译.《增广贤文》名句 [M]. 成都：天地出版社，2013：124.
③ 陈晓清，陈淑玲译注. 诗经 [M]. 广州：广州出版社，2006：56.
④ 万丽华，蓝旭译注. 孟子 [M]. 北京：中华书局，2016：16.
⑤ 姜正成主编. 朱子家训：成长必备的教科书 [M]. 北京：中国财富出版社，2015：98.
⑥ 缪文远，罗永莲，缪伟译注. 战国策 [M]. 北京：中华书局，2016：362.
⑦ 许建良. 感恩是承扬中华传统美德实践的内在驱动力 [J]. 哲学研究，2016（3）：49.

口，具有联系、凝结、聚合人际力量的功能。儒家正是通过恩与情编织的父子、君臣、夫妻等社会关系网络定位单个的人，并注重相互间的责任和义务。在这个过程中，面对不同的感恩对象，通过践行忠、孝、节、义、祭、尊等感恩规范，以实现"经夫妇，成孝敬，厚人伦，美教化，移风俗"总体社会氛围，鲜明地体现了古代中国以德治国的特色。总而言之，儒家将感恩作为人性的根本、秩序的来源和社会的基础，将感恩最大化地渗透于政治、社会、家庭等各个层面，并以此成为传统文化的基本道德要求。

当然，中国传统感恩思想与封建社会制度相适应，显然也有其糟粕的一面，特别是其中的"政权、族权、夫权和神权"压抑了个体的自由选择，束缚了人的个性发展，在今天是不可取的。但也必须认识到，作为传统文化的重要组成部分，传统感恩文化中的优秀部分仍然是今天社会所需要的，也是当代感恩文化建设赖以汲取的重要思想资源。

第四章　当代中国感恩问题的主要症候及原因分析

当前中国正处于社会转型升级的关键阶段，现代文明与传统文明激烈碰撞，东方文化与西方文化激流涤荡。而且，随着"经济社会深刻变革、对外开放日益扩大、互联网技术和新媒体快速发展等多种因素交替叠加，各种思想文化交流交融交锋也更加明显"①，精神文化领域的混沌、困惑甚至问题也日益凸显。特别是近年来关于感恩缺失的社会事件、新闻报道不断增多，感恩日益成为社会性问题而引发广泛关注乃至社会焦虑。

本章节从问题导向出发，在对有关感恩问题的新闻事件、社会热点话题进行"点"的跟踪辨析的同时，辅以对西安地区 6 所高校学生进行"面"的问卷调研，以期在现象、话题与实证、分析的交互参照中梳理当下社会感恩问题的主要症候、探究其形成的原因。其中，调研问卷在参阅已有相关研究成果基础上，经初测、再测最终形成了 38 条目的《感恩问卷调查样表》。共发放问卷 3000 份，回收有效问卷 2790 份，有效率为 93%。

第一节　感恩观念的主要误区

观念是行为的先导，感恩的外化表现深受内化的感恩观念影响。通常来

---

① 中共中央办公厅、国务院办公厅. 关于实施中华优秀传统文化传承发展工程的意见 [N]. 人民日报，2017-01-26（06）.

说，有什么样的感恩认知观念，就会有什么样的感恩行为。为获取一手资料，掌握更为内隐的感恩认知情况，为现状的把握和分析提供一种真实可感的现实依据，我们选取西安地区6所高校大学生为对象，进行问卷调查，据此提供一幅关于青少年感恩认知误区的简笔勾勒图景。

一、感恩的"封建残余说"

在调研的过程中，有些学生反映，一提到感恩，就容易让人联想到封建的皇权皇威、封建的吃人礼教，并且认为"如果提倡感恩就是搞宗法专制、尊卑有序的奴役人的那一套，那不就是历史的倒退了吗？"显然，此种疑问与如何正确认识包括感恩文化在内的传统文化密切关联。

在中国悠久的历史和文化传统中，忠、孝、节、义等作为主导性的社会伦理镌刻着感恩的深刻内核，深深地渗入社会政治、百姓生活等方方面面，影响深远。诸如"知恩图报""有恩必报"等理念经世代相袭日益沉潜，织构起君、亲、师、友等人际网络的经经纬纬。与此同时，在中国漫长的封建社会发展进展中，感恩也逐渐被统治阶级所利用，成为其维护统治的工具、奴役压迫人的枷锁。正如一些学者所批判的，透过感恩，人们畏惧的是皇威、看到的是子孝、学会的是下跪、服从的是无违。在宗法专制、等级特权下，主子意识变本加厉，奴才心理深入骨髓。近代以来，随着现代文明的兴起，尤其是五四运动以来一批深受西方文化影响的知识分子以启蒙者的姿态，高举科学与民主的大旗，对包括感恩文化在内的传统文化进行猛烈批判和挞伐，使"传统文化就是封建礼教"成为很多人的一种集体无意识。以至于时至今日一些人面对感恩话题，仍然不无疑惑地将其与重拾"愚忠愚孝""孝子节妇"等自然联想或联系在一起。在笔者的问卷调查中，即有10.57%的受访者认为"感恩是谢主隆恩式的主子、奴才的封建思想，已经过时，不应提倡"。需要强调的是，感恩文化作为传统文化的组成部分也是中国传统农业文明的结晶，其中虽然也裹挟着"政权、族权、夫权和神权"的历史局限，但也有其可传承的部分。我们既不能简单地将"传统"等同于"封建"，也不能因存部分糟粕而无视其尚有精华内容，应在态度上秉持客观、理性，对感恩文化扬弃继承，并结合时代特点吐故纳新，使之与社会主义现代先进文化相对接。

二、感恩的"不以为然说"

调查中有同学直言,现在是商品经济时代,人情世故主要是一种交换关系。比如学生和老师之间,既然交了学费,老师就应该给自己传授知识,学生作为"顾客"一方,可以表达对老师的不满或投诉老师。一门课程结束,老师完成教学任务,学生拿到学分,大家各取所需,交换关系即宣告完成,似也不必刻意强调感谢老师或"师恩难忘"。此种认知虽属极端,且不占主流,但在问卷调查中,有27.63%的受访者认为"教育学生是老师的工作和职责,我交了学费,不需要表示感谢";有13.25%的受访者选择"在路上遇见老师装作没看见",10.6%的受访者认为"没必要和老师打招呼"。

我国自古就有尊师重教的传统美德。然而在今天的校园里,师生关系正遭遇商业文化的影响而不断发生蜕变,一些师生关系甚至异化为简单的商品交易、金钱买卖关系,似乎一方出钱,另一方提供知识服务,符合现代商业行为法则,不必过多要求感谢教诲之恩。长期关注大学生青年群体问题的徐兆寿曾分析说:"教育成为赚钱的机器,这使得教育性质和教育心理发生变化,这种变化是可怕的。"[①] 这一方面反映了随着时代发展,平等的观念、契约的观念已经深入人心,另一方面也折射出对此类现代观念的简单化、片面性的理解误区,反映出把人际关系、人情往来简单归同于交易买卖关系、等价交换的认识误区。如果这样狭隘地、功利性地理解现今社会的人际关系,则必然导致人际情感的冷漠、疏离。事实上,人类社会生活中的很多关系都是金钱无法衡量也无法买到的,人际关系更不能用交易买卖简单地加以界定,人与人之间的相互关爱、相互温暖的情谊才是它的恒久魅力之所在。

三、感恩的"理所当然说"

一些受访者表示,"不喜欢'感恩'这个字眼,因为它太见外了,说不出也做不出"。在这些同学看来,父母抚养教育自己是理所当然的事情,是应尽的责任和义务,不存在感恩与不感恩的说法。在笔者的问卷调查中,有

[①] 高校师生关系渐行渐远 [EB/OL]. http://zqb.cyol.com/content/2007-11/16/content_1958266.htm.

11.8%的受访者认为"养育子女是父母的责任,不需要感谢";25%的受访者认为"父母给孩子生活费天经地义",甚至有30%的受访者选择了曾"想办法多要点";27.81%的受访者"很少联系父母",21.85%的受访者"有事才联系父母"。而对于朋友所提供的帮助,一些受访者也视之为理所当然,认为作为真正的朋友,在需要帮助时,就应该伸出援助之手,这才是真正的朋友;肯帮就是够意思,不肯帮就不用再来往;帮助内含于朋友关系之中,是朋友的应有之义,不必抱有感恩心态。问卷调查中,有14.57%受访者认为朋友和同学关心、帮助自己是应该的,面对朋友、同学的帮助,14.92%的受访者选择了"没表示过什么"。

此种认识观念,显然是未能深刻体会到感恩所具有的宽泛、博广的爱的属性特质,未能体认到感恩也是一种必要的意识和情感,是人的一种应然品质。人生成长的道路上,凡是给予自己关爱的人,我们都应心存感激。没有哪一种给予是理所应当的,包括父母、包括朋友。父母给予爱不求回报,朋友出于义气不求感谢,但我们不能把它当作理所应当。只有心存感激、懂得感恩的人才有资格获得他人的关爱与帮助。

四、感恩的"条件成熟说"

调查中,多数人认同感恩,赞成感恩,并且自认为也有感恩之心和感恩意愿,只是没有具体的行动表现出来。当进一步追问其原因时,一些人则将其归咎为"太忙了"——忙于学习、忙于工作、忙于进修、忙于交际,一天天忙碌得没有精力、没有心情报答父母。还有人认为,主要是因为"现在没有什么成就",没有条件回报帮助过自己的他人和社会,等将来事业成功了、有能力了再来回报也不迟,等等。

有此观念者,显然是在强调感恩的基础和条件。事实上,感恩之心不但可以无时不有,感恩之行的表达也可以无处不在。感恩回报并非只有物质回馈,精神关爱也是感恩表达的主要方式。大恩大德的大回报、大举动固然令人感动,然而持之以恒、细水长流的点滴帮助亦让人敬佩。长年累月的点滴孝行、于无声处的力所能及的关心帮助,从大处立意、从小处着手,同样是感恩之举,也值得提倡。就感恩的本质而言,感恩行为不在于人的举动有多大,更在于内心深处有无感激之情、报恩之志。对父母的孝心、对同仁相助的感谢、对他人劳作的尊重等每一个细节，都蕴含着感恩的情怀。让感恩成为一种习惯，成为一种人生的境界，这才是感恩的应有之义。

五、感恩的"以我中心说"

调查还发现，关于感恩的对象，多是局限在父母、老师、朋友、同学等熟人间，都是具体的、直接的和自己相关的亲情、友情、师生情等，而对其他则较少提及。从感恩的角度看，人生在世，需要感恩的对象和范围是广泛的。父母养育之恩、朋友相知之恩、良师栽培之恩的亲情、友情、师生情固然重要，但他人、学校、国家、社会的救急扶危、庇护支持等亦应在感恩之列。

上述这些问题说明，当前社会上尤其一些青少年在感恩观念上存在一些明显的认知误区。首先，感恩对象有待扩展，感恩境界有待提升。相对而言，大多数人们潜意识里所理解的感恩对象主要集中在以父母、老师等为代表的亲人、熟人关系链条中，因为这些感恩对象在自己的生命成长中曾扮演着重要的角色，或生我养我，或是教育帮助，却很少涉及应感恩熟人关系链条外的他人、国家、社会。这也说明对感恩的理解还局限在单纯的回馈关系上，有待向奉献、助人、责任等境界的升华。也就是说，感恩除了要回报帮助过自己的人外，感恩回馈的对象也应扩展到熟人关系之外的更广大社会关系圈，即便这些处于更外围层面的他人未必直接施恩于自己。其次，重认知、轻回报，知行脱节现象明显。大多数人能对感恩有正确的理解，具有感恩意识和情感，但在感恩行为上相对缺乏，感恩意识和感恩行为脱节现象比较突出。有限的感恩行为如做家务、给父母打电话或发短信等大都比较表象，不能体现感恩的深沉内涵，参加志愿者活动等方面的积极性也不是很高。最后，社会不良风气的影响对人们的感恩心态冲击较大。调研中，一些人反映其实不是说现代的人们没有感恩之情，而是由于人与人之间信任与友善的缺失，使助人者不敢不愿冒着风险帮助别人，他人也不太愿意相信别人是真心实意的帮助自己，感恩也就慢慢淡化了。而社会是需要爱的，需要人与人之间的帮助与奉献，只有人与人之间互相关心，懂得爱与被爱，懂得奉献和付出，社会才会更和谐。

以上问题之种种，归根结底，其实也反映了人们对于当今社会究竟需要何种感恩文化的时代之惑。人们之所以对同一社会问题会有不同的理解表达，在于所秉持的感恩文化标准的不同。世易时移，伴随着经济全球化与现代化进程的加快，传统感恩文化观受到了前所未有的冲击与质疑，单单依靠传统感恩文化观的弘扬的确已很难有效解释社会主义市场经济下的多姿多彩的社会生活与问题。在现代与传统和新旧之间，既承接传统文化精髓又吸纳现代社会文明理念的新型感恩文化观的建立，迫在眉睫。

第二节 感恩行为缺失表现

在笔者的问卷调查中，有高达46.36%的受访者认为当今社会整体上感恩行为是缺失的，33.77%的受访者认为感恩行为普遍缺失且情况严重。为对当下社会感恩行为缺失问题有较为直观的认识和把握，本节将结合一些关于感恩问题的社会热点事件作进一步展开分析。

一、淡漠父母恩情

就个人而言，生命之肉体乃父母所赐，人生之成长又得以父母所抚育，因此最大的恩情莫过于给予自己生命又养育我们成人的父母。作为子女，应该珍惜父母所给予的这份大爱，感恩父母。但是现实生活中部分子女却淡漠父母恩情，不懂感恩、不知回报。

（一）不体谅、不理解父母，相互攀比、盲目消费

几年前，在南京某大学校园的公告栏里曾贴出了"一封辛酸父亲的来信"，一时间成为年度热点话题，引发社会热议。在信中，这位父亲列举了儿子的种种不体谅，控诉了当前大学生无视父母艰辛，不顾家庭实际，为满足一己私欲，消费上盲目攀比，对父母除了索取还是索取，当父母不能满足其要求时，就埋怨父母无能……这位父亲在信中伤心地写道："不知在大学里，你除了增加文化知识和社会阅历之外，还能否长一丁点善良的心？"① 其实，这封信究竟是现实生活中某位真实的父亲所写，还是某位具有责任感的社会人士为反映现实问题的虚构而作，已经不得而知，但文中所提及的现象却极大地引起

---

① 李德民. 读"辛酸父亲给大学生儿子的信"[N]. 人民日报，2004-11-17（4）.

了社会共鸣。

无独有偶,央视《聊天》栏目也曾播出一期题为"慈父卖血 6 年供儿上学　逆子抛荒学业游荡京城"的节目。青海农民陈邦顺为供儿子上大学,虽年近半百仍和老伴两人靠卖血换取学费以供儿子完成学业。然而面对窘迫的家境,其子在学校里不仅不愿申请学校提供的无息贷款和救困助学工作等岗位以减轻家里负担,还四处宣称家里很有钱,并沉迷网吧,聊天、打游戏至学业荒废,最终被学校认定为自动退学。陈邦顺的儿子在读大学的四年里给家里写的十几封信,封封都是要钱的"卖血通知书"。在节目中父亲呼唤儿子回家,儿子却指责说:"我爸在电视台这么说我,他有病,我父亲是一个残酷无情的人……"①

京城某高校一个 21 岁的女大学生在自己居住的村子里张贴了 5 张"借钱启事",大张旗鼓地跟过往行人借钱。事情的起因是这位女生和自己的父亲闹了点儿别扭,恰好这时自己的电脑坏了急需用钱,她便挥笔写了这几张"借钱启事",目的是"寒碜寒碜我爸爸"。②

出身浙江农村的研究生蒋光,从小学习成绩优异,上了大学他却从不过问家里情况如何,为了所谓的应酬,即使有研究生公费补助,依然向父母、亲友要钱,每次的电话内容也只是钱。父母为了让孩子不在外面为难,即使四处借钱也要满足他。但当他获悉家里的债务时,非常恼怒,对父亲说:"欠这么多债,我要被你拖死了","我今天就一脚踩死你",并声称要去电视台宣布脱离父子关系。采访结束时,父亲老蒋沉痛地说:"为保证孩子学习,我们勤劳俭朴,从不要孩子端茶送水,帮忙干活。孩子为何还这么不懂事?我们做错了什么?"即使心有苦楚,但还是担心孩子有思想负担,老蒋多次嘱咐记者不要将蒋光的学校地址及老家的地址公开。③

2011 年国家统计年鉴的数据显示,我国城镇居民年人均可支配收入为 21810 元。而以大学生月消费额推算,大学生人均全年消费总额达到 11347

---

① 慈父卖血六年供儿上学　逆子抛荒学业游荡京城 [EB/OL]. http://news.enorth.com.cn/system/2002/06/06/000345466.shtml.

② 北京一女大学生贴"借钱启事"自称要寒碜老爸 [EB/OL]. http://news.sina.com.cn/s/2003-07-21/18111386167.shtml.

③ 研究生嫌家穷欲解除父子关系　威胁要踩死老父 [EB/OL]. http://news.qq.com/a/20041110/000122.htm.

元，超过全国城镇居民人均可支配收入水平的50%。中国教育报刊社、社会科学文献出版社等联合发布的《大学生蓝皮书：中国大学生生活形态研究报告（2013）》显示，全国大学生人均月消费支出945.6元，月均消费1000～1499元的大学生将近30%。调查称，大学生生活费的主要来源依然是父母，选择父母这一来源的比例高达95.2%。那么这些钱都花到了哪里呢？2017年，中国高校传媒联盟联合蚂蚁金服旗下支付宝就全国多所高校及职业院校的1000多万在校大学生的消费数据进行梳理，数据显示，2016年大学生仅在淘宝平台的消费购物中，服装占全部支付金额的20.77%，话费占11.02%，美妆占8.04%，紧随其后的是数码产品、运动户外、鞋箱包、食品、手机等，可以说涵盖了购物、出行、人际等多个消费维度。在笔者的问卷调查中，有25%的人认为"父母给孩子生活费天经地义"，30%的人选择了"想办法多要点"，27.81%的人选择"很少联系父母"，21.85%的人选择"有事才联系父母"，11.8%的人认为"养育子女是父母的责任，不需要感谢"。

每个月投入一些钱用于人际投资，在学校里已不再是新鲜事，而且随着竞争越来越激烈，个人学习社交知识、提高人际交往能力，拥有自己的关系和朋友圈子无可厚非，但要适可而止。可相当一部分学生贪慕虚荣，盲目攀比，奢侈浪费，不仅加重了家庭的经济负担，而且助长了唯我、自私的品性，既不懂得感谢为自己操劳多年的父母，也不懂得身上肩负对家庭的责任。甚至有的人他们不但无法理解父母，面对生活中的挫折更易心生不满和怨恨，更有人做出杀害父母亲人的残忍行径。

高炜晟，河南18岁的高三学生，家庭条件优越。2013年5月，因不满家人对自己学习上的管教，高炜晟通过网络招募杀手杀死自己的父母和姐姐。他不但亲自为凶手准备了行凶的凶器，而且还为杀手打开了自家的大门。在杀手行凶的过程中，即使面临生命的危险，姐姐还在想尽办法保护弟弟将其反锁在房间里。而高炜晟关起房门待在自己的房间内任凭凶手行凶，无动于衷。在杀手杀害了自己的父亲和姐姐后，高炜晟还要求杀手碎尸、清理现场。由于当天高炜晟的母亲不在家，侥幸逃过一劫。徐力，浙江省金华市的高二学生，用榔头把母亲吴凤仙活活砸死。[①] 高延勇，22岁，河南汝州市汝州镇刘庄村人，亲

---

① "好学生"杀母事件引起的沉重反思 [EB/OL]. http：//www.gmw.cn/01wzb/2000-02/20/GB/2000%5E1722%5E0%5EWZ3-2020.htm.

手杀死自己的父母并碎尸。① 郎琪,21 岁,浙江富阳人,向父母索要钱财还赌债遭训斥后,趁父母熟睡时持刀砍死父亲,将母亲砍成重伤并索要存折和密码后逃离现场。

新加坡的《联合早报》曾刊发了一篇题为《9000 万个"自我"》的文章,这 9000 万个"自我"就是指中国实行计划生育以来累计出生的独生子女。文章指出,这 9000 万个"自我"是中国城市里面新一代的小皇帝、南霸天,他们可能天资聪明、口齿伶俐,但他们只在乎索取、占有、欲望,不愿意奉献、付出、感恩。试问,这数以千万计的聪颖而以自我为中心的中国人,又将如何同世界相处?

(二) 不赡养、扶助老人,甚至虐待父母

根据《2000 年民政事业发展统计报告》显示,自 2000 年以来,我国人口年龄结构已开始进入老龄化阶段。《2017~2022 年中国养老行业现状分析及投资战略研究报告》指出,2015 年中国 60 岁及以上人口达到 2.22 亿人,占总人口的 16.15%。预计到 2020 年,中国老年人口达到 2.48 亿人,老龄化水平达到 17.17%,其中 80 岁以上老年人口将达到 3067 万人;2025 年,60 岁以上的人口将达到 3 亿人,这意味着中国将成为超老年型国家。作为世界上老得最快、老人最多的国家,养老已经成为每个中国公民必须面对的问题之一。

家庭养老模式是中国养老的主要方式,尤其是在我国经济尚不发达、社会为老年人提供的资源以及制度保障非常有限的情况下,养老主要还是靠子女。"百善孝为先",尊敬老人、孝顺父母是中华民族的传统美德。家家都有人,人人都会老。然而,我们在共享社会经济发展的成果同时,也出现了一些问题,如个人主义恶性膨胀,社会诚信不断削减,伦理道德每况愈下。表现在家庭关系层面就是一些人汲汲于自己的生存和发展而淡化了家庭关系,忽视家庭责任,把赡养老人当成一种负担。生活中,老人们年轻时"死奔"(干活干到死),给孩子盖房、娶媳妇、看孩子,一旦完成人生任务,年老体衰丧失劳动能力后,无论是物质或情感上,从子女处得到的反馈少之又少。子女不尽赡养义务、虐待父母的现象时有发生。

有的子女对年老的父母遗弃不管。中央电视台"今日说法"栏目曾报道,

---

① "受气包"肢解父母亲 [EB/OL]. http://www.people.com.cn/GB/channel1/13/20000426/50336.htm.

北京通州辛庄村的一位柴姓老人生养了四儿一女，子女们的经济条件都不错，可81岁的老太太却因无人赡养而孤独地饿死在自家的小土坯房内。早年丧夫的宋婆婆，既当爹又当妈，为儿女的成长操碎了心，出尽了力。老人年迈体衰后，已成家立业的儿女不仅不尽孝心，任凭老人在外颠沛流离20多年而不问不闻。20年来，老人为了活着住过寺庙、捡过垃圾、帮人看过门，日子苦不堪言。70岁的老人刘万廷，因突发脑梗死，失去言语能力。为了不养老爹，儿子小刘把老人遗弃在街头，报警谎称发现一个流浪老人。民警把老人送到救助站后打电话联系老人的儿子，竟然发现报警人就是老人的儿子。当民警联系上小刘后，儿子小刘明确表示，不会去救助站接老人，让救助站的工作人员想办法把父亲送回老家。①

有的子女肆意殴打父母。安徽阜阳市颍东区的男子王某，常因一些琐事打骂年迈的老母亲。一次，老人忙完家务到地里帮儿子王某干活时，王某嫌母亲干活去得晚，骂了几句又感觉不解气，便用脚将其踹倒，之后又拿木权捣她的额头，对老人拳打脚踢，致使老人的额头、肩部和腿部多处受伤。老人为了躲避儿子的再次殴打，晚上不敢回家，躲进猪圈两天两夜，直至周围邻居发现后带老人到派出所报案。② 烟台一位叫做吴金友的老人遭儿子毒打，致颅骨受到重伤，脑内有瘀血，右手手筋也已断裂。虽然经过抢救得以保住性命，却面临全身瘫痪的可能。老人说，儿子大伟虽然35岁了，但游手好闲，不务正业，还嗜酒如命。一喝酒就要钱，不给钱就对老人进行打骂，这种情况持续了将近20年之久。③

有的子女蛮横干涉父母生活。在被精神虐待的老人中，子女干涉老人再婚的现象尤为突出。67岁的老王丧偶独居多年，备感孤独的老王决定去婚介所寻找晚年的伴侣。两个儿子怕父亲再婚后财产外流，要老人在领结婚证前把身后的财产分割协议先写好。最终，老王把房子过户到了儿子名下并拟订了婚前协议，声明自己如果比女方早过世，女方必须搬出男方的房子且不得参加男方

---

① 男子将亲爹遗弃在街头，报警谎称发现流浪老人［EB/OL］. http://news.iqilu.com/shandong/yuanchuang/2016/0930/3073268.shtml.
② 老人为躲避儿子暴打躲进猪圈偷生［EB/OL］. http://news.enorth.com.cn/system/2008/10/27/003743605.shtml.
③ 老人遭儿子打骂近20年，儿子暴行成老两口家常便饭［EB/OL］. http://www.china.com.cn/cppcc/2015-10/09/content_36771288.htm.

遗产的分割。这条硬规定让好几个女性都打了退堂鼓,理由都是老王的婚前协议太没人情味。为此,老王苦恼不已。① 从法律角度来说,老年人的婚姻自由受法律保护,子女或者其他亲属不得干涉老年人离婚、再婚及婚后生活。然而现实调查显示虽然有80%的丧偶老人有再婚愿望,但往往需要面对子女的阻挠和舆论的压力,导致九成老人都不能如愿。主要是子女或为了控制、分割家产,或认为父母再婚丢自己脸面,使有情老人不能终成眷属。被强行拆散的老人们只能孤独凄惨地度过余生,有些老人即使再婚后仍被迫分离。这种"拆老"行为给渴求再婚或已再婚的老年人带来极大的精神痛苦和思想压力。

清代王中书在其《劝孝歌》中说:"慈乌尚反哺,羔羊犹跪足。人不孝其亲,不如草与木。"林语堂先生在《生活的艺术》中说:"为父母者在子女幼小时何等的辛劳,子女小有病痛必整日整夜的服侍,换下来的尿布每天必须洗涤,须费二十余年的功夫方能完成教养,使他们可以出去应世做事。"② "中国人对于年老父母的躬亲侍奉概念,系完全根据于有恩必报的理由。一个人从朋友方面所受到的恩惠都可以用数字计算,但父母的养育之恩则绝不是数字所能一一记录。"③ 是父母把我们带到这个世界上,养育我们长大成人,从道义上讲,我们每个人都应该孝敬父母。同时,赡养父母、孝敬老人不仅是每个公民的道德义务,也是一种法律责任。我国宪法第四十九条明确规定:"成年子女有赡养扶助父母的义务。"④《中华人民共和国老年人权益保障法》第三条规定:"禁止歧视、侮辱、虐待或者遗弃老年人。"⑤ 第五条也规定:"国家建立和完善以居家为基础、社区为依托、机构为支撑的社会养老服务体系。"⑥ 我国《刑法》第二百六十条规定:"虐待家庭成员,情节恶劣的,处二年以下有期徒刑、拘役或者管制;犯前款罪,致被害人重伤、死亡的,处二年以上七年以下有期徒刑"。2015年3月4日,最高人民法院发布《关于依法办理家庭暴力刑事案件的意见》及公布典型案例,意见要求对家暴犯罪"依法准确定罪

---

① 想结婚却要先分财产,九成老人婚姻受到子女干涉 [EB/OL]. http://www.longhoo.net/gb/longhoo/news2004/njnews/shehui/userobjectlai302705.html.
②③ 林语堂. 生活的艺术 [M]. 越裔汉译. 长沙:湖南文艺出版社,2016:194-195.
④⑤ 法律出版社法规中心编. 中华人民共和国宪法典:应用版 [M]. 北京:法律出版社,2015:15.
⑥ 法律出版社法规中心编. 中华人民共和国宪法典:应用版 [M]. 北京:法律出版社,2015:186.

处罚""依法惩处虐待犯罪"。

总之,我们应该感谢父母把我们带到这个世界,感谢他们倾尽一生的心血抚养我们长大成人。家家都有人,人人都会老。子女对父母养育之恩的报答,也是对人类劳动的尊重。每个人都应该孝敬父母、尽心赡养父母,以报答父母养育之恩。

二、无视社会关爱

林语堂先生说:"一个受过高等教育的人,首先应该通情达理。"但是部分人不尊重师长、不友爱同学、自私自利、受助不感恩,视他人的帮助为理所当然,无视社会、国家的关爱。

(一)对老师缺乏基本的尊重

我国自古就有尊师重教的传统美德,"程门立雪""陆佃千里求师"等尊师典故成为千古美谈。这些故事既生动形象地展示了师者德高望重、悉心育人、传道授业的崇高风范,也体现了莘莘学子虔诚拜师,尊师重道的深重情怀。然而在当今校园里,不要说一日为师,终身为父,部分学生对老师连基本的尊敬都没有。有的学生认为"我交了学费,我就是上帝",学生花钱买学分,老师完成了工作任务,然后大家互不相欠,各不相干,将师生关系视为赤裸裸的利益和金钱交换。在这种商品关系的视角下,课下学生与老师相遇形同陌路,不理不睬;课堂上无视老师的存在,我行我素;对老师的教诲置之不理,面对老师的批评表现出轻蔑、不满,更有甚者出言不逊、顶撞、辱骂老师。

中国政法大学教授杨帆在上选修课时因为逃课学生太多而批评学生,其间一女生背着书包从后面一路走向门口。杨帆阻止学生离去,女生说:"老师上课讲这些你不觉得很无聊吗?""我又没选你的课!""干吗要滚啊!好好地走出去。"杨帆怒不可遏,跑过去抓住其书包并称其扰乱课堂秩序,不尊重老师,要带其去保卫处。女生说杨帆没有为人师表的尊严,并在扭打和挣脱过程中踢了杨帆几脚。事后面对记者的采访,杨帆说:"一团和气,也就是老师得容忍学生逃课,老师被商品化、工具化。一团和气是一种伪现象。学生可以给老师打分,老师就得哄着学生,让他们高兴,容忍学生的毛病,完全没有师道尊严。"我们在此不讨论谁是谁非,仅仅从事件中的这位女大学生随意出入课堂并公然说老师"很无聊"来看,她至少对教师的辛勤劳动缺乏一份基本的尊重。

笔者的问卷调查中,有27.63%的人认为"教育学生是老师的工作和职责,我交了学费,不需要表示感谢";有13.25%的人选择了"在路上遇见老师装作没看见",10.6%的人认为"没必要和老师打招呼"。长期关注大学生青年群体问题的徐兆寿分析说:"教育成为赚钱的机器,这使得教育性质和教育心理发生变化,这种变化是可怕的。"学生们觉得自己是花钱换取知识,就会向学校和教师提出服务的要求。这种交易性质的思想使传统的尊师重道的观念受到冲击,师生关系日渐冷漠。①

(二) 对同学缺乏友爱

学校是社会的缩影,同学之间由于彼此间家境的不同、性格的迥异、爱好的差别会形成潜在的隔阂与矛盾。要避免、化解这些矛盾,就必须尊重对方,求同存异。然而,一些学生由于自我封闭,唯我独尊,在与别人相处时缺乏理解、宽容和合作,很少在意别人的感受,也不懂得换位思考,遇事容易斤斤计较,人际关系比较紧张。笔者的问卷调查中,14.57%的人认为朋友、同学关心、帮助自己是应该的,面对朋友、同学的帮助,14.92%的人选择了没表示过什么。

2013年,复旦大学医学院研究生林森浩因为琐事对其舍友黄洋产生不满,于是将从实验室偷带回来的剧毒化学品N-二甲基亚硝胺溶液注入到宿舍饮水机的水槽中进行投毒,致使舍友黄洋在喝下饮用水后中毒,经医治无效死亡。2015年12月,林森浩因故意杀人罪被依法执行死刑。震惊全国的"复旦投毒案"最终以两个一样年轻生命的终结而告终。而究竟是什么原因导致了这样的悲剧呢?林森浩毒杀同学的原因,一方面是由于他自己比较内向、敏感,本身就容易猜疑妒忌,不善与同学沟通,缺乏对同学的宽容与谅解,当面对与同学的生活摩擦时,容易忘怀的是平时同学、老师对他的帮助而放大的是与同学间的误解和不满;另一方面也从侧面反映了他的一些同学缺乏爱心、耐心,不尊重、体谅他人,肆意侮辱、任意玩笑,于无形中践踏了他人的人格与自尊。由于没有爱心,就失去了处理人际关系的良好基础;由于不懂尊重,过于随

---

① 高校师生关系渐行渐远[EB/OL]. http://zqb.cyol.com/content/2007-11/16/content_1958266.htm.

意，不能在人格上把自己放在与他人同等的天平去看待，这样在人际的交往中就难免有意或无意地表现出对同学的轻蔑，而弱势者又不甘受歧视，反映强烈时就会出现玉石俱焚的事件。

再往前追溯，类似的案件起因基本相同。2004 年的马加爵案中，马加爵和同学打牌过程中发生争执，感觉自己的自尊心受到伤害而引发杀机；1997 年北大铊投毒案是因为王晓龙感觉好朋友江林故意疏远自己，自己无法接受所以投毒；2007 年中国矿大铊投毒案则是因为 3 名受害人平时经常一起玩耍而不理睬常宇庆，常宇庆心存不满，怀恨在心，遂泄愤投毒；2012 年安徽医科大学图书馆砍杀案是胡恒江因感情纠纷于是在图书馆用斧子将同学砍死；2013 年南航的宿舍刺杀案起因是袁某在宿舍打游戏，没有给未带钥匙回宿舍休息的舍友蒋某开门，两人为此发生争执，混乱中袁某用水果刀捅刺蒋某胸部致其死亡。

校园频现的命案，让人唏嘘感慨。同学之间，究竟能有何等深仇大恨，以至于如此狠下杀手？这些事件既是个人的悲剧，也是社会的悲剧，过于功利的社会环境让我们忽视了基本的健康人格的培养，导致有些学生根本不会与他人正确相处，他们自我、自私、冲动、心浮气躁、心胸狭隘、缺乏容人之量，稍有不如心意，便郁结难抒。如果他们懂得换位思考，多想想别人对自己的好，少些埋怨，多些感恩，就会避免很多此类悲剧的发生。

（三）视国家和他人的资助为理所当然

为了帮助贫困生顺利完成学业，国家制定了相应的助学贷款政策，同时，许多社会爱心人士也对这一弱势群体伸出了援助之手，通过各种渠道给予贫困生经济帮助以助其完成学业。然而部分受助学生对他人的资助并无丝毫的感谢与回报之意。

央视《大家看法》曾播出一期节目，讲的是西南财大的一位贫困生小唐，父亲早逝，家中一贫如洗，中学阶段即得社会资助以优异成绩考上大学。大学期间，小唐共得社会资助 5.1 万元，这些钱除了缴清四年的学费也足够小唐的日常开支，而小唐不但花光了全部捐款，还拖欠着学校第四年的 6000 多元学费，导致无法拿到毕业证。后经记者调查，小唐每月生活费大大超出贫困生标准，所用开销据小唐自己讲，购西装 1100 元，购手机 1000 元，玩网络游戏无法计算……在众多的资助者中，吕恒威老汉是对他帮助最大的人。20 多年间，吕恒威老汉靠卖茶叶的收入先后资助了8个贫困孩子读书，这其中小唐受资助的时间最长，前后已经有10年的时间。但小唐除了要钱，从不给吕老汉打电话。就在小唐毕业前夕，他向吕老汉索款9000元，称需缴纳7000元档案费，2000元毕业后的房租费。吕恒威老汉生疑，请求记者了解情况，才查明事情原委。在此之前，原拟资助其直至研究生毕业的某制药企业也发现小唐并不珍惜这份资助，不肯履行协约中假期在企业打工的规定，故于第二年就终止资助。小唐毕业时4~6科补考，成绩为全班倒数第二。小唐的老师认为，小唐之所以会这样，原因之一就是得到的社会捐助太多了，从中学到大学，不断有个人、企业资助他，以至于小唐习以为常，而我们的感恩教育又没跟上，使他只知索取没有回报意识。①

曾在黄继光和邱少云所在部队服役的高健民，20多年以一己之力无偿资助130多名贫困学生上学，只有不到10%的毕业生主动联系他表示感谢，很多学生在毕业后杳无音信，大部分学生家长也是如此。面对这些，高健民坦言不后悔做这些助人之事，也理解那些回避他的学生，但心中还是感觉有些遗憾。他说，如果受助的学生有更多人对他说的哪怕只是一声谢谢，他的心中都会感到温暖。

湖北日报曾刊发了《受助不感恩资助者寒心，襄樊取消五名贫困生受助资格》的新闻报道：湖北襄樊5名贫困大学生在企业家一对一帮扶资助中受助，组织者给每名受助大学生及其家长发了一封信，希望他们抽空给资助者写封信，汇报一下学习生活情况。但一年多受助者却从未向资助者有过任何形式的感谢，甚至连一句谢谢都没有。由于5名受助大学生被认为对资助者态度冷漠，缺乏起码的感恩之心，在次年的捐助中被取消继续受助的资格。

为了帮助贫困学生顺利完成学业，不因贫困失学，我国自1999年实行了助学贷款制度。这是中共中央和国务院利用金融手段完善我国普通高校资助政策体系，加大对贫困家庭学生资助力度所采取的一项重大措施。原本这是一种爱心助力活动，但有些受助学生不仅没有感谢之情，反而将贫穷作为索取的理由，认为自己贫困就应该接受国家、社会的救济；有的学生在用助学贷款完成

---

① 老汉卖茶十年资助贫困生遭谎言欺骗［EB/OL］. http://news.qq.com/a/20060728/002290_1.htm.

学业后,不讲信用不遵承诺,拖欠甚至拒绝还款。只贷不还,这不仅给国家和学校造成了巨大的经济负担,而且严重地破坏了助学贷款的信用体系。据统计,自2003年首批还贷开始,国家助学贷款曾常年处于20%以上的高违约率状态,导致许多银行不愿发放助学贷款,并与失信学生诉诸公堂。原中国石油大学学生季鹏飞等41人就因拖欠国家助学贷款而被法院传讯庭审。全国先后有100多所院校被银行列入暂停发放助学贷款的"黑名单",虽然后来部分解禁,但还款率仍然较低。以至于2004年甚至一度出现了全国范围停贷,之后伴随着一系列政策的出台,助学贷款才得以恢复。

在笔者的调查中,也有17.93%的人认为"作为这个国家的公民,国家有义务培养自己"。应该说,我们近年在助学的宣传方面确实有点蹩足,贫穷似乎成为必须受助的绝对理由,接受爱心的同时没有携带上传递爱心的责任,过多强调"贡献爱心"的必要,使一些受助的学生认为接受资助理所当然、受之无愧,毫无感恩回馈意识,更遑论感恩行为了。这极大地伤害了捐助个人和捐助组织的爱心,并大大影响了社会"献爱心"的后继动力。

三、逃避回馈责任

歌德曾说:"人不能孤独地生活,他需要社会。"鲁迅对此有更为形象的表达,一个人要想离开社会而生存,那正像人拔着自己的头发想离开地球一样的不可能。① 这都在告诉我们,人生活在社会中,个人不可能离开社会独立存在。列夫·托尔斯泰指出:"个人离开社会不可能得到幸福,正如植物离开土地而被扔到荒漠不可能生存一样。"② 叔本华也讲:"单个的人是软弱无力的,就像漂流的鲁滨孙一样,只有同别人在一起,他才能完成许多事业。"③ 个体的生存与进步,必然离不开他人和社会直接或间接的馈赠、扶持与帮助。个体应当以感恩之心和感恩之行为对待他人和社会的关爱与帮助。但在现实生活中,一些人在接受他人的帮助后,不但不感恩,甚至恩将仇报、反咬一口,"英雄流血又流泪"的现象屡有发生。

---

① 鲁迅. 鲁迅自编文集·南腔北调集 [M]. 北京:北京联合出版公司,2014.
② 托尔斯泰. 托尔斯泰读书随笔 [M]. 上海:上海三联书店,1999.
③ 叔本华. 叔本华谈意志 [M]. 北京:中国工人出版社,1999.

（一）冷落他人的救助之恩

上海《新民晚报》曾刊发了一则《少年接受献血，康复后登门感谢救命之恩》的报道：上海的张瑞林师傅拥有特殊的 AB-RH 阴性血型，在他 30~40 岁的 10 年，曾先后救活过 5 个孩子，只有一位孩子长大成人后寻访恩人登门致谢。虽然每一次献血、做完好事他都会默默地走掉，也从来没想过求回报，更没图过钱。要不是受助者张瑞德当初出现了情况，需要他再次去医院献血，他也不会见到孩子的父母。面对登门致谢的张瑞德，张瑞林还是有些激动，他说，我救孩子从没想过求回报，更没图过钱，小张是唯一来看我的，有他们全家的这番心意，我很激动，也很开心。

重庆 44 岁农民金有树，在看到一辆满载 19 名乘客的中巴车滑进路边 4 米多深的堰塘后，毫不犹豫地跳进水中将乘客一一救出。因为在冷水中浸泡的时间过长、呛水等诸多原因加重了他的肺病。在与 19 名乘客无亲无故，没有法定救助义务的情况下，金有树英勇救人，但是当他因救人而加重病情时却无人过问，直至去世下葬被救者无一人到场。

17 岁的山东少年韩磊，在搭救一名落水者的过程中不幸溺水身亡，而被救者却在上岸后不知去向。韩磊用血肉之躯撑起了一位陌生者的生命，英雄的家属也明确表示不要回报，只希望对方能提供救人的证明以给儿子申报烈士称号，可被救者始终未曾露面。① 我们不禁要问，英雄可以舍己救人，但当英雄需要帮助时，谁救英雄？

2010 年 12 月，一支由上海某高校学生、校友和校外人员组成的 18 人探险队，在黄山登山探险时迷路报警。黄山风景区公安局民警张海宁在搜寻归来途中，不幸坠崖身亡，献出了年仅 24 岁的生命。② 在得知有民警因此事牺牲后，探险队员们在现场保持了异常的冷静，有的人甚至依旧谈笑风生；回到学校后，一些学生在论坛上讨论更多的是"登协夺权论""公关控制"论。面对他人的批评，获救学生返校后不仅没有自责和愧疚，反而指责批评者为"道德帝"，甚至冷漠叫嚣"你们就该为纳税人服务"。这些急于撇清责任的言论和面对民警牺牲的冷漠，被媒体曝光后曾激起了公众普遍的舆论谴责，他们不

---

① 无法激发获救者感恩心［EB/OL］. http：//news.qq.com/a/20050704/000535.htm.
② 复旦领队回应黄山事件，承认态度有问题［N］. 新京报，2010-12-20.

知感恩，不懂得承担责任，也不知道如何尊重生命。尽管后来学校包括获救的学生也做了大量告慰英雄的事情，但事发后获救学子第一时间内做出的太过冷漠与功利的反应使所有补救行为的可信度与效果都大打折扣，最终无法获得大部分媒体和公众的谅解。

（二）利用他人的善心行骗

山西吕梁姑娘李晓艳因自觉无家庭温暖，15岁时靠着自己打工积攒下来的300元钱只身来到北京，然而当她花光了身上最后一分钱时，她还是没有找到自己的容身之处。正当她徘徊在街头忍饥挨饿、一筹莫展时，一位好心的武警在得知了她的困难后给了她300元钱做路费，劝她返回老家。但她接过钱并未回家。军人的仗义相助不但未使她知恩图报，反而留下了"军人很傻""军人好骗"的印象，于是专门盯上了军人行骗。凭着一张揭换过照片的假军官证，李晓艳冒充空军某部中尉，更谎称自己是某中将之女，专门以谈恋爱、帮助调动工作为名四处骗取部队干部钱财。不到半年时间，她就骗得包括全国各地的海陆空和武警在内的7名部队干部钱财共计近20万元。

（三）污蔑他人帮助别有用心

在笔者的问卷调查中，有23.84%的人认为生活中有很多的帮助是带有目的性或宣传性的；39.74%的人选择了偶尔会帮助有困难的人，9.64%的人认为"事不关己，高高挂起"，没有必要对周围的人施与帮助；54.97%的人认为"现在的学生、家长都很自私、冷漠"；5.96%的人认为"资助者是别有用心，无须感恩"。长期以来，人们受"人不为己、天诛地灭""人为财死、鸟为食亡"等腐朽思想的影响，用怀疑、鄙视的眼光来看待生活中的真善美，什么道德、理想和信念都被"私""利"所代替，人们既不相信自己，也不相信别人的高尚，人与人之间失去了起码的信任感。

江西卫视《传奇故事》节目报道过雷锋生前所在团退伍兵、山东菏泽市曹县仵楼乡后张楼村村民田永亮在家乡学雷锋，做好事，帮助弱者的事迹。然而最初田永亮不但没有得到家人和受助者的认可，反而被认为神经有毛病，有傻病，不但婚事被退，还三次被送进了精神病院。① 同样，退伍军人徐克斌复

---

① 退伍兵田永亮谈24年学雷锋经历［EB/OL］. http://news.163.com/12/0302/15/7RJQ4T5F00014JB5.html.

员返乡后执着学雷锋也屡碰钉子。记者采访时发现，徐克斌虽然生活拮据，但是依然时常捐钱给学生、老人等。数年来他捐赠6所希望小学的汇款单一共有103张，每张40元、50元不等。徐克斌曾到深圳打工，在一家私企当门卫，月工资1000多元。但是一个月后他就回到家乡，因为他渴望回到学校，把雷锋精神传播给学生，为此他甚至拒绝到当地一家工厂当门卫。就因为这样，这个在部队获得过4次三等功、3次被评为优秀的士兵，在生活中却被称为疯子，五次被送进精神病院。虽屡遭误解，可徐克斌坚持认为做好事是一生的荣幸。

（四）恩将仇报，英雄流血又流泪的事件屡有发生

据媒体报道，湖南省衡山县39岁船工肖楚红在九观桥水库的旋涡中救下了5名乘客和1名同行，自己却不幸遇难。① 肖楚红以自己的生命换得了他人的重生，但获救者均匆匆离去，无声无息消失于茫茫人海之中。在肖楚红遇难后的几天里，没有一个获救者来肖家看望。获救的同行甚至悍然否认被救事实，说当时并不危险，肖楚红并非救人而是抢客源。后来，在众多目击者对质下，才不得不承认自己是怕赔偿承担责任所以否认被救而撒了谎。肖楚红为了救人献出了自己宝贵的生命，但是却没有得到被救者最起码的尊重。尽管肖楚红英勇救人的事迹得到了人民群众及当地部门的认可和赞扬，但获救者的表现让肖家人非常伤心。肖楚红的家人表示："他们这么做是没有良心的，我们不要他们做什么，只要他们来家里看看，说句感谢的话，我们心里也舒服些。"

另有类似报道。湖南省娄底市塘群村27岁村民邓锦杰为营救溺水的一家三口，奋不顾身跳入河中救人，不幸遇难。让人心寒的是，面对施救者邓锦杰的生死不明，一家三口不闻不问推开人群迅速离开现场。当有人阻挡其离开时，获救者竟说："关我什么事？"② 最终在公安部门和社区干部的排查下，七天后被救者被迫现身，来到邓锦杰的遗像前叩首致歉。虽然被救一家以不知情等种种借口给自己找寻不现身的理由，但是他们的行为让人愤怒、更让人心寒，也让人疑惑邓锦杰的施救行为究竟值不值得？

---

① 衡山县农民勇救六人身亡，获救者却悄然离开现场［EB/OL］. 国际在线，http://gb.cri.cn/8606/2006/04/06/1865@980444.htm，2006-04-06.
② 男子施救溺水一家身亡，被救者离开称关我什么事［EB/OL］. 搜狐新闻，http://news.sohu.com/20120705/n347358339.shtml，2012-07-05.

2015年2月26日,河南濮阳市清丰县韩村乡西赵楼村一处人工湖边,23岁的孟瑞鹏跳入水中将两名不慎落水的儿童救出,自己却不幸牺牲。事发后,被救者的母亲卢某声称孟瑞鹏是自己落水而非救人。一时间英雄的行为究竟是意外落水还是大义之举,真假莫辨。最终由于目击者的作证以及难以自圆其说,倍感压力的被救者母亲卢某承认自己撒了谎。当有人问及卢某为什么说谎时,卢某称怕赔钱、承担法律责任,所以没有说出实情。最终清丰县等相关部门发布通告,确定孟瑞鹏是下水救人,并认定孟瑞鹏的行为为见义勇为。来自官方的通报最终给英雄带来了迟到的公道和尊严。

众所周知的丛飞事件,更是一个典型案例。"感动中国"十大人物之一的青年歌手丛飞,因癌症医治无效逝世,年仅37岁。在他生前,收入并不丰厚的他义演400多场,进行了长达11年的个人慈善资助,捐助金额超过300多万元,共有183名贫困儿童受益。他自己却因身患癌症,无钱医治,陷入困境。在其曾资助过的孩子中,有十多人已大学毕业,且过上了比较稳定的生活,但却未有一人来看望他。一个已在某高校教书的受助者因媒体在报道中提到其名字,认为这让自己很没面子,迁怒于丛飞,要求其责令记者将文章删除,并永远不要再提起"已成历史"的往事。另一位受助的大学生认为丛飞的资助另有所图。当丛飞因卧病在床经济拮据不得已停止资助时,有的家长不但没有给予任何的关心和理解,反而埋怨他不守承诺,中断了资助。为此,丛飞一度情绪十分低落。有记者问他:"后悔吗?"他擦拭着泪水回答:"是有点伤心,但不后悔!"在丛飞去世的10天前,丛飞向医院提出除保留镇痛治疗外停止其他一切治疗,要求把这些医疗资源用到其他有治疗价值的人身上,并决定去世后捐献自己的眼角膜,为活着的人留下光明。丛飞逝世后,他捐献的眼角膜已使5名眼疾患者受益。

近年来,诸如此类的逃避感恩责任的事件报道屡见报端,可以说又进一步加剧了社会对感恩行为缺失现象的集体焦虑。

四、漠视自我生命

人的生命是一种自然现象,生命对于每个个体来说是一种偶然,然而每个个体又不得不担当起这偶然而至的生命。爱惜自己的生命,尊重自己的生命,对自己的生命负责,是感恩得以实现的前提。然而,随着社会竞争越来越激烈，压力越来越大，诱惑越来越多，一些人感到了困惑，陷入了忧虑、迷茫，为了逃避生命不能承受之重，漠视生命的现象也日益突出，自残、自虐甚至自杀事件层出不穷。

据世界卫生组织报告相关数据报道显示：世界上每年大约有100万人死于自杀，为了预防自杀和降低自杀率，世界卫生组织和国际自杀预防协会自2003年开始，将每年的9月10日确定为"世界预防自杀日"。据卫生部门在2003年9月10日首个"预防自杀日"公布的数字来看：我国每年约有28.7万人自杀死亡，除此之外有约200万人自杀未遂，这意味着平均每两分钟就有1人死于自杀，8人自杀未遂；总自杀率为十万分之二十三，是国际平均数的2.3倍。中国已经成为世界上自杀率最高的国家之一。自杀在中国成为仅次于心脑血管病、恶性肿瘤、呼吸系统疾病和意外死亡之外的第五大死亡原因。

自杀是一个非常复杂的社会现象。一直以来，医生、哲学家、神学家、艺术家都对这一现象进行着不懈的探讨。从社会的角度看，自杀是个体对现实环境的绝望与逃离；从伦理的角度看，自杀是对亲情联系的背叛与舍弃；从宗教的角度看，自杀是否定上帝的创造；从心理的角度看，自杀是对自我价值的彻底否定。法国哲学家加缪在《西西弗神话》中说，自杀是唯一真正的哲学问题，"自杀是对个体生存意义的否定和对个体所在社会的否定"。同时，自杀对家庭和社会带来的影响是无法估量的。按照世界卫生组织的估计，一个人的自杀会给予自杀者有密切关系的五至七个人带来无尽的愧疚自责和终身的生活阴影。据此测算，中国每年大约有150万人承受着因家人或亲友自杀死亡所带来的长期而严重心理创伤，其中大约有13.5万名小于17岁的孩子经历过父亲或母亲死于自杀的悲剧，这种严重的心理暗影的影响会持续十余年甚至终生与之相伴。在笔者的调研中，只有17%的受访者认为"自杀对周围人的影响不深"，6%的受访者认为"不会造成影响"；11.26%的受访者不太赞同"人的生命属于父母家人"，甚至5%的受访者选择了"完全不赞同"，认为生命就是自己的；关于如何看待他人的自杀，11.92%的受访者选择了"非常理解"，33.77%的受访者选择了"可以理解"，14.57%的受访者选择了"感到害怕"，因为自己在烦恼的时候也想到过死。这从另一个侧面说明，一些人对生命的理解存在偏颇，认为自己的生命与他人无关，轻言生死，面对生活中的困难与挑战，抗挫能力有待加强。

曾子曰："身也者，父母之遗体也。行父母之遗体，敢不敬乎？"① 我们的身体、生命是父母给予的，它不只属于我们自己，以父母给我们的身体行事，怎敢不恭敬呢？"天之所生，地之所养，无人为大。父母全而生之，子全而归之，可谓孝矣。不亏其体，不辱其身，可谓全矣。"② 天地之间，没有比人更伟大的了，父母毫无亏缺地生育了我们，给予我们健康健全的身体，作为子女也应毫无亏缺地保护父母给予我们的身体。一个人珍爱、保全自己的身体与生命是对父母恩赐生命的尊重，是对父母最基本的报答。生活舞台上的每个人都在同时演绎着多种人生不同的角色，我们既是父母的孩子，是老师的学生，是单位的员工，是国家的公民……因此，每个人都在各自的多种角色上肩负着特有的责任和使命。每个人都当知生命与生活的来之不易，要勇敢地体验生命成长的艰辛与苦难，努力活出生命的尊严与价值。如果我们不爱惜自己的生命，那就是对生命的不尊重，更是对父母、家庭、朋友、社会、国家的不负责任，是最大的忘恩负义。感恩体现了个体对生命的敬畏与尊重，对人生意义的正确领悟。每个人都应该以积极、乐观态度去对待生命，正确理解生命存在的价值和意义。

上述所举案例与调研所揭示的问题，尽管多是个案，但所谓"借斑窥豹"，此等种种问题与现象所折射的正是当下感恩不彰的时代文化症候和社会焦虑，应当引起重视和积极关注。客观地讲，见义勇为者都面临着自我牺牲的生命危险，他们能够将生死置之度外，大义凛然，挺身而出实属难得。然而，好心人的一片热心、善良与赤诚，换来的却是受助者的麻木与冷漠，这既冲淡了施助者的助人热情，也让有良知的人们寒心。既然善行不一定有善报，那以后谁还助人为乐呢？在这危机中所折射出的感恩质疑与问题思考是当代人所必须面对与思考的。

第三节 感恩认知错位与行为缺失主要原因分析

中国感恩文化源远流长，感恩美德历来广受赞扬，何以当下却屡屡曝出一

---

①② 俞仁良译注. 礼记通译 [M]. 上海：上海辞书出版社，2010：375-377.

些感恩缺失的新闻事件？又何以引发感恩缺失的社会焦虑情绪？究其主要原因，或许可以从以下三个方面来透析。

一、传统感恩文化受到冲击

感恩文化传承遭到破坏，造成了传统感恩文化的断裂。任何一个国家的文化思想，都有其精华和糟粕之分，它之所以能够发展，就在于能够在继承传统优秀文明的基础上，汲取各民族之精华，革除自身之糟粕，为自身民族的进一步发展注入新的血液。

近代以来，百余年中国发展历程里，轰轰烈烈地掀起了一次又一次向西方学习的思潮，而对特有的民族文明则存在以偏概全的怀疑、否定中忽视了传统文化的继承，一定程度上丢掉了传统感恩文化的根基，破坏了传统道德伦理根植生长的土壤。而其中，新文化运动和文化大革命运动是两个高潮。

由胡适、陈独秀、鲁迅、钱玄同、李大钊等为代表发起的新文化运动可谓是一次"反传统、反孔教、反文言"的思想文化革新、文学革命运动。在民主与科学两大旗帜下，在"提倡民主，反对专制；提倡科学，反对迷信；提倡新道德，反对旧道德；提倡新文学，反对旧文学"的"四提倡，四反对"的具体实践中，新文化运动使中国人的思想得到了空前的解放，推动了现代科学文明在中国的发展。可以说，新文化运动在思想层面对中国人产生了很大的影响，启发了人们的民主觉悟，激起了大众对个体权利的重视，对科学民主的追寻。但同时，新文化运动也是对儒家伦理思想批判最为严厉的运动，斗争矛头直指儒家思想。在"打倒孔家店"的浪潮中，新文化运动的先驱们对封建专制制度和封建思想文化进行了一次猛烈的扫荡，封建思想遭到了前所未有的冲击。陈独秀批判了封建社会制度和伦理思想，认为要实现民主制度，必须消灭封建宗法制度和道德规范。李大钊反对复古尊孔，要求思想自由，号召青年不要留恋将死的社会，要努力创造青春的中国。伟大的文学家、思想家和革命家鲁迅，1918年5月在《新青年》上发表了中国现代文学史上第一篇白话小说《狂人日记》，对旧礼教旧道德进行了无情的鞭挞，指出隐藏在封建仁义道德后面的全是"吃人"二字，那些吃人的人"话中全是毒，笑中全是刀"，中国2000多年封建统治的历史就是这吃人的历史，宣告"将来容不得吃人的人活在世上"。① 巴金则以文学的形式更详尽地再现了一个封建大家庭的真实情况,在《家》的代序中,巴金说:"我把这个大家庭当作专制的王国,我坐在旧礼教的监牢里,眼看着许多亲近的人在那里挣扎,受苦,没有青春,没有幸福,终于惨痛地死亡。他们都是被腐朽的封建道德、传统观念和两三个人一时的任性杀死的。我离开旧家庭就像甩掉一个可怕的黑影。"②

从感恩文化的角度看,新文化运动对中国传统感恩思想的批判着重体现在对儒家伦理的核心——三纲的批判上。根据历史和现实生活,新文化运动的先驱们指出,三纲五常、忠孝节义这些封建老教条是"奴隶之道德",是同"今世之社会国家"根本不相容的。陈独秀说:"忠、孝、节三样,却是中国固有的旧道德,中国的礼教、纲常、风俗、政治、法律,都是从这三样道德演绎出来的;中国人的虚伪,利己,缺乏公共信,平等观,就是这三样旧道德助长成功的;中国人分裂的生活,偏枯的现象(君对于臣的绝对权,政府官吏对于人民的绝对权,父母对于子女的绝对权,夫对于妻,男对于女的绝对权,主人对于奴裨的绝对权),一方无理压制一方盲目服从的社会,也都是这三样道德教训出来的;中国历史上,社会上种种悲惨不安的状态,也都是这三样道德在那里作怪。"③ 吴虞从我国的家族制度为专制主义之根据的客观历史事实出发,指出孔教是以"孝为起点"的,在其撰写的文章《家族制度为专制主义根据论》中提出孝悌是"二千年专制政治与家族制度联结之根干",并认为"忠孝是封建君主和封建家长制服臣、子的两种手段"。④ 陈独秀、胡适、鲁迅都对节烈观给妇女造成的罪恶进行了批判与揭露。

客观地讲,确实如新文化运动的主将们所揭示和批判的那样,传统感恩中的封建糟粕愚忠、愚孝、愚节等必须舍弃。但也应该看到,在对传统文化进行猛烈批判中,包括感恩在内的传统文化的合理性的一面也被一起抛弃了。胡适、鲁迅、吴虞、陈独秀等新文化运动的先驱,都以砸碎旧世界为己任,认为儒家思想作为存在几千年的"老古董"是反现代性的东西,应该扫入历史的尘埃里去。他们试图以一种西方式的视角对传统文化进行分解,用民主和科学

---

① 鲁迅. 鲁迅精选集 [M]. 北京:北京燕山出版社,2006:7-11.
② 巴金. 巴金自传 [M]. 南京:江苏文艺出版社,1995:2.
③④ 李书有. 中国儒家伦理思想史 [M]. 南京:江苏古籍出版社,1992:452-453.

来"救治中国政治上、道德上、学术上、思想上一切的黑暗"①,新文化运动在从否定传统开启它的现代启蒙意义的同时,却也在无意中混淆了传统文化与封建思想。概言之,新文化运动以其矫枉过正的姿态,在对中国传统文化进行的清算中,无意中造成了现代与传统的断裂,致使传统感恩文化遭遇到了强烈冲击和批判。

新中国成立后,"文化大革命"又进一步延续、放大了对传统文化的片面理解和误读。家庭在阶级视角下变成了阶级斗争的场所,父母与子女之间、丈夫与妻子之间、长辈与晚辈之间,传统的父慈子孝、举案齐眉、孝悌之义等家庭美德都成为封建与腐朽的象征。家庭文化的政治化倾向导致家庭观念不强、人情关系冷漠,社会共同遵守的行为准则和家庭文化中的仁爱美德被不断削弱。在狂热的"横扫一切牛鬼蛇神"的"批孔"、破"四旧"运动中,孔子沦为彻底的"反动派",以儒家为代表的中国传统文化、民族精神和面貌再次遭遇了猛烈冲击,"忠、孝、节、义"等为主要内容的感恩文化亦遭受了空前的批判与浩劫。

中国感恩文化的核心是"忠"与"孝","国家兴亡,匹夫有责""百善孝为先"这是中国人根深蒂固的传统道德标准。但自新文化运动开始,传统文化被冠上"封建""专制""陈旧"的定语,"三纲"被否定,"五常"被视为封建毒素而长期被批判。直至今日,一提起忠、孝,不少人依然认为那是扼杀人性的封建道德,是束缚人的文化,是奴役思想的源头,是人文精神的阻力,一无是处,把感恩文化与封建时代"三纲五常"为核心的封建礼教相等同。在笔者的问卷调查中,也有9.57%的人认为感恩是"谢主隆恩式的奴才、主子的封建思想,已经过时,不应提倡"。

美国行为科学家芭芭拉·贝莱斯·莱尔认为,人们是通过其所属群体共享的符号意义来理解他们的体验的。② 由于封建的帽子,由于对传统文化与道德的非理性对待,文化传承被打断,以至于在当今社会,"会不同程度地存在着国家意识不强、对民族优秀文化传统漠视、民族自信心和自豪感减退、民族文化认同和民族意识淡化等问题"。③ 折射到感恩领域,就是"忠、孝、节、义"

---

① 陈独秀. 独秀文存·卷一·敬告青年 [M]. 北京:外文出版社,2013.
② 斯蒂芬·李特约翰. 人类传播理论 [M]. 史安斌译. 北京:清华大学出版社,2004:171.
③ 杨红英. 增进大学生对传统节日的文化情感刍议 [J]. 教育评论,2009 (6).

等传统的感恩理念被否定,一定程度上讲,感恩缺失是传统文化被遗弃的结果。不能不说,今天社会上出现的种种将感恩简单等同于"封建糟粕"的现象多与此密切相关,感恩文化不彰的社会氛围也与此深刻相关。

传统文化不等同于封建文化,自然不能因为冠上一个封建的定语而被全盘否定;同样,感恩文化也不能因之部分糟粕而无视其精华。传统文化、传统道德在今天的作用不仅仅取决于它过去所形成的既定存在是什么,哪些是精华,哪些是糟粕,更为重要和关键的是我们现在以什么样的标准、站在什么样的立场去继承它、发扬它。要坚决剔除传统文化中对于皇帝、上级的"愚忠",对父母绝对服从的"愚孝"等消极感恩思想,坚决摒弃"皇恩浩荡""谢主隆恩"式的奴才、主子心理,弱者、债主的不平等地位,更不能把报恩变成个人的终生负累的畸形化和罪恶化的感恩,避免强制感恩、报恩,避免感恩实践中出现违背感恩精神实质、导致人性扭曲的感恩现象的出现。总之,要结合新的时代特点吐故纳新,赋予传统感恩文化新的时代内涵,使之与社会主义现代文化相对接,积极建构与现代社会文明进步要求相适应的新型感恩文化。

二、感恩教育缺失

(一)家庭领域中感恩教育缺位

家庭是社会的基本单位,每个人从一出生首先生活在家庭环境里。家庭是人生的第一所学校,父母是儿童的第一任老师。作为个体人生的第一段教育历程,家庭教育对个体成长的影响根深蒂固、长久深远。许多人格观念的雏形都是在家庭教育中孕育形成的。苏联教育家戈别奇亚说,"家庭教育是对社会正在成长的一代进行教育的形式之一,它把父母的目的性教育的作用同家庭日常生活的客观影响结合起来,家庭对孩子进行道德教育起着极重要的作用。善良、富有同情心、同志情意感、热爱祖国、尊重各族人民等品质就是在童年初期养成的"。[①] 因此,家庭教育的好坏,不但直接关系着个体能否健康成长,更对一个人的世界观、人生观、价值观有重要影响。同样,家庭作为人们的源教育,作为个体感恩意识最初得以形成的初始环境,对个体感恩意识的形成起着基础性的奠基作用,人最初感恩意识的形成首先得益于家庭教育的熏陶与

---

① 殷建光. 为何七成中学生反感自己家长 [N]. 北京晨报, 2005-12-04.

培养。

但在感恩的培养上,应该说在相当一段时期内家庭教育存在某种缺失。从一个比较直观的社会现实来看,虽然2015年10月中共十八届五中全会公报公布了允许普遍二孩的政策,但是受20世纪80年代以来计划生育政策的影响,以独生子女为特征的核心家庭目前依然是中国主流的家庭结构模式,这使家庭领域中传统的"棒下出孝子"的严格教育一度让位于以独生子女为中心的溺爱式教育。不少家长还带有过重的补偿心理,因为受社会和家庭等环境的影响,他们从小没有受到过正规的教育,没有享受过好的物质条件,于是想方设法让自己的孩子通过接受正规的教育实现自己未竟的理想,物质上更是不让孩子受一点苦,抱着"再苦不能苦孩子""再穷不能穷孩子"的思想,竭尽所能、不加节制地给予孩子最大满足。此外,在中国的传统观念中,父母认为养育孩子是自己的责任和义务,他们不愿意将自己劳动的艰辛和生活的压力展现给孩子,只是一味地付出,默默地奉献,不求回报,使本应是双方互动的亲子情感,演变成了亲代对子代的单方面的付出。总之,父母对孩子是百依百顺,万般宠爱,有求必应。

由于自小生活在父辈的这种过度溺爱和百般呵护中,久而久之孩子对衣来伸手、饭来张口的生活习以为常,对父母的关心照顾也心安理得,习惯了他人对自己的付出。这样家庭教育的结果容易导致孩子唯我独尊、自我中心的价值取向——在他们的人生观里,"我"永远是第一位的,"我"是中心,其他人就应该为我付出、为我奉献、为我牺牲,把别人对他的付出和爱看作是理所应当,天经地义的索取。当个体把他人的给予视为理应如此时,就很难体会认识到还应对父母和家庭给予回报,感恩之心也就无从谈起了。

心理学家阿德勒认为:"被娇宠的儿童多会期待别人把他的愿望当法律看,他不必努力便成为天之骄子。"[①] 家庭教育中的这种过分的溺爱,不仅不利于子代的健康成长,反而容易抹杀子代内心最初的感恩意识。因为被溺爱长大的孩子,他们习惯了以自我为中心,占有意识比其他人更强烈,没有分享的意识和合作的精神,因此孩子的爱心、感恩心也就失去了成长的土壤。现代的孩子们是被父母放在温室里精心养育的花朵,父母只让他们感受阳光,很少向

---

① A. 阿德勒. 自卑与超越 [M]. 黄光国译. 北京:作家出版社,1986:17.

他们提及社会竞争的残酷、幸福生活的来之不易。再加上有的父母大包大揽，做全程保姆，孩子更是失去了自我锻炼、自我体验的机会。这种养尊处优、娇生惯养的生活使孩子无法体谅父母的辛劳，无从体会父母的良苦用心，无法感受父母为他遮风挡雨的背后所付出的艰辛。他们对生活的认识严重不足，导致他们缺乏艰苦奋斗、自立自强的精神，更无法承受以后来自社会的压力，抗挫能力往往极其低下，稍有不顺便沮丧失望、怨天尤人。所以，就会出现有的孩子面对家庭的贫困，不思图强进取，反而埋怨自己的父母无能；长大后走入社会，面对工作、生活，又会怨社会不公。他们对家庭、学校、社会要求多而高，但对自己要求少而低，自身缺乏反省，很难明确自己的社会角色、明确自己的权利和义务；不能清晰地区分国家、政府、社会与个体的责任，将自己的一切不如意全部归咎他人，容易对社会、他人心存不满、抱怨，甚至仇视、报复社会。而且，面对激烈的社会竞争，很多家长为了让孩子在激烈的竞争中立于不败之地，很容易对孩子产生重智轻德、望子成龙的思想和做法。父母纯粹地以"高分数""会做题""学得好"来衡量自己的孩子是否成才，而忽视了对其进行道德品质和健全人格培养的成人教育，这种畸形的育人思维直接导致父母产生"读好书"就是孩子对自己最好回报的错误观念，不知不觉中孩子也被感染了这种错误观念，认为书读好了就是报答父母。这样的家庭成才评判标准容易导致孩子在成长过程中智力发展和人格发展上的失衡，许多孩子是只会读书不会做人。

  再者，父母榜样作用的缺失导致子代无从效仿感恩。与学校教育不同，父母的行为和观念往往是在生活中以潜移默化的形式无形地传递给孩子，也就是"身教重于言传"。所以，父母应该以身作则，做孩子的好榜样。但在现实生活中，部分家长本身素质就很差，自身就缺乏感恩之心———一些人只一味考虑到自身的利益，唯利是图，像近年来频繁出现的家庭财产争夺案，兄弟姐妹为了财产怒目相向，让年老的父母伤心不已；一些人不愿意赡养父母，认为父母拖累了他们；有的则将父母搁置在养老院，认为钱能解决一切，不关心、不关爱父母，忽视老人的情感需求。在西方国家，受独立与自尊教育的影响，无论是出生在贫困家庭还是富裕家庭的孩子，年满18岁后都会以向父母伸手要钱为耻。但在中国，有些父母自身是"啃老族"，结婚后和父母住在一起，依然理所当然地吃父母的、用父母的，毫无羞愧之心。父母的榜样都树立不好，又如何能以身作则去教育、要求孩子？具有感恩意识的父母，才能给孩子传导正确的感恩观念、积极向上的生活态度；而缺乏感恩意识的父母，则难以培养子女的感恩心态，他们无形中灌输的往往是自私自利的观念，将自己的利益摆在第一位，当子女生活在这样的家庭环境之中，感恩意识无疑将逐渐泯灭。

马克思曾指出："法官的行业是法律，传教士的行业是宗教，家长的行业是教育子女。"① 家长是孩子的启蒙老师，对孩子人生观、价值观的形成起着至关重要的作用。在笔者的调研中，有高达63%的受访者认为父母的言传身教对感恩品质的培养影响最大，但56.29%的受访者认为家庭中感恩教育是缺失的，15.6%的受访者选择了父母没有教育过自己要知恩图报，这也折射出父母的感恩教育理念在一定程度上是缺乏的。

(二) 学校领域中感恩教育的缺乏

学校是专门的教育场所，是个体系统学习感恩认知的最直接的路径，对个体感恩品质的培养起着决定性的作用。不可否认，学校对学生道德水平的提高、感恩意识的培养做出了很大的贡献，也不断涌现出德才兼备、品学兼优的楷模。但是从感恩教育的角度看，整体而言，当前学校感恩教育存在明显不足。

首先，教育理念失衡，忽视感恩品质培养。自20世纪90年代以来，我国大力推行素质教育，它的源起是为了克服"应试教育"的诸多弊端，使教育更加符合人性和社会的要求，可谓是一种体现时代精神的先进教育理念。② 然而，应试教育的实际盛行导致我国实施素质教育取得的成果有限。重分数、轻品行，重智育、轻德育的理念依然大行其道，知识教育与育人教育严重失衡。中学阶段，学校是考试的战场，老师是考试的指挥，学生是考试的机器；大学阶段，受招生和就业压力的双重困扰，为了求得生存与发展，高校高度重视的是学生学业知识的传授和专业技能的培养，一定程度上忽视了对学生的人文关怀和道德情感教育。应试教育这种重智轻德的单一偏颇的培养模式，背离了教育关心人、促进人的全面发展的本质，造成了受教育者精神世界的钝化和迷失。在这种背景下，一方面学生关注的唯有成绩没有情感，形成了有好成绩就

---

① 王东华. 发现母亲 [M]. 成都：四川人民出版社，2003：44.
② 卢元锴. 课堂教学与素质教育 [M]. 北京：中国人事出版社，1999.

会有好工作、好待遇、好前途、好评价的唯智论；另一方面学生认为自己所取得的成就都是自己的努力所得，与他人无关。他们的情感生命的钝化又会进一步促进人的异化，使学生对外界人和事的情感淡漠，缺乏对他人的关爱和尊重，缺乏感恩意识。从长远看，一个人情感世界的贫乏以致畸变，往往比知识的贫乏和缺失具有更大的危害。教育必须以学生的"成人"为出发点，让学生"成才先成人"，努力培养"有德有才"的接班人，这是高校德育的重点所在，也是感恩教育必须加强的重要原因。即便很多教育者也普遍认识到应试教育的不足与危害，但在升学与就业等压力的影响下，对学生道德的培养显得心有余而力不足。

感恩教育作为学校德育的一项重要内容，随着德育的整体式微，由此也很难实质性地进入教育教学领域而受到重视。因此，无论中学阶段还是大学阶段，感恩教育往往都是被忽略甚至被遗忘的。

其次，有限的感恩教育实效性不强。在我国，思想政治教育理论课承担着对学生进行思想品德教育的责任，感恩教育也是思想政治教育的重要组成部分。但由于在教育实践中未能很好地针对学生的特点进行教育，导致有限的感恩教育实效性不强。

教育内容贫乏。由于我国对感恩教育不太重视，加之思想政治教育的课时限制，不但没有专门的感恩类课程，也无专门的感恩教材，很少有学校把感恩系统地纳入思想政治理论课教学中，明确相应的感恩内容。关涉感恩内容的出版物也是非常之少。传统文化中忠、孝、仁、义、礼、智、信等这些和现实生活最密切的处理人际关系的感恩思想很少渗透到教育内容中，以致一些学生不知道究竟什么是感恩，为什么要感恩，怎样感恩，对感恩无法形成正确的认知。

教育方式陈旧僵化。在感恩品质的培养上，教育者的方法也存在一定问题。偏重的是教师讲解、说教为主的正面灌输。往往是教授者居高临下，以教育者、领导者的姿态，开大会、做报告、课堂讲授、集中宣读文章、考试或布置任务的方式为主。这种硬性灌输，忽视了学生的能动作用，把本应是教育者、受教育者之间的平等交流变成了单向度的灌输，学生更多的是被动地接受知识或应付式地完成任务，既不利于调动学生的积极性，也难以形成对学生的吸引力，是感恩教育简单化、机械化的表现。

传授内容脱离生活实际。当今学生面临的竞争空前激烈，求知的范围也很广泛，尤其面临着学习、就业、竞争等诸多压力，内心充满了困惑、迷茫与不解，内心也渴望有人给他指点迷津，找到解决的办法。而相当一部分课堂教学多以抽象、高深的学术理论为主，作为一个个静态的知识点，教师传达的知识、信息既不能满足学生多样性的需要，也不能及时有效地回应学生的实际问题。这种偏重知识讲授、轻精神内涵阐释的感恩教育成了不关痛痒的存在，很难获得学生认同，更难以为学生的健康成长提供有效指导。只会让学生认为感恩教育同其他学科一样，能够在考试中取得好成绩就行。同时，有限的感恩教育也往往注重树立崇高的理想风范，让人产生高不可攀的错觉。既然只有英雄才能做到，那只有采取敬而远之的观望、瞻仰姿态。这种教育与学生自身情况的严重脱节，感恩之情没有被点燃，难以形成共鸣，教育效果自然大打折扣。所以，感恩教育必须要以回应学生的现实关切为切入点，实现向生活世界的回归。

感恩教育活动表面化。感恩教育应不拘一格，形式上也应该是丰富多彩的。学校可以充分利用各类教育资源，开展寓教于情、寓教于乐、寓教于行的感恩教育活动。但是在具体实施的过程中，出现了感恩教育活动的形式化、表象化的流弊。如活动上很多都是学唱一首感恩歌，给家长写一封"感恩信"，集体宣誓、集体签承诺书等，形式雷同、内容空洞，在激发学生的内心感悟和真挚情感上非常有限。而学校在进行工作总结时，看重的是活动的次数、规模、声势与影响，至于是否真的达到了寓教于理、寓教于心的效果，往往表述不详。

调研分析也进一步反映和佐证了上述关于感恩教育中存在的种种问题。有55.63%的受访者认为学校有必要开展感恩教育，29.8%的受访者认为非常有必要；34.4%的受访者认为当前学校感恩教育是不到位的，并认为这是造成当前感恩缺失的重要原因之一；59.6%的受访者认为所在学校开展的有关感恩的课程或讲座内容很少，不受重视，66.23%的受访者认为学校偶尔举行感恩活动；而对现有感恩教育评价方面，47.68%的受访者认为教育理念落后，45.7%的受访者认为教育内容不合时代，73.51%的受访者认为教育方法单一，缺乏针对性。

爱因斯坦在《论教育》中说："学校应该永远以此为目标——学生离开学

校时是一个和谐的人，而不是一个专家"。① 美国发展心理学家霍华·加登纳认为，"一个人在社会上能够取得什么样的地位，绝大部分并非取自于学习能力的高低，而是非智力的因素偏多，情商就是其中最重要的因素之一，情商能够根据环境的变化对思维进行调节和控制，让人们能在合适的环境中做出符合当下环境的行为"。② 专业知识、技术固然不可缺少，但人的精神、品格更重要，因为知识技术是要人去驾驭的。如果一个人掌握了众多的知识，技术也很高明，但人不好，缺德、没有良知，不能正确看待人与社会的关系、奉献与索取的关系，就不能用所学服务人民、国家与社会。而缺乏关爱大众，感恩社会的情怀时，社会也不会纯粹单方面地透支关爱，因为感恩是双向的。

三、社会转型期的消极方面弱化了感恩认同

我国正处于经济转轨、社会转型的关键时期，随着发展过程中深层次社会矛盾问题的不断凸显，也在一定程度上弱化了人们的感恩认同。

（一）市场经济的负面影响

市场经济体制改革使我国发生了翻天覆地的变化，经济高速发展，人民物质生活水平得到极大的提高，不仅使中国走上了现代化的道路，也为世界经济的进步做出了举世瞩目的贡献。然而，不可否认的是，我国目前的市场经济体制还不够完善，综合治理存在薄弱环节。在追求利润最大化的这个市场经济内在动力的驱动下，随着市场意识的泛化，经济利益渗透到社会生活的诸多领域，诱发了人们的逐利心理，弱化了感恩认同。

首先，市场经济导致了人际交往中的功利主义、等价交换等工具理性的盛行。功利主义表现为个体在与他人交往的过程中将个人利益当作一切活动的出发点和归宿点，做事情首先考虑对自己是否有利，给自己带来多大的好处。金钱、利益、权势和交易成为一些人与他人交往的思考前提。这种唯利是图的功利主义取向淡化了人与人之间的情感，亲情、友情、恩情等人际关系日趋功利化、商品化、庸俗化、实用化——父母与子女之间可以用金钱关系来衡量，所以有"养父母省保姆"……一些人为了利益，不顾友情、亲情，也无谓人情，

---

① 爱因斯坦. 爱因斯坦全集［M］. 赵中立译. 长沙：湖南科技出版社，2002：289.
② 贾茜婷. 大学生感恩教育研究［D］. 长沙：湖南农业大学硕士学位论文，2010.

致使人与人之间沦落为利用与被利用的利益关系，内心的感激之情也越来越少。同时，市场经济的等价交换原则泛滥到社会生活领域中，不少人认为"有钱就是上帝""我付钱就该享受服务"，商品经济时代讲的是"以钱还情""以物还情"，现时结算，一拍两散，不用感恩也无须感恩，在一定程度上存在。

其次，放任的竞争关系、不良的竞争手段却摧残了人的善性，突出了人的恶性。市场经济认可人的个人利益，肯定人的竞争关系，鼓励人们为实现自身的利益而勤奋努力，通过公平竞争脱颖而出。竞争具有一定的积极意义，它调动了人们的积极性与主动性，是社会发展的重要手段。但是，人们希望在竞争中获得多于别人的财富和高于别人的地位，有些人为了达到目的不择手段，导致经济活动中出现了不正当竞争、违法竞争、恶性竞争，社会中的"经济人"与"道德人"背道而驰。竞争泛滥也导致我们的社会失去了同情心、怜悯心、慈悲心、感恩心[①]，人与人之间逐渐变得自私、冷漠、无情，造成人心涣散、道德沦丧等负面效应。在笔者的问卷调研中也印证了竞争的这种消极效应，有17.7%的人认为自己的成功主要是自己奋斗的结果，与他人无关，而对国家的培养与社会的帮扶，21.19%的人认为管好自己，遵纪守法就可以了。

再次，在市场经济的发展过程中，两极分化问题日益突出。市场经济使部分人和部分地区走在了经济发展的前列，享受着优越富足的生活，而另一部分人由于缺少机会或其他原因处于落后地位，承受着生活的压力与困窘。随着贫富差距的日渐加大，一些人出现了心理上的严重失衡。再加上个别人走上富裕的道路并非是通过诚实劳动、合法经营，或是由于社会资源分配不公，或是投机取巧的非法途径攫取社会财富。总之，在不健全、待完善的市场机制下，无论是财富的获取还是分配，容易形成欠公平、少正义的印象。人们往往认为，他人之所得正是剥夺了我之本所得，而我现在之所得无非是拿回我之原所失，在这种社会财富"相对剥夺感"的影响下，容易产生理所当然、受之无恩的念头。再加上长期以来对平均主义的误解与执念，一定程度上淡化了受助者的

[①] 辛世俊. 当代人学的责任——对市场经济负面效应的批判[J]. 郑州大学学报（哲学社会科学版），2012（1）.

愧疚心理，感恩之情就无从谈起了。

最后，在市场经济活动中，市场经济主体为了实现利润最大化不遗余力地开放市场，人们可以自主选择经济活动的地域和空间，公共生活领域不断扩大。市场的这种开放性特征使人的社会关系得到极大的拓展，人员的流动性日益频繁。传统的以血缘和亲缘为特征的人际关系纽带正在被以业缘、学缘和友缘关系特征的人际关系纽带所取代，随之而来的是人际关系的日益"陌生化"，人与人之间的情感日益淡化。有些人片面追求金钱利益和物质享受，人与人之间充斥着赤裸裸的经济利益关系和实用、有用原则。在这样的环境中，人们不知道感恩，也不懂得为什么要感恩，甚至怀疑施助的人别有用心，另有所图。

（二）价值取向多元的选择性迷失

在世界多极化、经济全球化的大背景下，国际形势波诡云谲，文化交流交锋频繁，社会价值观念正处于深刻变化的过程中。传统克己、奉献的儒家文化受到了极端个人主义、享乐主义思想的冲击；经济全球化背景下，西方的价值理念传入中国，也是泥沙俱下，一些糟粕如拜金主义、实用主义、新自由主义、历史虚无主义等乘虚而入。与此同时，随着改革开放的深入和市场经济的不断发展，人们的个体本位意识日益增强——自主意识、权利意识、民主法制意识强烈，但自立意识、责任观念淡薄、依赖思想、享乐思想严重。在新旧观念、中西思想相互的交织、碰撞中，在多元主体利益关系的冲突、磨合中，社会价值观念呈现出斑驳多元的态势。在当前的中国思想文化领域里，既有静以修身、俭以养德的传统文化倡导，又有追求自我、纵情享乐的个性本体张扬；既有为民服务、无私奉献的执着坚守，又有自我张扬、唯利是图的腐化堕落……在氤氲斑驳的社会价值观念的多元态势下，即使是截然相反的不同判断都会因人们所持的迥异价值标准而得到或支持，或反对，或赞扬，或批评的不同评价。在多元价值取向的冲突、博弈中，面对黑白美丑模糊不清，是非善恶真假难辨的迷惑，一些人无法在人生信仰层面给自己一个正确的定位，出现了价值观念上的摇摆不定，造成了一定程度的感恩选择性迷失。

（三）不良的社会风气的侵蚀

在市场经济的刺激和推动下，部分人为了追求个人利益的最大化，在利益与道德面前，舍弃了正义和良心，为了达到自己的目的不择手段，不惜损人利己。家庭生活中，父母遗弃子女、子女虐待父母的事件屡有发生；商业领域里，个人和企业唯利是图、坑蒙拐骗、投机倒把，制假贩假，诸如毒奶粉、地沟油等事件屡见不鲜；行政体制中，以权谋私、玩忽职守、收受贿赂、失职渎职等现象已成社会公害；公共生活中，拐卖妇女儿童、贩卖毒品、恃强凌弱现象也是屡禁不止。这些不良的社会现象就像一个黑色大染缸，污染着人们的灵魂。而现实生活中，不但明哲保身不报恩的事件屡屡皆是，甚至于受助者昧着良心否认被救、对施助者恩将仇报、反咬一口，以至于救人者反被诬告的现象也时有发生。一幕幕英雄流血又流泪的惨剧，一个个难辨真假、究竟是助人还是害人的混淆视听的事件，使施恩和报恩都受到了质疑，也打击了人们助人的热情。为避免见义勇为、助人为乐的善举招来不必要的麻烦，许多人会谨遵"多一事不如少一事"的告诫，退守到"各人自扫门前雪"，独善其身、明哲保身，感恩也就逐渐被搁置、遗忘。同时，一些新闻媒体的宣扬报道也存在一些导向问题。一些媒体为了吸人眼球，片面追求点击率等流量经济，不顾肩负的社会责任，利用大家的仇恶心理、猎奇心态，虚造或夸大一些报道的阴暗面。对于正面事实的报道、先进人物的表彰显得极为呆板、滞后。特别是好人牺牲后社会才给予追加荣誉的行为，不仅未达到教育效果的最大化，反而激起人们对善意行为是否值得的疑虑。如果奉献社会的人得不到应有的尊重和报答，忘恩负义、为非作歹的人没有及时地受到相应的惩罚，感恩终将失去正义、公信的环境。这种扭曲的社会风气，会使原本的脆弱的感恩意识发生动摇，加剧了感恩不彰的社会观感，进一步地弱化感恩认同。

总之，在市场经济的冲击下，很多人迷失在金钱万能、个人利益至上的观念下，一味追求物质利益，个人由于丧失了和整个世界的丰富完整的联系而使自我成为单向度的只会"挣钱的机器"，自然也就无法正确认识自身、自身与他人及社会的关系。当世界、社会、他人乃至人伦关系都仅仅成为达到个人利益的工具和手段时，社会的道德标准将受到严峻的考验，感恩意识也难以深入人心。苏联著名教育理论家苏霍姆林斯基说："道德情感，这是道德信念、原则性、精神力量的血肉和心脏。没有道德情感的道德，就变成了苍白的语句，这语句只能培养出伪君子。"[①] 因此，在注重物质文明极大丰富的同时，也一

---

① B. A. 苏霍姆林斯基. 给教师的建议 [M]. 北京：教育科学出版社，1984：109.

定要加强精神文明的建设,通过激发人们的感恩意识来完善社会道德理念,使人与人、人与社会的关系更加和谐。

本章小结

20世纪初,面对中国近代社会急剧转型的时代大变局,梁启超不无感慨地说道,个人"其能生育长成,得饮食衣服居处,有智识才艺,捍灾御患,安居乐业,无一不受环吾身外者之赐。其直接间接以恩我者,无量无极。古昔之人,与并世之人,皆恩我者也。国家与社会,深恩于无形者也。人若能以受恩必报之信条,常印篆于心目中,则一切道德上之义务,皆若有以鞭辟乎其后,而行之亦亲切有味"。① 今天的中国,在取得历史性成就、发生历史性变革的同时,也面临着各种纷繁复杂的困难和问题。其中,因感恩缺失带来的社会问题也日益引发社会关注。尤其是近些年来层出不穷的感恩缺失现象在媒体、网络的曝光与传播下不断地刺痛大众的视觉神经,也挑战着社会的伦理底线。弘扬正气、见义勇为,既是我们民族的优良传统,也是集体精神的最好体现。无论是"别有用心"的施助者,还是"忘恩负义"的受助者一再成为人们热议的焦点,都深刻暴露了当前社会感恩所面临的严重危机。为何"滴水之恩,涌泉相报"的美德传统却未能得到有力传承和彰显?为何本应是"感动人心"的故事却屡屡演变成现实版"农夫和蛇"的寓言?试想,如果社会所尊重和崇敬的不是孝亲敬老、助人为乐者,而受恩不念、忘恩负义又没有受到及时和应有的批评教育及引导,那么感恩就会渐渐失去充满正义感和公信力的有利环境。今天我们所遭遇的社会感恩集体焦虑情绪,召唤着当代人积极予以正视面对并加以思考和努力解决。

美国行为科学家芭芭拉·贝莱斯·莱尔(Barbara BallisLal)认为,人们是通过其所属群体共享的符号意义来理解他们的体验的。② 中国感恩文化的核

---

① 梁启超. 中国道德之大原 [J]. 庸言,1912,1 (2): 1-8.
② 斯蒂芬·李特约翰. 人类传播理论 [M]. 史安斌译. 北京: 清华大学出版社,2004: 171.

心是"忠"与"孝","国家兴亡，匹夫有责""百善孝为先"这是中国人根深蒂固的传统道德标准。但自新文化运动开始，传统文化被冠上"封建""专制""陈旧"的定语，"三纲"被否定，"五常"也是难逃被视为封建毒瘤的认知窠臼。直至今日，一提起忠、孝，不少人依然认为那是扼杀人性的封建道德，是束缚人的枷锁，是奴役思想的源头，是人文精神的阻力，等等，不一而足。应该看到，从某种程度而言，由于"封建"的帽子，由于对传统文化与道德的非理性对待，文化传承被打断，以至于在当今社会，"不同程度地存在着国家意识不强、对民族优秀文化传统漠视、民族自信心和自豪感减退、民族文化认同和民族意识淡化等问题"。① 折射到感恩文化领域，就是"忠、孝、节、义"等传统感恩理念的被否定，一定程度上讲，感恩缺失是传统文化被遗弃的结果。事实上，传统文化不等同于封建文化，自然不能因为冠上一个封建的定语而被全盘否定；同样感恩文化也不能因为部分糟粕而无视其精华。对于传统文化、传统道德，我们要整体把握，在既定存在的历史脉络中尊重其历史原貌，厘清精华与糟粕，反对以偏概全。而今天的我们站在什么样的立场、秉持什么样的标准去继承它、发扬它，是传统文化、传统道德在现时代如何发挥作用的关键所在。

感恩是爱和善的基础。苏联著名教育理论家苏霍姆林斯基说："道德情感，这是道德信念、原则性、精神力量的血肉和心脏。没有道德情感的道德，就变成了苍白的语句，这语句只能培养出伪君子。"② 失去感恩的滋养，我们培育的只能是不懂感谢、不会感动、不愿感激、只知索取的"冷漠一代"；倘若有恩不报的现象越来越多，"谁帮人谁是傻子"成为一种共识，"硬起心肠来做人"成为一种文化，这个社会就会失去最起码的道德良心。③ 应该看到，在市场经济的冲击下，一些人因迷失在个人利益至上、金钱万能的观念中，一味追求物质利益、一己之利，缺乏对他人、对社会乃至集体和国家的感恩之心，丧失了与整个世界丰富完整的联系而沦为"单向度的人"、不断被"异化"的人。如果对此不能加以及时教育和有力引导，无论是对个人还是集体的感恩建设都将遭遇严峻考验，也必将对整个社会的道德建设带

---

① 杨红英．增进大学生对传统节日的文化情感刍议［J］．教育评论，2009（6）：45．
② B.A.苏霍姆林斯基．给教师的建议［M］．北京：教育科学出版社，1984：109．
③ 杨艳．当代青少年感恩教育研究综述［J］．江南大学学报（教育科学版），2009（2）：111．

来严峻挑战。

"感恩可以说是道德本质在实际生活里的体现和贯彻,是使道德产生现实力量的最为关键的方法"。[①] 今天社会所不断弥漫的道德焦虑情绪强烈地提醒我们,在追求物质文明极大丰富的同时,我们应当大力加强感恩文化建设,努力通过激发人们的感恩意识、感恩情感和感恩行为,来完善和提升社会道德建设质量,从而助推人与人、人与社会之关系更加和谐美好。

---

① 许建良. 感恩是承扬中华传统美德实践的内在驱动力 [J]. 哲学研究,2016 (3):47.

第五章　比较视野下中国感恩文化建设的逻辑理路

人类社会具有悠久的感恩文化传统，无论在东方还是在西方，感恩都受到了普遍地推崇与提倡。感恩深深地嵌入在文化框架之中。不同文化背景、文化传统往往以其特有的评价规范潜移默化地影响着个体的感恩意识、观念和行为，使其鲜明地打上了文化因袭的烙印。因而，感恩文化既具有普遍性和广泛性，又具有差别性和特殊性，中西历史文化背景下的感恩文化各有表征与特点。本章立足比较视野，通过梳理辨析中西感恩文化的歧异与会通，进一步把握中国传统感恩文化的内在逻辑，从而提供一种认识中国传统感恩文化和建构当代中国感恩文化的补充性视角。

第一节　中西方感恩文化心理比较

从文化背景、文化传统及其影响看，西方感恩文化以基督教为支撑，与宗教信仰相结合，较为重视终极关怀。中国传统感恩文化以儒家学说为基础，侧重的是对人的感恩，由感恩父母的家庭血缘之亲惠及亲朋友邻，凸显了伦理本位社会中偏重家庭生活的私德特点。

一、文化背景

在西方，感恩是一个具有浓郁的宗教情感色彩的概念，与宗教信仰密切相关。"宗教"由拉丁语 religio 演绎而来，原始之意是指对超自然事物之畏怖、不安等感情，其后则有成为感情对象的超自然之事物以及成为感情外在表现的仪礼之意，由之更进而指团体性与组织性之信仰、教义、仪礼之体系，亦即人类对具有超人威力之神秘力量或现象赋予意义，视之为绝对理想之主体，并生起畏怖、神圣、信赖、归依、尊崇之念，进而实行祈祷、礼拜等仪礼，将戒律、信条等列为日常生活规范，以期安心立命及向上发展完美之人格。宗教本质上是人对超越于自然界与人自身的神的敬拜和遵从。随着社会进步，神创论作为一种时代的产物已经退出了当代的舞台，相比作为中世纪统治国家的一种工具，宗教的含义已不再是单纯的封建迷信，而被赋予了更多的时代内涵，它体现为一种人类对自我对他人的思考，是一种关怀内心世界的方式，对人类世界影响深远。在西方人看来，科学与宗教并不是尖锐对立的硬币两面，在科学上找不到的，会在宗教里有所发现。可以说，宗教深深地融入了西方的历史文化中，成为西方人无论是精神世界还是日常生活中不可或缺的重要部分。其中，基督教的影响最大，影响和塑造了包括欧洲、美洲、非洲、亚洲、大洋洲等广泛地区的政治、经济、科学、教育、文化和艺术的方方面面。

　　基督教不仅对西方文化有深远影响，而且也是西方传统感恩文化之源。珍视上帝的馈赠，感谢上帝的仁慈和宽容，在人生中忏悔与救赎等，构成了西方感恩文化的基本内容。

　　在基督教文化中，感恩是基督徒应尽的本分，知恩图报是蒙福的根本。在上帝面前，感恩是无条件的，即使面临惩罚，也应感恩。因为根据教义，惩罚是获救的必要条件，是神拯救人的一部分。施奈尔·马赫解释说，惩罚是基督随时随地用仁爱课给我们教训，它使我们呼吸更自由，思想升入宁静、沉思之境，帮助我们反思自己的天职，让我们不只想到自己，还考虑到他人、社会，本着良心生活，顾及对社会整体的亏欠，人生就可以有全新开始，一颗正义种子从此就生根、萌芽了。因此，无论是平安、顺利、健康，还是困难、痛苦、疾病、试炼，人生之种种际遇都是上帝的旨意，最终的目的是使虔诚尊奉上帝的人能得到最大的恩典，感恩者更蒙恩。"在一切人生遭遇中欢欣喜乐，以感恩的心领受一切，道德的力量和勇气便随着而来"。[①] 在幸或不幸的种种人生

---

① 李娟，魏玉奇编译. 圣经旧约名篇精选［M］. 天津：天津人民出版社，1998：3.

遭际中始终保有一颗感恩的心,通过感恩数算神的恩典,不但可以荣耀神,使神欢心,进一步获得神的庇佑,而且在表达感恩的过程中、仪式里,人的压力得以释放,精神受到抚慰,由此获得赐福身心生长的巨大力量。

西方的感恩首先指向神,是人对神的感恩。人为何要向神感恩呢?因为神对人的恩典。神的恩典之一是创造了人以及人之生活之所需,另外是派他的独子耶稣拯救人类,为人类指引了救赎的路。神学家 St. Chrysostom 说,神将人从罪中拯救出来,改变人们因世俗事务而一向忧郁的脸色,使世俗人生配得上天国的永恒神圣,拉直我们的人生道路,在关爱中实现人生价值,保卫我们的生活,坚实我们前进的步伐,人由此可获得生活的理想、信心和勇气,走上获救之路。所以,向上帝的感恩,既要感谢上帝恩赐的一切,也要感恩上帝宽恕的救赎之途。"凡事谢恩"也就成为基督教徒的重要宗教活动主题和重要宗教生活形式。

那么,如何感恩上帝呢?爱是表达感恩的主要形式。因为神自己就是爱,所以他对人们的要求也就只有爱。为了防止忘记恩典,感恩必须要以一定的仪式加以呈现。比如,基督教徒必须常做的祷告,就是向神诉说感谢与赞美的一种常见仪式。从人的出生、两性结合孕育后代以致走向生命尽头的人之死亡,西方人通常都会举行一定的宗教礼仪。包括感恩节等节日在内的种种仪式的设立,也都是以一种特别的形式提醒世人,要时刻珍惜我们生命中的恩典,向神感恩。

总之,以基督教为核心的西方感恩文化将感恩看作人的本质特征。《加拉太书》说:"人如果不意识到自己蒙受了恩惠,就不会想到自己是人。"如果人们忘记感恩,不懂感恩,人就会失去为人的本性。在西方,感恩借着宗教的形式"将神、他人、自我在日常生活中联结为整体,乃是终极关怀和世俗关怀的统一。"[1]

中国传统感恩文化以儒家思想为主脉。纵观中国传统文化的形成和发展的历程,大体经历了中国先秦诸子百家争鸣、两汉经学兴盛、魏晋南北朝玄学流行、隋唐儒释道并立、宋明理学发展等几个历史时期。在这绵延 2000 多年之久的进程中,中国传统文化以其兼容并包之势,形成了一个多元文化融通、和

---

[1] 陈驰. 美国的感恩文化及其对高校德育工作的启示 [J]. 黑龙江高教研究, 2010 (2): 79.

谐、包容的实体系，而这其中，儒、道、释三家是主导。

道教是中国本土宗教，在中国古代鬼神崇拜观念上，以黄、老道家思想为理论根据，承袭战国以来的神仙方术衍化形成。道教以"道"为最高信仰，主要宗旨是追求长生不死、得道成仙。作为中国土生土长的宗教文化，道教教义存在着以报恩为重的思想，有"四恩三有"之说①，即"天地恩、君主恩、父母恩、师长恩"与"有情者、有识者、有缘者"。经曰：四恩三有均利益。一个人要上报四重恩，感恩前人为自己创造的福利，下做三有人，修道者要博施济众以行善积德。道教非常强调积功累德，因为道教认为善恶皆有报应，自己的善恶行为不仅会对自身祸福、成仙与否产生影响，而且也会对后世子孙产生影响。"承负说"促使道教信众抑制恶念恶行，以"三有"的修行做善事、行义举努力上报四重恩德。

佛家强调众生皆有缘，强调相互间的感恩与报恩。佛教原为外来的宗教，于两汉之际自印度传入中国。自公元148年安世高来白马寺译经至1175年宋朱熹、陆九渊时代，中国佛教处于兴旺时期，而隋唐时代更为鼎盛，成为中国哲学思想发展的主流。佛教传入中国后，在中国的土壤上经过嫁接、成长，形成了具有中国独特特色的文化结构。佛教的感恩思想在中国生根发芽后也逐步发展，形成了"报四恩"的思想体系，即报父母恩、众生恩、国主恩和三宝恩——父母恩，指父有慈恩，母有悲恩；众生恩，系因一切众生无始以来转经百千劫，而于多生之中互为父母，故亦有恩；国主恩，指国王统领山河大地，若失正治，则人无所依，若施以正化，则八大恐怖不入其国，故有国主恩；三宝恩，即佛、法、僧三宝之不思议之恩。② 佛教运用因果报应论及福田思想鼓励人们行善积德，禁止作恶。而"业有三报"的因果循环理论和做好事如种福田的理念则又成为善男信女们的施恩、回报的动力。在外患频仍、内忧严重的晚清民国时期，佛教的"报四恩"的思想体系与爱国主义思想相连接，获得了新的时代内涵。有人曾撰《佛教与爱国》一文，主张报恩思想即是爱国主义思想，因为"在一爱国主义之报国主恩内，可以兼摄父母、众生、三宝

---

① 刘固盛. 论《碧苑坛经》的报恩思想 [J]. 华夏文化，2010（6）：16.
② 黄夏年. 报恩思想的现代意义 [J]. 传承，2011（6）：48.

之三恩,则一言爱国而四恩总报矣"。①

但总体而言,中国传统文化中儒学是主流。孔子创立的儒家学说以及在此基础上发展起来的儒家思想,对中华文明产生了深刻影响。儒家的宗师孔子继承尧舜、夏禹、商汤、文王等治国修身理念,又影响了汉代的董仲舒、宋代的朱熹和明代的王守仁等,使儒家学说能够继往开来,在长达两千多年的中国封建社会里,一直在官方意识形态领域占据着正统地位,是中国传统文化的重要组成部分。因此,中国传统感恩文化主要来源于儒家,儒家的感恩思想成为中国传统感恩文化的主要理论来源。如第三章所述,尽管儒家极少直接提及感恩,但其所大力倡导"孝、忠、节、义、祭、尊"等核心理念本质上都是感恩——孝是对父母的感恩,忠是对君主的感恩,节是夫妻间的感恩,义是朋友间的感恩,祭是对先祖、大地、神灵的感恩。

受儒家思想的影响,中国社会重家庭,讲伦理,重人伦。"伦者,伦偶,正指人们彼此之相与。相与之间,关系遂生"。② 在中国人看来,一个人的生命是丰富而厚重的,因为人一出生就被各种浑然一体的关系紧密包围——先有父母,继有兄弟姊妹;长大成家立业,夫妇子女随之而来,继而宗族戚党相伴而生。离家到社会,教学有师徒,经商有伙伴,从政有君臣官民,遇事有乡邻朋友。"伦"强调的是人与人之间的这种"四面八方若近若远数不尽的关系"③,"理"强调的是与之相对应的情与义,即不同的伦理关系担负着不同的义务。所以,伦理意味着首先在相互交错的人际关系网络中排定个体的名分、地位,再根据应然的角色定位确认相应的责任与义务。《大学》云:"为人君止于仁;为人臣止于敬;为人子止于孝;为人父止于慈;与国人交,止于信。"④ 身为国君,要尽力做到施行仁政;身为人臣就要尽力尊敬君王;身为子女,就要尽力孝顺父母;身为父亲,就要尽力对子女慈爱;与他人交往,就要尽力做到诚实。以此每个人在具体的地位、名分上实现相应伦理角色的社会价值,从而维持整个社会的稳定有序、持续运行。但这众多的关系并非等同,有先后之序。因家人父子天然的、根本的关系,故伦理首重家庭;"但伦理始

---

① 黄夏年. 报恩思想的现代意义 [N]. 中国民族报, http://theory.people.com.cn/GB/14788175.html, 2011-05-31.
②③ 梁漱溟. 中国文化要义 [M]. 上海:上海人民出版社,2005:72.
④ 汪受宽,金良年. 孝经·大学·中庸译注 [M]. 上海:上海古籍出版社,2012:97.

于家庭，却不止于家庭。"① "资于事亲而百行作始"，中国人将家庭关系推广发挥，由家及国，视国如家，将社会家庭化，家庭关系被推衍于社会中各种关系中。张东荪先生形容说："中国的社会组织是一个大家庭而套着多层的无数小家庭。可以说是一个家庭的层系（a hierarchical system of families）。所谓君就是一国之父，臣就是国君之子。在这样的层系组织的社会中，没有'个人'观念。所有的人，不是父，即是子；不是君，就是臣；不是夫，就是妇；不是兄，就是弟。中国的五伦就是中国社会组织；离了五伦别无社会，把个人编入这样的层系组织中，使其居于一定的地位，然后课以那个地位所应尽的责任。"② 简言之，就是家庭伦理成为社会伦理的模板，家是小国，国是大家，由"家"至"国"再到"天下"，以家庭为基点推衍开去，形成了中国特有的"四海之内皆兄弟""天下一家亲"的伦理认同。

在伦理本位的中国社会里，中国人的感恩亦重亲情，遵循和体现着亲亲人伦的情谊特色。所谓"百善孝为先""孝悌也者，其为仁之本与"③，血缘亲情是人生而具有的最恒久朴素的情感，人的一切美好感情的产生和培养首先是在家庭中完成的，家庭伦理被尊之为天伦，对父母养育之恩的感激与回报也成为中国传统感恩文化的起点。中国人普遍认为，一个人只有先懂得感恩、孝敬父母，对父母尽孝、感恩回报，才会引申出对君对国的感恩，才能生发出关爱他人的情感。不孝父母的人，是不会爱国家、爱君主、爱百姓的。所谓在家孝父者，在国才能侍君，君是父的扩大，家是国的缩影，由父到君，由家到国，君臣如父子，父子如君臣。强调知恩图报、有恩必感，从而使中国人在一定的人际关系中有着非常浓厚的感恩情怀，也营造出一个富有人情味的中国社会。

"家"作为一种现实的组织形式，"亲"则是使这种形式得以支撑的内容。由此，在这种家庭伦理本位的组织形式中，中国人的人际交往中既氤氲着化之不去的脉脉温情，同时也使中国的传统感恩文化不可避免地打上了私德私圈的烙印。"有夫妇而后有父子，有父子而后有兄弟：一家之亲，此三而已矣。自

---

① 梁漱溟. 中国文化要义 [M]. 上海：上海人民出版社，2005：72.
② 张东荪. 理性与民主 [M]. 长沙：岳麓书社，2010：82.
③ 刘兆伟译注. 论语 [M]. 北京：人民教育出版社，2015：4.

兹以往，至于九族，皆本于三亲焉，故于人伦为重者也，不可不笃。"① 所谓打虎亲兄弟，上阵父子兵，中国人习惯于在做事之前，先要衡量下人与事和自己的亲疏、密切程度，再决定具体怎么做。中国人的人际交往类似于同心圆结构，以"己"为中心，像石子投入水中，和别人所联系成的社会关系不像团体中的分子一般大家立在一个平面上的，而是像水的波纹一般，一圈一圈向外推去，越推越远，也越推越薄。② 中国的感恩文化也呈现出了这种推己及人的远近之别的特点。在人际交往关系的亲人、熟人、陌生人的三大类别的划分中，感恩的方式与力度是不一样的。对"亲"者之恩德要重于"疏"者，否则便不太合中国人的人情世故。如《颜氏家训》所言："娣姒之比兄弟，则疏薄矣；今使疏薄之人，而节量亲厚之恩，犹方底而圆盖，必不合矣。"③ 所以，在中国古代社会，个人感恩的对象首推父子、亲族、师友，而且有着"天不变，道亦不变"的刚性制度规定，虽然也讲"亲亲而仁民，仁民而爱物"④，也讲"泛爱众"⑤，但前提是"爱亲"——孝先孝自己的双亲，爱先爱自己的孩子，然后才是"老吾老，以及人之老；幼吾幼，以及人之幼"⑥ 的推己及人的兼济天下之德，总体取向上是伴随血缘依归的逐渐减弱。而且"熟人圈"中的父子、夫妇、兄弟、朋友、邻里、师生、君臣等关系的感恩规范是制度化、硬性的，而"泛爱众"基础上的感恩是作为个人修养的道德高境界来提倡的，也就是对于"熟人圈"之外的"陌生人"的施恩、报恩并没有纲常化、制度化，感恩与否与个人的性情爱好或道德操行密切相关，是倡导而不强求，因而是软性的。

总之，中国人提倡家庭关系，从家庭中汲取秩序，然后带着治家的眼光关注社会。所见的也只是此一人与彼一人的相互关系，比如朋友如兄弟，百姓为子民，以伦理关系组织社会，一定程度上忽略了个人对社会的责任与义务。如孟子的"父子有亲，君臣有义，夫妇有别，长幼有序，朋友有信"的"五伦说"中，有三伦关系本于家庭，其他二伦也是将家庭伦理推广于社会而已，

---

①③ 颜之推. 颜氏家训 [M]. 曾德明译. 武汉：崇文书局，2017：11.
② 费孝通. 乡土中国 [M]. 北京：北京出版社，2009：37.
④ 万丽华，蓝旭译注. 孟子 [M]. 北京：中华书局，2016：316.
⑤ 刘兆伟译注. 论语 [M]. 北京：人民教育出版社，2015：8.
⑥ 万丽华，蓝旭译注. 孟子 [M]. 北京：中华书局，2016：16.

即视君若父，待友如兄。归根结底关切的还是私人、私德，而缺少个人之于国家、社会、共同体的公德意识。由此，中国人的感恩往往局限于一个狭窄的人际圈之中，由里向外（家人到外人）、由近及远（熟人到陌生人）而逐渐减弱，基本未能走出"私德"的边界，表现为对家人和朋友的关怀、热忱和惦念上，感恩成为具体的人与人之间的感情账，或者是晚辈对长辈养育之恩的报答，或者是学生对老师的培育之恩的感激，或者是对施仁德之政的统治者的感恩戴德……很少能将施恩、感恩的心惠及不认识的或者没有帮助过自己的更为广泛的人群，正所谓"私德丰厚，公德不足"。

二、文化心理

在西方文化中，神与宗教长期以来是人安身立命的基础。尼采将此概括为："宗教对于西方人，与其说是一种神学体系，不如说是一种心理母体，它环绕着人从生到死整个一生。"[1] 受宗教文化影响，西方感恩文化之主要学理表达和现实表征都与神、上帝密切相关，其中原罪和救赎是其核心母题。

原罪说即宣扬人一出生就有罪。圣经记载，上帝原本将自己创造的世界交由人管理，堕落前的人类始祖亚当有着控制、管理上帝所创造的世界的一切的灵力。但因为亚当的悖逆，神所创造的完美人的样式遭到破坏，人性开始流于堕落。亚当犯了罪，他的内在天性由罪的叛逆所替代，带给他灵里的死亡和堕落，这遗传给他所有的后人，成为人类一切罪恶和灾难的根源，因此，人一生下来就成为罪人。

救赎说即宣扬神的怜悯与慈爱，为人指引救赎的路。神爱世人，愿人悔改得救。神把他的独子耶稣赐给世人，担当世人的罪，代替世人死在十字架上完成了救赎。人生而有罪，人的得救出自神的恩典。而人对这份神圣恩典的态度是感恩还是忘恩决定了他是上升到"上帝之城"还是降为"世俗之国"。最终基督教以这种方式，引导人们信奉上帝。感恩进而沉潜为西方社会的一种宗教信仰。由此，作为幸福和正义的一种状态，感恩是人向神的皈依、信赖、投诚，体现了对人的彼岸世界的终极关怀。

在原罪说、救赎说的影响下，西方人认为感恩应该是双向的。受助者固然

---

[1] 王振林. 西方道德哲学的寻根理路 [J]. 人文杂志, 2002（3）: 34.

应该向施助者表达感谢,施助者也应该向受助者表示感恩。因为人们首先把施恩、帮助别人看作人对神的义务。一个人之所以施恩、帮助别人,不是出于一个人对另一个人的道德高姿态,也不是出于一个人对另一个人的地位优越性,而是施助者基于特定的宗教信仰和相应义务所做出的履责行为——每个人都要用一生的劳作和对他人的爱为自己赎罪,以求救赎,死后灵魂才会得到安宁、升入天堂。最终基督教以这种方式,引导人们虔诚皈依上帝,感恩成为人们从尘世提升到更高境界的中介,成为人们死后奔向天堂的桥梁。在这层意义上,施与恩惠、帮助别人是人神关系的一部分,是个人履行对神的义务,动机上同受助者无关。换言之,固然受助者从施助者履行责任中得益,更是施助者因为有了受助者,才得以完成自己对神的义务。因此,与其说施助者帮助了受助者,毋宁说受助者帮助了施助者,在神学意义上,是受助者帮助施助者兑现了对神的义务。所以,在西方很少有施助者拥有向受助者"图报"的心理,也很少有人将受恩看为道德枷锁。

始于家庭伦理的中国传统感恩文化,最初强调的是"君惠臣忠、父慈子孝、兄友弟恭、夫义妇顺、朋友有信"的双向互动。伴随家国同构的价值理念,感恩也带着浓郁的血缘亲情遍及社会整个角落。随着中国封建社会的进一步发展,作为中国封建专制统治理论基石的纲常观念的日益完善,逐渐影响、渗透到感恩文化中,使原本建立在主体间的双向往来上的感恩文化逐渐失衡,感恩日益沦为对等级名分的服从。

孔子最早提出了"君君、臣臣、父父、子子"[①]的名教观念,强调以等级名分教化社会,认为为政首先要"正名"。孟子承继孔子的思想,提出:君臣之间有礼义之道,故应忠;父子之间有尊卑之序,故应孝;兄弟之间乃骨肉至亲,故应悌;夫妻之间挚爱而又内外有别,故应忍;朋友之间有诚信之德,故应善,亦即"父子有亲,君臣有义,夫妇有别,长幼有序,朋友有信"。[②] 孔子和孟子的伦理规范建立在互为互动的基础上,即个体无论处于何种地位都要依正理、尽本分,所谓正人先正己,身处某种位置,就要承担相应的责任,对各自相应的道德义务的承担是维系秩序稳定、关系运转的前提。

---

① 刘兆伟译注. 论语 [M]. 北京:人民教育出版社,2015:265.
② 万丽华,蓝旭译注. 孟子 [M]. 北京:中华书局,2016:114.

到了汉代，董仲舒按照他的大道"贵阳而贱阴"的阳尊阴卑理论，对孟子的五伦观念做了进一步的发挥。在他的《春秋繁露》中提出了"三纲"原理和"五常"之道——作为维护宗法等级秩序的重要支柱，"三纲"强调封建人伦关系的尊与卑、高与低、主与从；"五常"是具体的处理人伦关系的基本准则。董仲舒认为，在人伦关系中，君臣、父子、夫妻三种关系是最主要的，存在着天定的、永恒不变的主从关系：君为主、臣为从；父为主，子为从；夫为主，妻为从，即"君为臣纲，父为子纲，夫为妻纲"。这三纲皆取于阴阳之道，君、父、夫体现了天的"阳"面，臣、子、妻体现了天的"阴"面；阳永远处于主宰、尊贵的地位，阴永远处于服从、卑贱的地位。而仁、义、礼、智、信的五常之道是"三纲"的具体化，是处理君臣、父子、夫妻、上下尊卑关系的基本法则。宋朝的朱熹则把"三纲五常"与"天理"联结在一起，认为"三纲""五常"是天理的展开，是天理体现于社会规范的当然产物。如违犯封建伦理纲常，即被视为"名教罪人"。无论是"三纲"还是"五常"，其核心是确立和维护法定的封建社会尊卑贵贱的等级序列，由此强调等级的不可逾越。至此，"三纲五常"确立了君权、父权、夫权的统治地位，把封建等级制度、政治秩序神圣化为宇宙的根本法则。

在"三纲五常"的道德框架下，建立于互为互动基础上的感恩文化开始失衡，感恩具有了严重的不平等性，强调臣忠、子孝、妇听，弱化君仁、父慈、夫义——政治领域中"君为臣纲"，君高高在上，臣俯首听命，要求的是臣子对君王的绝对服从，要做到"君叫臣死，臣不得不死"，只有如此才能称之为"忠君爱国"；家庭领域中，"父为子纲"，子女面对"身体发肤、受之父母"的大恩大德，要敬要顺，对父母绝对服从，即使父母有过错，做子女的也只能柔声以谏，不能触怒父母，按照"父子相隐，直在其中"原则，子女隐瞒父母的罪责和过失是符合天理人情的，社会规范中的是非、善恶的标准都可以不予考虑。所谓"天下无不是的父母"及至"父叫子亡，子不得不亡"，这才是孝心的真正体现；至于夫妻两性之间则"夫为妻纲"，夫是妻子的天，夫命不可违，做妻子的要三从四德、相夫教子、对丈夫从一而终，以一生的缄默牺牲回报夫恩。原本是"君为臣纲，君不正，臣投他国……父为子纲，父不慈，子奔他乡……夫为妻纲，夫不正，妻可改嫁"；而君对臣下的感恩曾经既是观念，也是制度。"有德尊以爵，有功报以禄"，周天子巡狩，对诸侯

"有功德于民者,加地进律"。① 但随着汉代君主专制加强,臣、子、妻的独立人格和权利被剥夺,施助者与受助者的关系也由依正理、尽本分的双向互动转变为三纲之下的对名分、地位、等级关系的单方面服从,以致"虽日有益,月有功,犹未足以称职而报恩"。这种不平等逐渐造就了上位者、施助者的主人地位、优势心理,下位者、受助者的奴仆地位、劣势心理。下位者、受助者作为弱势一方,将自己所有一切都看作是上位者、统治者的恩赐,时刻"感恩戴义,怀欲报之心"②;而上位者、施助者则将受助者所做的一切视为理所当然。这样,中国的感恩文化逐渐由注重施受者双方的恩情互动演变成了无条件地服从于等级关系、名分地位,成为受恩者单方面的绝对义务。

在"三纲五常"与等级名分的教化下,中国的传统感恩文化立足于关系下的服从,报恩意识明显强于施恩意识,重感恩轻施恩也就不难理解。本来应该是恩情越大回报才越多,但伴随儒家伦理文化的纲常化、政治化,感恩日益成为下位者的绝对义务,以致牺牲生命也在所不惜。所以为报父母的养育之恩,会有"郭巨埋儿""丁香割肉";为报君恩,臣下可以"鞠躬尽瘁,死而后已"……正所谓"尊者以理责卑,长者以理责幼,贵者以理责贱,虽失,谓之顺;卑者、幼者、贱者以理争之,虽得,谓之逆"。由此,感恩日益沦为统治的手段而受到统治阶级的大力倡导。中国传统感恩文化的施、受者的不平等性,是封建等级制度的产物,也是血缘关系为纽带的宗法政治的产物。而无论是父母说一不二的孝道,还是用绝对的忠诚来"谢主隆恩",都意味着某种程度上的封建禁锢和道德枷锁。感恩逐渐成为禁锢人们言行的桎梏,奴化人民的工具。直至今日,虽然封建等级制度已经终结,但传统感恩文化中单向义务强化的不平等性等消极影响并未彻底根除。

概而言之,西方的感恩文化传统中,受上帝面前人人平等这一虚幻宗教义理影响,世俗社会的施助者与受助者源自对神的敬畏与感恩,表现出对神所创造的世界感恩,进而每个人也都成为感激的对象,因而一定程度上表现出地位与人格上的平等,客观上有助于形成一种关爱他人、乐于奉献的氛围。中国的传统感恩文化受儒家纲常伦理的影响,施助者与受助者在地位、名分上并不对

---

① 俞仁良译注. 礼记通译 [M]. 上海:上海辞书出版社,2010:101.
② 陈寿. 三国志(第五册)[M]. 北京:中华书局,1982:1335.

等，后者对前者多有人身依附、义务约束之感。及至步入近现代社会后，受现代启蒙思想影响，人们逐渐认识到传统感恩文化存在不平等等消极问题，遂将其视为一种封建糟粕，致使现在一些人遇到谈感恩即产生反感心理，认为感恩是一种底层人士、弱势群体对上层权势和强者集团的被迫的仪式性表达。（上一章关于中国当代感恩问题的相关现象和调研分析，也可谓是一种从实践层面对此进行的比较直观的佐证）

第二节　中西方感恩文化的内在逻辑比较

由于文化背景、文化传统的差异性，中西方感恩文化有着外在与内在的异同。认识中西方感恩文化的内在机理，有助于进一步客观辨识中国传统感恩文化的主要特征和内在逻辑，为建构当下中国感恩文化提供路径启发。

一、感恩对象

从感恩对象看，在西方的感恩传统中，基督教强调神是感恩的最终指向，在人与神的关系中，感恩以上帝之名而脱尘出俗，在追求来世的解脱中彰显感恩的虔诚与神圣，感恩对象具有群体性的特征；中国的感恩对象则相对较为明确，在人与人之的关系中，施与恩惠的人是受助者感恩的对象，感恩具有实践理性、现实关切的人文特点。

西方的感恩文化以感恩上帝为根基，感恩具有群体性、开放性的特征。因为上帝是所有恩惠的赠送者，所以成为教徒感恩的终极对象。而人对上帝的感恩，是通过爱得以体现的。因为上帝对人的创造与救赎，都是出于他的爱，为此，他也要求人类有爱心，即人从神那里得着爱领受他的恩惠，同时也要传递他的爱。也就是说，感恩上帝，不但要爱上帝所创造的世界，还要做到爱人如己，包括爱敌人。由此，爱神与爱他人是统一的。

正是缘于对上帝的这个终极对象的感恩，在西方的文化传统中，施助者与受助者彼此感谢。施助者要感谢受助者，因为受助者通过允许自己通过帮助向他表达爱而获得了向上帝表达感恩的机会，由此心灵得到慰藉，境界得以升华；而受助者既要感谢施助者，更要感谢上帝，归根结底一切的因缘际会都来自仁慈的上帝的安排。总之，西方的感恩对象带有明显的群体性、不确定性的特征，虽然从某人身上获得的帮助必须要心怀感恩，但更要面对其他需要帮助的人。当有他人需要帮助时，人们会把感恩意识和报恩情怀结合起来，向他人伸出援助之手。因此，西方的感恩不限于受助者对施助者的答谢，既可以是家人、朋友，也可以是陌生人甚至敌人。每个人既是施助者又是感恩的对象；受助者既回报了施助者又通过回报施助者，或通过施助于其他人最终回报上帝。由此，西方感恩是包括受助者的施恩的，受助者的施恩成为感恩的应有之义。感恩在一定程度上体现为一种以上帝为中心的集体主义精神，这意味着上帝面前的每个人都是上帝的恩惠者，大家怀揣对上帝的感恩之心互帮互助，彼此之间既是受助者也是施助者，互相感谢，互相感恩。在全社会形成了一种关爱他人，乐于奉献的氛围，这是对上帝感恩的延伸、扩大，也是一种人生境界的净化与升华。这种感恩理念，有利于平衡个人主义的影响，使人们在追求物质利益的同时，心目中也形成了以神为核心的集体主义的情感，每个人既对神所创造的世界表示感恩，每个人也都是被感激的对象。这样的认识与价值取向，不仅协调了社会中的矛盾，也增加了人际情感的融洽度。这种弥漫在西方国家人群中的感恩对整个社会的人际协调和融洽起到了至关重要的作用。

中国传统感恩文化具有实践理性的特点，讲求报功与崇德。"有功德于民"这是感恩的先决条件，所以古往今来，那些为华夏文明进步做出贡献的历史人物中国人都要用隆重的仪式加以纪念，以缅怀其恩德，表示尊崇和礼敬。继而在感恩前贤中，教化后人，倡导效法前贤"贵德"的言行活动，逐渐提升自己，在"人能弘道"的现实表现中建功立业，实现人生理想，造福社会。中国的感恩文化注重引导规范世人尊崇先贤，继往开来，发扬光大，理性地认识改造世界。这种感恩具有实践理性的特点，体现在百姓生活的日常需求中，倾向于对现世人生的关注。

就个体感恩层面，感恩于施助者，遵循直报原则。中国的感恩对象总是特定而明确的，如何施则如何报，谁有恩于我、帮助过我，我即向谁感恩。这种感恩是朴素的、直接的，体现在百姓生活的日常需求中，倾向于对现世人生的理性关注，氤氲着功利性、世俗性、人情味的人间烟火气息。《礼记》载，子曰："以德报怨，则民有所劝；以怨报怨，则民有所惩。《诗》曰：'无言不雠，无德不报。'《太甲》曰：'民非后，无能胥以宁；后非民，无以辟四方。'"又曰"以德报怨，则宽身之仁也；以怨报德，则刑戮之民也。"① 孔子认为即使朴素的直报原则也均有其相应的社会效果。以怨报怨有惩戒施怨者的作用，是典型的、朴素的直报原则的实施；以德报怨则是"爱身以息怨"，具有教化他人的功效。受直报原则的影响，在无法回报施助者的情况下，受助者会把报恩目标转移到施助者的家人或其家族成员上，以完成对施助者的报恩。《史记》载："晋景公十七年，病，卜大业之不遂者为祟。韩厥称赵成季之功，今后无祀，以感景公。景公问曰：'尚有世乎？'厥于是言赵武，而复与故赵氏田邑，续赵氏祀。"② 这则著名的"程婴救孤"故事，讲的是晋卿赵盾一家遭灭门之灾，家客程婴抱赵氏遗孤匿养山中。后景公听韩厥言，立赵氏后，使其终报其仇。有评论曰："故人安可以无恩夫？夫有恩于此故复于彼。非程婴，则赵孤不全；非韩厥，则赵后不复。韩厥可谓不忘恩矣！"③《新唐书·李晟传》载："岚州刺史谭元澄常有德于晟，后贬死。晟既贵，直其枉，诏赠元澄宁州刺史，晟抚其二子，为成就之"。④ 唐代人李晟，其家世代凭武艺做官，李晟本人性格刚毅，有才干，擅长骑马射箭，屡立战功，官至将相，且为人通达礼义，坚守信义。岚州刺史谭元澄曾对李晟有恩，后谭元澄蒙冤被贬流放而死。李晟显贵后，不仅为其申冤，朝廷下诏追赠谭元澄为宁州刺史，李晟还抚养了他的两个儿子，使他们成才做官、成就功名。而程婴、韩厥舍生忘死保护赵盾的遗孤，从初衷来说还是回报赵盾的恩情。李晟也是为报谭元澄的有德于己之恩，而为其洗冤情，复名声，抚其子。之所以回报的对象可以由施助者本人惠及其他人，这是由中国人的自我结构决定的。中国人的"自我"不仅是包含了个体生命价值的"小我"，它是囊括了包括亲人、族人在内的"大我"。正是中国人这种大我格局决定了中国人在受到别人的恩惠以后，在不能够对施者本人进行报恩时，就会对他的"大我"构成中的亲人或族人进行回报。通过这种回报方式，来间接回报施者的恩惠，出发点还是回报施助者。如孟子所言："故推恩足以保四海，不推恩无以保妻子。古之人所以大过人者，无他

---

① 俞仁良译注. 礼记通译 [M]. 上海：上海辞书出版社，2010：436.
② 司马迁. 史记全本（上）[M]. 沈阳：万卷出版公司，2011：227.
③ 刘向. 说苑疏证 [M]. 赵善诒疏证. 上海：华东师范大学出版社，1985：154.
④ 许嘉璐. 二十四史全译·新唐书（第三册）[M]. 北京：汉语大词典出版社，2004：3478.

焉，善推其所为而已矣。"① 一个人善于推广恩德的话足以安抚四海百姓，但不推广恩德则连妻子儿女都守护不了。古代圣人远远超过别人没有其他原因，不过是善于向人施以恩惠而已。所以，个人对他人的恩泽是可以扩展到其家属和家族的收益的。而这与中国文化中"善有善报"的传统理念也是不谋而合。

在集体感恩层面，《尚书》云："重民五教，惟食丧祭。惇信明义，崇德报功"。② 尊崇有德，报答有功，这是中国人的习俗和传统。那些为社会做出贡献、对人民有功德的人会受到后人的崇拜和敬仰，在人民的感恩、缅怀中永垂不朽。《礼记·祭法》云："夫圣王之制祭祀也：法施于民则祀之，以死勤事则祀之，以劳定国则祀之，能御大菑则祀之，能捍大患则祀之……非此族也，不在祀典。"③ 古代祭礼规定，或创立伟大功绩、造福后世的，或爱民利他、牺牲自己、恩泽众人的，这样的人才能被祭祀。从古至今，上至农、弃、后土、帝喾，中至尧、舜、鲧、禹、黄帝、颛顼、契、冥，下至商、汤、文、武等诸人，"此皆有功烈于民者也"。④ 像从古延续至今的祭祀黄帝的典礼已经成为中华民族传统的公祭大典，不管人们有着何种信仰、生活在何种制度下，每次公祭时海内外的中华儿女都会聚集在黄帝陵前，共同祭拜中华民族的"人文始祖""文明之祖"轩辕黄帝。"伟矣轩辕祖，圣名耀人寰，创文醒愚民，止戈定指南。始祖奠初基，弘恩惠大千"⑤，从祭文可以看出，人们之所以祭拜黄帝，是因为人们感念他的丰功伟绩，为中华文明的发展做出了杰出贡献。

无论是个体感恩，还是集体感恩，感恩是因为受到了他者的恩惠，是对别人有恩于我之后的报答。报恩对象明确而具体，首先是施助者本人，如果不能直报于施助者则退而求之，转报其亲人或家族成员。通常是你施助于我，我报恩于你，是你我之间的感情账、人情债，功利中带着世俗的亲切，由此也形成了具有中国特点的相对封闭循环的感恩文化。但也应看到，这种施恩则报恩，有功便奖，有过即罚的直报原则虽然符合人与人之间相辅相成关系的实际情况，但也存在着黑格尔所谓"恶的循环"可能，容易陷入"冤冤相报何时了"的轮回报应。

---

① 万丽华，蓝旭译注. 孟子 [M]. 北京：中华书局，2016：16.
② 李民，王健撰. 尚书译注 [M]. 上海：上海古籍出版社，2012：170.
③④ 俞仁良译注. 礼记通译 [M]. 上海：上海辞书出版社，2010：364-365.
⑤ 刘宝才. 黄帝文化志 [M]. 西安：陕西人民出版社，2008：290.

二、反馈机制

中国传统感恩文化强调受助者的知恩图报,并且与德性相关联;西方的感恩传统并不太突出强调受助者对施助者本人的回报,在基督教看来,"施比受更有福",助人被看作是自我灵魂净化、道德升华的过程。通过行善宣传上帝的博爱是基督教徒的毕生追求,保罗说:"你们要切切地求那更大的恩赐,我现今把最妙的道指示你们……你们要追求爱。"① 因为,没有比神更伟大无私的爱,也没有谁比神更纯粹、更值得感恩,神才是每个人感恩的终极对象。

受基督教文化的影响,西方人认为上帝创造了人类、创造了人生存所需的一切。所以归根结底,上帝才是最大的施恩者,人间众生都是上帝的受恩者。人类不但要感恩上帝创造世界,更要感恩上帝愿意救赎人类,为犯罪的人类指明了救赎的路。正是因为出于对人类的爱,上帝派他的独子耶稣用无罪的生命担当了世人的罪孽,用他的血洗清人类的原罪。由此,创世与救恩,彰显了上帝之爱。因此,对于基督教徒来说,信仰就是爱。但爱不是索取,而是付出和给予。因为耶稣以自己的牺牲揭示了神的爱是给予,众人也应该像神一样把自己的生命给予出去,奉献自己,通过奉献参与神的事工。教徒的生命就是要勇于走出自我,懂得如何舍去,如何给予,这是爱的真谛。

施予也是教徒境界提升的重要途径,在基督教看来,"你的财宝在哪里,你的心也在哪里"。② 若将财宝积攒在地上,我们的心也就在地上,我们就属于地;我们必耽于世上的物欲和声色之中,过堕落的生活。倘若我们把财宝积攒在永恒的那一边,我们的心也因而随往那一边去。我们的生命也被提升,有那无限的天光照耀在我们里面,无限之神那永远不死的生命将实现,使我们在生命的喜乐中欢腾、跳跃、前行。而且,人们要默默奉献,不可故意让人看见,故作张扬,因为上帝在暗中察看,最终必然有所回报。③

由此,在施受者的关系上,西方感恩文化认为"施比受更有福"。施是给予、奉献,受是得到。

所以,从一定程度上讲,在西方的感恩传统中,施助者相对较少持有向受

---

① 摩根.哥林多书信 [M].钟越娜译.上海:上海三联书店,2011:138.
②③ 摩根.哥林多书信 [M].钟越娜译.上海:上海三联书店,2011:86-334.

助者图报的心理,也相对较少将他人的帮助看成是道德枷锁、精神束缚。带着"荣神益人"的感恩理念,基督教从自我救赎的角度让个体对他者的"无缘无故的爱"得到了令人信服的阐释。基于对神的虔诚、赎罪和进入天堂的渴望,感恩成为西方文化的核心要素,成为公民的一种习惯和自觉价值观,并造就了社会治理层面的一种较为完善的慈善理念、义工制度。

中国传统感恩文化虽然强调施助者要施恩勿念,如《礼记》讲:"太上贵德。"① 给他人施惠而不思求报,这叫有德。三皇五帝时代之所以被称颂为理想盛世,就是因为民风淳朴,"其民施而不惟报"。两相比较下,受助者的受恩莫忘、有恩必感还是更受提倡。而且感恩与否与一个人德性相关联。古人认为恩与德相通,恩体现了一个人的德惠、仁慈,作为对施助者德惠、仁慈的回应,受助者理应感恩,因为这是"以德报德""以好还好",而"以怨报德,不仁"。② 所谓"知恩必报是君子,忘恩负义是小人",有恩不报、忘恩负义、以怨报德都是极不道德的事情,为人所不齿。之所以如此强调受助者获得他人的恩惠后必须感恩,大致源于以下几点:

首先,在自给自足的自然经济占主导的中国古代社会,"鸡犬之声相闻,民至老死不相往来"。③ 与此相适应,人们形成的是"富以能施为德,贫以无求为德"的文化理念。④ 一个人富有时,乐善好施是美德;而一个人穷困潦倒时,无求于人是美德。所以,不到万不得已不向别人开口、不请求别人帮忙,不随便接受别人的恩惠,这被看成是中国人特有的骄傲和骨气。而一旦别人帮助了自己,接受了别人的帮助,必须尽可能的回报,否则就是低人一等、矮人一头。

其次,在儒家伦理的规范下,人们彬彬有礼,循礼而行,强调的是主体间的礼尚往来。关于礼,《礼记·礼器》云:"礼也者,反本修古,不忘其初者也。"⑤《礼记·乐记》载:"礼也者,报也"。⑥ 反本修古,饮水思源,报本反始,既是礼仪的基本要求,也是以"报"为核心的感恩文化的表现。所谓

---

① 俞仁良译注. 礼记通译 [M]. 上海:上海辞书出版社,2010:2.
② 罗家湘注译. 国语 [M]. 郑州:中州古籍出版社,2010:47.
③ 郑伯森. 老子释义 [M]. 上海:上海辞书出版社,2012:265.
④ 吕坤. 呻吟语 [M]. 南京:江苏古籍出版社,2002:183.
⑤ 俞仁良译注. 礼记通译 [M]. 上海:上海辞书出版社,2010:189.
⑥ 俞仁良译注. 礼记通译 [M]. 上海:上海辞书出版社,2010:303.

"往而不来，非礼也；来而不往，亦非礼也。"① "施"是给予，"报"是回馈，有施有报，就是"礼"；反之就是"非礼"。礼节上注重有来有往，礼尚往来，用对方对待自己的态度和方式去回应对方，这是我们这个礼仪之邦的传统，是形成良性循环、保持交往延续的重要准则。《诗经·大雅·抑》讲："投我以桃，报之以李"。陶行知先生说："最好的教育是有来有往"。中国人讲求的是受人礼应该还人礼，欠人情就要补人情。由此，中国的感恩文化，形而上地讲，恩与德性相联系；形而下地看，恩与人情、面子、关系更紧密，更看重互惠。今日你帮了我，就是给我面子，我也就欠了你的人情，所以受恩一定程度上即意味着欠债，人们的心理平衡被打破，为了恢复心理平衡，消除不舒服，受恩者必然要设法回报，以完成"还债"。这种思想并非只有中国才有。在日语中，"恩"意即承受的负担、债务或者重负之意。② 康德也将受恩称为"荣誉之债"，既然"恩"是债务，那就必须偿还，这是人之义务。

再次，从施助者而言，尽管古训一再强调"吾有德于他，不可不忘也"③，"施恩慎勿念"，但如果受助者不对所受的恩惠进行回报，施助者内心里会觉得自己的付出没有得到肯定，自身的价值没有得到应有的尊重，这种失落会使施助者倾向于告诫自己以后不要再做类似的傻事，不要再去帮助处于类似情况的人，其结果也会殃及那些真正需要得到帮助的人。为了避免"求无所求"之类事情的发生，受助者也应有所回应，使施助者得到价值认肯。

最后，在传统农耕社会，在一个地方生活的人们基本都是乡里乡亲，按血缘关系聚族而居，"在这样的社会生活里，土地的不能移动与人们对土地的依赖使一个家庭祖祖辈辈都生活在一个地方，并由此而衍生出家族、宗族和村落。如果不是发生比如战争、洪水或饥荒等重大的天灾人祸，中国人发生社会流动的可能性很小。这意味着，一个个体一生所交往的人是相对固定的——开始是家中成员，结婚后会随之扩张一批人，再固定下来，邻里也是固定的，因为宅地和田地是固定的。一个人一生中的几个重要的礼仪以及这个礼仪会有哪些人参加也是固定的"。④ 由此，天然的血脉与地域联系在一起构建了一张强

---

① 俞仁良译注. 礼记通译[M]. 上海：上海辞书出版社，2010：2.
② 鲁思·本尼迪克特. 菊与刀[M]. 南星越译. 海口：南海出版公司，2007：139.
③ 刘向. 战国策（下）[M]. 上海：上海古籍出版社，1985：912.
④ 翟学伟. 报的运作方位[J]. 社会学研究，2007（1）：91.

化感恩的天罗地网。如果一个人接受了别人的恩惠而不去回报的话，很快便会路人皆知，会被周围熟悉的人们认为"没有感恩之心"而受到舆论谴责，影响个体的声誉和人际关系及至关切到自身的立足和发展。为了追求内心的安稳，巩固个体的人脉，在面对未来不可预知的风险时能得到更多的帮助，在乡土中国的熟人社会中，无论自愿还是被迫，人们都不得不感恩。

总之，中国人首倡家庭关系，从家庭中汲取秩序，然后带着治家的眼光关注社会。所见的也主要是此一人与彼一人的相互关系，比如朋友如兄弟，百姓为子民，以伦理关系组织社会，一定程度上忽略了个人对社会的责任与义务。视君若父，待友如兄，归根结底注重的还是私人、私德，而相对缺少个人之于国家、社会、共同体的公德意识。由此，相对而言，中国人的感恩往往局限于一个狭窄的人际圈之中，由里向外（家人到外人）、由近及远（熟人到陌生人）而逐渐减弱。

第三节　中西方感恩文化比较的启示

在东西方文明中，感恩受到了普遍地推崇与提倡。但感恩深受文化影响，具有历史性、情境性，所以中西方感恩各有其不同的特点与表征。本章节在中西方感恩文化的比较中，梳理辨析其异同表征及其内在机理，有助于提供一种认识中国传统感恩文化和建构当代中国感恩文化的补充性视角。

首先，从价值取向上来看，与西方基于基督教的神学感恩观相比，中国传统感恩文化属人学感恩观，有明显的实践理性的特点。

基督教强调神是唯一感恩的对象，作为一神信仰，神永远高高在上、不可企及，人在神的光辉下唯一能做、可做的就是虔诚地信仰神。而在天人合一的儒家理念下，中国的感恩强调的是人性的觉悟，人们顶礼膜拜、虔诚祭祀的是人不是神，是"有功烈于民者"。① 这种感恩观虽不排除功利因素，但是更强调人的德行修养，大体上可以归属为一种理性的现实实践活动，属于道不远人

---

① 俞仁良译注. 礼记通译 [M]. 上海：上海辞书出版社，2010：365.

的"敬道"。如果说基督教的感恩引导人们虔诚地皈依上帝,感恩成为人们从尘世提升到更高境界的中介,成为人们死后奔向天堂的桥梁,体现了对人的彼岸世界的终极关怀的话,中国的感恩文化则在世俗中体现着人的实践理性自觉,通过对人类楷模的礼敬,强调在传承与引导、规范与仿效中继往开来、自我提升,在"人能弘道"的现实表现中建功立业,实现人生理想,改造社会,体现的是对当下、现实社会的关注。

其次,与西方感恩文化发端并深受宗教文化之规约不同,中国感恩文化有其独特的文化逻辑。

所谓"百善孝为先",一个人只有在家里感恩孝顺父母,才能尊敬师长,认真诚信,广施爱心,由此为基点,才能推而广之做到忠君报国。这种"以孝为本"的家庭关系模式投射到国家层面形成的家国格局在维护中国社会稳定和发展、民族性格和文化心理的累积与定型等方面,发挥着不可替代的重要作用。在现代社会,家庭作为社会构成的基本单元与细胞肌体没有改变,"家庭伦理依然是个人道德与社会伦理的纽带"①,感恩父母仍然是培养道德意识的重要起点。当代中国感恩文化的构建应从现代社会治理以及现实生活的实际出发,以倡孝回报亲恩为起点,以感恩教育为基础,以感恩约束机制为保障,通过不断唤醒个体的善良内心、激发人们的亲社会行为,努力培育和强化个体的生命意识、家国情怀和责任担当、奉献精神,方能达致感恩文化建设的理想图景。

再次,感恩品质的培养需要良善道德的内在自觉,也需要外在制约的有力支撑。

西方社会的感恩文化传统之所以至今都深入人心、具有广泛的影响力,与宗教信仰的外在约束、强化机制密不可分。虽然这是一种由外部力量导致感恩行为的履行和发生,但因为宗教传统、宗教氛围、宗教力量的源远流长和多方约束,有利于培养个人的感恩意识,树立感恩信仰。相较于宗教感化和约束而言,中国传统感恩文化的形成,更多地源于一种自我道德期许的内在要求,其道德约束力相较于宗教而言,显然具有泛化、虚化的特点,以至于难以形成较

---

① 黄明珠.家庭伦理是个人道德与社会伦理的纽带[C].张立文主编."孔子与当代"国际学术会议论文集,保定:河北大学出版社,2005:228.

为广泛、持久的行为约束效果。特别是随着中国现代化和城市化进程的加快，越来越多的个体作为社会人而存在，并在自由流动中突破了亲人、同乡、师友的局限而进入广泛的"陌生人"社会里，这也导致中国传统感恩约束所赖以生存的乡土文化土壤基本不复存在，致使感恩德性的传统外在约束力渐趋瓦解。当感恩不恃外力，其尺度只是依据个人的内心、立足的只是德性时，这就要求人们有很高的道德修养和自律能力。从某种意义上说，这也是现代中国感恩文化遭到破坏、难以维系的重要原因之一。这也启示我们，建设当下中国感恩文化，应在继承和发扬传统的基础上，辅之以有形有力的外在感恩行为约束机制。

最后，对待传统感恩文化应"有鉴别地对待、有扬弃地继承"。

通过中西比较同样可以进一步认识到，传统感恩文化在形成和发展过程中"受到当时人们的认识水平、时代条件、社会制度的局限性的制约和影响"而"不可避免地存在陈旧过时或已成为糟粕的东西"[1]，裹挟着诸如等级观念、重私德轻公德等消极要素，对此，我们要秉持客观、科学、礼敬的态度，"结合新的实践和时代要求进行正确取舍"，取其精华、去其糟粕，做到扬弃继承、创新发展。继承不是原封不动的承袭传统，而是要有所甄别、有所筛选；发展是推陈出新，革故鼎新，在尊重传统、吸收借鉴其他文化的优秀内容的基础上，推出体现时代精神、实践特色的新文化，使之更好地服务于当代感恩文化建设，共同服务于文化人的时代任务。

---

[1] 习近平. 在纪念孔子诞辰 2565 周年国际学术研讨会暨国际儒学联合会第五届会员大会开幕会上的讲话 [N]. 人民日报，2014-09-25.

第六章　当代中国感恩文化建设的基本思路

"感恩作为人类社会基本的人文精神，不仅是个人不可磨灭的良知，也是人类社会共同的道德要求"①，应该予以积极肯定和大力建设。当代中国感恩文化的建构应从现代社会治理与现实生活的实际出发，努力培养和强化个人的感恩意识、感恩情感和感恩行为，通过不断唤醒个体的内心良善、激发人们的亲社会行为，进而推动社会道德建设和社会主义核心价值观的弘扬，为实现中华民族伟大复兴的中国梦更好地凝聚精神动力、筑牢精神支柱、建好精神家园。

第一节　以建构当代感恩文化观为主要目标

当代中国社会发生了翻天覆地的变化，当代新型感恩文化不能仅停留在君惠臣忠、父慈子孝、夫义妇顺、朋友有信等传统层面，而应与时俱进、体现时代要求，大力弘扬利于促进社会和谐、鼓励人们向上向善的思想内容，积极培育基于平等、自由、文明法治基础之上的，以生命意识、家国情怀、责任担当和奉献精神等为主要内涵的当代感恩文化观。

一、当代感恩文化观的应然特征

（一）当代感恩文化应是基于平等基础上的感恩

作为人际关系相处的准则之一，平等体现了在态度上如何对待他人。人和

---

① 冯开甫，刘利才. 伦理视角下的感恩行为分析 [J]. 伦理学研究，2014 (5)：1.

人之间的平等，不是一般意义上的物质上的"相等"或"平均"，更是人格上的尊重，精神上的理解，像看待自己一样对待他人，把他人放到和自己同样重要的位置。建立在自立、平等主体精神基础上的感恩正应是当代感恩文化所大力倡导的，是基于双方地位平等的、发自内心真诚的感激。如前述分析，中国传统感恩文化主要是建立在等级名分与社会地位差别的基础之上，施助者与受助者之间具有很大的不平等性。在政治关系中，君为臣纲，"君叫臣死，臣不得不死"，臣民对君主绝对服从，即使是被革职或杀头，也要拜谢君王的恩赐。在家庭关系中，父尊子卑、父为子纲，为报答父母的生养之恩，子女近似于成为父母的私有财产而被否定了个人价值。在夫妻关系中，因夫为妻纲，女性不但受到社会的歧视和限制，还遭到家庭的禁锢和压迫，甚至为报夫恩而要守贞守节乃至殉夫。所谓"人主立于生杀之位，与天共持变化之势"①，在这种伦理纲常之下，普通个体的人格甚无尊严，人的生命难有保障，更多的是在君、父、夫的一念之间。今天，这种唯命是从的感恩文化观念显然已经不适用于当代社会，与现代文明格格不入。当代感恩文化需要摒弃传统文化中所谓的尊卑有别、上下有序、贵贱有等的上位者和下位者观念，剔除传统文化中愚忠愚孝愚节愚义等消极思想的影响。通过平等的社会机制和价值引导，既保障公民个人享有平等的权利，也保障每个人基于社会贡献所要得到的权利、利益和尊重。基于平等理念的新型感恩文化要特别注意施助者的意图和受助者的地位、尊严问题。施助者不必高高在上，受助者也不必俯首帖耳。"真正的感恩，指的是一个人对自己与他人和社会关系的正确认识，不是丧失了自信、自立的主体精神上的感恩，不是丧家犬似的跪在地上作俯首帖耳状的感恩。真正的感恩应该是基于对方地位平等的、发自内心的真诚的感激，是本性的自然流露，而不是出自于某种目的的迸发"。②

（二）当代感恩文化应是基于自由基础上的感恩

作为社会主义核心价值观所倡导的理念之一，社会主义条件下的自由，是中国最广大的人民群众对包括经济、政治、文化等在内的最广泛自由权利的享有以及各项合法权益的切实保障。我们所倡导的当代感恩文化应是自觉自愿自

---

① 董仲舒撰，叶平注译. 春秋繁露 [M]. 郑州：中州古籍出版社，2010：144.
② 戴智明，戴利民. 关于新时期加强对青少年实施感恩教育的理性思考 [J]. 和田师范专科学校学报，2006（3）：41.

由的选择，不是还债式的等价交换，也不能把感恩意识扩大化。

　　首先，施助者不能因为曾经帮助或救助过受助者而高高在上，自以为是，既不能以恩惠强制对方感恩，也不能以报恩之名企图影响甚至控制受助者的思想和行为。作为受助者，当葆有自由独立之人格，适度的感恩意识。当然，作为一种积极健康的自由独立之人格，其在感恩关系中的首要表现，就是应当有感恩之心、知恩图报之意，有正确的回报心态。这发乎于人类应有品质的自知、自觉、自愿。其次，从表达方式上看，感恩既可以是行为的体现，也可以是精神境界的净化与提升，相较之下，感恩行为是精神感恩的一种外在表现，精神感恩是感恩行为的前提。同时，报恩不是还债，不能简单地等同于纯粹的物质的、利益的交换，更要注重心灵的交流、境界的提升。因为有些恩情是我们无法回报的，唯有用心灵去感动、去铭记，才能真正对得起给予恩惠的人。当然，基于自由原则，个体可以根据自身条件做出采取何种感恩方式的选择，不必拘泥于某种形式或形态。同时，受助者既要回报恩情，又要坚持保持自我，不曲意逢迎、不走极端，不必因别人有恩于己而自觉低人一等、自惭形秽，产生沉重的心理压力和负担。我们需要对帮助过的人进行感恩，但是感恩意识要适度，不必过度感恩。同样，对于施助者，在帮助他人时虽要尽心尽力，但也提倡量力而为。总之，无论对于施助者还是受助者，本着生命同等可贵的理念，施恩报恩都应即"心向往之"又量力而行。只有在互敬、互爱、互信、互勉、互利、互让的关系中，感恩才能发挥其应有的效应。

（三）当代感恩文化应是基于文明法治基础上的感恩

　　现代社会是法治社会，任何人的任何行为必须在法律规定的范围内进行，任何违反法律的行为，都要依法受到惩罚。感恩也必须在法制的前提下进行，以符合现代文明的方式加以呈现。

　　中国传统感恩文化中，由于施助者在上位，感恩也和等级、权力相结合，因而报恩文化比施恩文化更强大、更流行。施助一方利用权力、物质、名利等恩惠去控制、影响受助者，受助者为了报恩也是肝脑涂地、在所不辞，甚至无所不用其极，有意无意间也酿成了不少"以礼杀人"的人间悲剧。如"埋儿奉母"典故中的郭巨，对母极孝。因母亲疼爱孙子舍不得吃饭，郭巨为此深感不安，觉得养这个孩子必然影响供养母亲，于是决定活埋儿子，节省粮食以供养母亲。在郭巨看来，儿子是可以再有的，死不足惜，但母亲只有一个，死了不能复活。郭巨对母亲的孝心固然可感,可是那玩着"摇咕咚"的不知人事、孩提浪漫的郭巨儿子同样是人,同样是生命,生命于他也只有一次,却成为郭巨报恩、可以随时被牺牲掉的工具。鲁迅先生对此曾不无揶揄地说:"我已经不但自己不敢再想做孝子,并且怕我父亲去做孝子了。家境正在坏下去,常听到父母愁柴米;祖母又老了,倘使我的父亲竟学了郭巨,那么,该埋的不正是我么。"①

总体来看,中国传统感恩文化还带有浓重的私利色彩,遵循的是关系原则,对人对事有亲疏之分、内外之别,因与己之关系不同、态度不同,做事的效果也不同,既可以私恩私报,也可私恩公报。所谓"拿人的手短,吃人的嘴软""无功不受禄""受人钱财,与人消灾",恩人因为之所受恩惠,自然是在关系内的,于是小恩小还,大恩大还,甚至不惜徇私舞弊利用自己的职权,牺牲国家财产、公众的利益也要回报私恩。即使现在,这种盲目报恩,触犯法律法规的例子也不在少数。一些公职人员,对于上级领导的提拔感恩戴德,为了表示自己的忠心和升官发财,无视国家法律,以报恩为名挪用公款、贪赃枉法、损害国家的财产安全;百姓中,为了哥们义气、私人交情而参与打架斗殴、偷盗的事件也是屡屡发生。这种不分善恶、混淆是非、没有原则的恣意感恩报恩,往往成为纵恶、犯罪的端由和借口。文明与法治是当代感恩文化的前提。当代社会所提倡的感恩,应是社会文明的体现,是正义的意识和行为,感恩态度、感恩方式要正确、科学而理性。感恩不是无原则、无是非的感恩,不能私恩公报,不能因为对某些人的感谢而损害了他人、国家或社会公众的公共利益,只能在己所能及和社会法律许可的范围内施恩报恩,等等。

(四)当代感恩文化应是倡导双向互动的感恩

子曰:"己所不欲,勿施于人。"② 反过来,同样"己所欲"的也应该想到要"施于人"。在一个开放而充满了种种风险的当代社会里,每个人都可能遇到困难、困境,需要他人和社会的帮助。这意味着施助者与受助者的角色不是固定不变的,今天是帮助他人的施助者,明天就有可能是接受他人帮助的受助者;今天是接受他人帮助的受助者,明天也有可能成为帮助他人的施助者。

---

① 鲁迅. 鲁迅精选集 [M]. 北京:北京燕山出版社,2006:223.
② 刘兆伟译注. 论语 [M]. 北京:人民教育出版社,2015:372.

每一个人都希望自己在遭遇困境时能够有人伸出援助之手、助己一臂之力渡过难关，那么在别人有难时，我们也应该毫不犹豫地给予力所能及的援助。所谓"赠人玫瑰，手有余香。"施助者应秉持助人就是助己的理念，给别人带去便利的同时也就是在给自己带来方便，帮助别人取得成绩的同时也是在使自己获得提升。倘若没有帮助的对象，个体的善心如何表达，奉献之后内心的愉悦感、成就感以及自己社会价值的提升等如何体现？从这个角度说，施助者也应该感谢那些需要帮助的群体。作为受助者也应有这样的认识，对自我人生负责是个体的第一要务，他人的帮助并不是理所应当，当别人的帮助与恩惠有助于自己的人生发展时，面对这样的帮助既然选择了接受，从权利和义务对等的关系而言，我们就应该在意识和行动上有感恩表现。总之，对于施助，我们提倡助人不求回报，因为个体适当的付出与奉献是每个社会所必需的，对于受助者我们倡导的是知恩图报，适当的感恩是应该的，至少体现着对人的善良之心的尊重。从这个角度说，当代感恩文化所倡导的是一种双向互动的积极社会关系，施助者和受助者在一种互尊、互助、友善、愉悦的环境中，产生精神上和情感上的良性互动，最终促进社会的和谐与进步。

（五）当代感恩文化应是倡导权责统一的感恩

在中国现代民主法治条件下，一切权力来自人民、源自法授。在"一切权力属于人民"的宪政条件下，权力对于管理相对人来讲是宪法、法律赋予相应机关依法履行职责的手段，而对于管理相对人所归属的人民这个整体来讲则是宪法、法律规定的相应机关使用这些手段时应承担的责任。任何相应机关在行使职权时，都必须采取积极的措施和行动依法履行其相应职责，擅自放弃、不履行其法定职责或违法、不当行使其职权，要承担相应的法律责任。由此，相应机关具有人民公仆与社会管理者的双重身份，而管理对象即人民则具有管理相对人和国家主人的双重身份。相应机关行使管理之责，归根结底是为了维护广大人民的根本利益，为广大人民服务。感恩不能混淆权利、义务之间的关系。如果行为的实施者只是出于自己的职责"帮助"了别人，做了应该做的事，而被帮助者所受之"恩"原本就是自己应享的权利，在这种情况下，权利享受者没有必要对其帮助感恩戴德。一方把应该享有的权利当作是别人的恩赐，另一方则把应该履行的义务视为对别人的恩赐，这不是感恩。这种不是感恩的不正常"感恩"一旦泛滥开来，只会混淆双方的权利与义务，使个人、单位、集体、组织淡化职责意识,使员工、群众淡化主人翁意识、权利意识、自尊意识,造成各种关系的混乱错位。新时代的感恩应体现为权责分明、权责统一。

二、当代感恩文化观的基本内涵

如前所述,感恩文化之内涵既受民族传统文化影响,也具有社会发展阶段的历史性特征,亦即感恩文化之内涵具有与时俱进的特征。今天,我们所倡导的当代感恩文化,应在继承传统感恩文化精髓的基础上,努力涵纳西方感恩文化之优点长处,并与当代文化文明相适应。其基本内涵至少应包括以下几个主要方面:

(一) 尊重生命

新型感恩文化的建构要注重生命意识的培养,首先要明确让人正视生命,增强面对困难的信心和勇气,树立正确、健康、科学的生命价值观。

康德说,珍重自己的生命是一个人最基本的道德责任。生命是一切责任的始源,只有首先善待自己的生命,使自己拥有强健的体魄,才能承担自身的人生义务。一个珍爱生命的人,他会对自己的生命负责,就会自觉地履行对他人、对集体、对社会的义务。如果一个人对自己都不珍爱,自己怎样做人都稀里糊涂甚至自暴自弃,也就谈不上对其他人和对社会的热爱。教育个体要以感恩的心态珍惜热爱自己的生命、他人的生命乃至自然界万事万物,以积极、乐观的态度去对待生命,正确理解生命存在的价值和意义。生命不仅仅属于个人,作为社会的一员,我们不是简单地让自己安全平安,更重要的是明白对生命负责的重要含义。

(二) 责任意识

社会责任是构成感恩的重要基石,是感恩品质培养的核心内容。阿尔伯特·爱因斯坦在《我的世界观》一文中说道:"在我们的制度、法律和社会风尚中,凡是在道德上有价值的东西,都是来自无数个人正义感的表达。社会机构如果不以一个个活生生个人的责任感作为依靠和支撑,那么他们在道义上就是苍白无力的。因此,唤醒和支持个人道义上的责任感所做的努力,是对整个社会的重要贡献"。[1] 人生活在社会当中,他人、集体和社会是个体生存和发

---

[1] 刘守旗. 网络社会的儿童道德教育 [M]. 南京:江苏教育出版社,2003:203.

展不可或缺的必要前提。个体要生存要进步要发展,接受他人和社会的支持与帮助不可避免,而作为人之一员的施助者同样在某一时刻存在着某种互惠的需求。要使这种恩惠不成为片断式的偶发个体行为,接受恩惠的个体就有义务对他人的施助给予回应,通过爱心与恩惠的传递建立和培养良好的、可持续的社会交往关系。而社会的存在与发展也离不开个人的努力与奉献。因此,感恩就是一个人的职责和使命。将感恩之心转化为感恩之行,在某种意义上说是履行社会责任的表现。

从这个意义上讲,感恩不仅是一种应然品质,也是个体的职责和使命。这里所说的责任,是对祖国负责、对他人负责、对自己负责的统一。我们常说的感念父母生育养育之恩、感念国家培养护卫之恩、感念老师教育教导之恩、感念同学朋友及他人帮助救助之恩,本质上就是一种内生的责任意识和责任担当。没有责任感,一个人就会觉得自己做什么都无所谓,想做什么就做什么,不需要负责任,也不知道对谁负责任。具有责任感的人会有积极向上的生活态度,内心会有远大的抱负和强烈的使命感,会珍惜他人和社会对自己的给予,从而产生感恩的心态,当处于困难的时候不是一味地想着得到别人的帮助,而产生有责任靠自己的努力去解决问题和走出困境的自觉和努力。当自己有能力的时候,既有责任去帮助和报答曾经帮助过自己的人,也应去帮助需要帮助的人。就此而言,社会责任是构成当代感恩文化的重要基石,它引导个体超越功利性和自私性,使感恩成为一种发自肺腑的由内而外的利他行为。

德国文化教育学派的代表人物斯普朗格曾指出:"良心的教育、责任的教育,归根结底是远大的社会责任的教育"。① 诚然,感恩不是一种法定义务,不是国家强制规定的条条框框,但是当我们用感恩的眼光去看待和对待周围的人和事,就应该能够从中感悟到每个人的社会责任,意识到自己有责任去回报父母、回报他人、回报社会、回报祖国。因此,社会责任意识不仅是个体感恩意识的一种体现,也是当代社会感恩文化的重要内涵。

(三) 奉献精神

"施恩不图报"固然是中华民族的传统美德,但是我们今天所说的感恩不仅是指对捐助者本人"报答私恩",而且倡导勇敢地承担自己的社会责任,用

---

① 松岛钧. 现代化的教育思想(第5卷)[M]. 北京:教育科学出版社,1982:327.

实际行动向社会撒播"爱",将感恩的心转化为感恩之行。习近平总书记曾指出,"所有的人都要有感恩的心",并寄语青年"要学会感恩"。所谓"所有的人都要有感恩的心"和"学会感恩",不仅是要在全社会弘扬一种人心向善、团结互助的社会风尚,也更彰显出感恩蕴含着的回报意识、担当情怀与奉献精神。每个人都应该怀有一颗感恩的心,感恩时代、感恩国家、感恩人民,摆正个人与他人、个人与社会的关系,要对人民有感情、对生活有热情、对工作有激情,以实实在在的行为和成绩回报亲人、奉献社会、服务大众、报效祖国。

第二节 以推动优秀传统感恩文化创造性转化和创新性发展为主要内容

中国传统感恩文化是当代感恩文化建设的重要资源,当代感恩文化的构建应大力传承和弘扬中华优秀传统感恩文化。党的十八大以来,习近平总书记就传承发展中华优秀传统文化发表了一系列重要讲话。他指出,中华优秀传统文化是中华民族的精神命脉,是最深厚的文化软实力,要从弘扬优秀传统文化中寻找精气神。① 因为文化的发展是连续的,每个文化阶段都取决于上一文化阶段的历史走向——现在的文化取决于过去的文化,未来的文化取决于今天的文化,由此,传统无时无刻地流动游转于过去、现在和未来之间。今天我们的一切皆来自传统的造就,与传统文化的联系人类无法割断。国学大师张岱年先生也曾说:"探索在我们这个时代人类的进步,将会使我们对伴随千万年人类生活至今仍在发生作用的传统有着深入的认识并证明丰富传统的特性对现代生活的益处。"② 但与此同时,也应该看到,"每个时代都有每个时代的精神,每个时代都有每个时代的价值观念"③,中华优秀传统文化与当今社会还存在需要协调适应的地方。习近平总书记指出:"不忘本来才能开辟未来,善于继承才

---

① 习近平谈中华优秀传统文化:善于继承才能善于创新[EB/OL].人民网,http://cpc.people.com.cn/xuexi/n1/2017/0213/c385476-29075643.html,2017-02-13.
② 张岱年.张岱年全集(第7卷)[M].石家庄:河北人民出版社,1996:390.
③ 习近平.在北京大学师生座谈会上的讲话[N].人民日报,2014-05-05.

能更好创新"。① 弘扬包括感恩在内的中华优秀传统文化,需要坚持马克思主义的立场、观点和方法,正确处理好继承和发展的关系、处理好传统文化与当今时代的关系,实现传统感恩文化的"创造性转化、创新性发展"。② 所谓创造性转化,就是要按照时代特点和要求,对传统感恩文化中适合于调理当代社会关系和鼓励人们向上向善的内容结合时代特点赋予其现代表达形式,激发其生机与活力。所谓创新性发展,就是要按照时代的新进步新进展,对传统感恩文化内涵加以拓展、完善、升华,不断赋予新的时代内涵,增强其影响力和感召力。

一、以社会主义核心价值观为引领

感恩作为人类社会基本的人文精神,是人类社会的共同道德要求。人是社会、情感的动物,人与人之间需要合作与温情,无感恩的社会是可怕的。因而,感恩应该予以肯定和传承。近代思想转型的奠基者梁启超,尽管对传统文化给予了深刻的批判,但始终对感恩给予高度肯定,甚至认为感恩可以补西方道德的不足。他说:"夫人之生于世也,无论聪明才智如何绝特,终不能无所待于外而以自立,其能生育长成,得饮食衣服居处,有智识、才艺捍患,安居乐业,无一不受环吾身外者之赐,其直接、间接无量。极古昔之人与并世之人皆恩我者也。国家与社会深恩于无形者也,人若能以受恩必报之信条常印篆于心目中,则一切道德上之义务皆若有以鞭辟乎其后,而行之亦亲切有味。此义在今世欧美之伦理学者未尝不大声疾呼思以励末俗,而为效盖寡,报恩之意未深入人心也。"③ 梁启超对于感恩的论述可以分为三个层次,首先是对父母、先人的感恩,也就是孝,即孟子所说的人与禽兽区别的良知良能,这是我们生育长成的前提。一个人如果失去了这样基本的德行,其人格就不能成立。其次是血缘关系以外的对维系我们生存、发展具有帮助的他者、得饮食衣服居处,有智识、才艺捍患,安居乐业。这种感恩侧重于给我们利益者以回报,是功利层面的。最后是超越层面的感恩。它超越了利害计较,把感恩作为一个抽象

---

①② 习近平. 在纪念孔子诞辰 2565 周年国际学术研讨会暨国际儒学联合会第五届会员大会开幕会上的讲话 [N]. 人民日报, 2014-09-25.
③ 梁启超. 中国道德之大原 [J]. 庸言, 1912 (2): 8.

的、无条件的终极追求,感深恩于无形之中,做到这一点,则一切道德上之义务皆若"有以鞭辟乎其后,而行之亦亲切有味"①,也就是传统文化中所说与天地万物为一体的仁。梁启超从三个层次论述了感恩的重要性,但问题是感恩并不都是积极美好的,有时不仅对国家民族无益,而且还会带来巨大的祸患。汉代的"门生故吏"制度,读书人一旦投到特定的经师门下,为报"主公"的举荐赏识之恩,就要终身效忠,不能背叛;官场上的朋党也是通过所谓的施恩与报恩结成利益集团,相互勾结,为达个人或集团利益不惜公报私恩,祸国殃民。像唐代的藩镇割据、牛李党争,明朝东林派的君子党、魏忠贤的阉党等,莫不如此。感恩在历代皇帝那里也成为拉拢人心、为其效力的御民之术与统治工具。而在家庭生活中,"无许逃而待烹,申生其恭也"②的儿子坐等屠戮,也被认为是孝亲、感恩的典范。直到今天,这种现象仍然大量存在。这就告诉我们,感恩文化应因时制宜,随着时代的变化而发展。我们在传承感恩文化的过程中,结合时代要求进行重新阐释,实现传统感恩文化的现代转换,并结合时代特征赋予其新的内涵。只有积极倡导与现代社会文明进步要求相适应的新型感恩理念,极力消除各种消极思想的影响,才能更好地避免感恩实践中违背感恩精神实质、导致人性扭曲等现象的出现,避免感恩暴政与礼教吃人。而当今时代的背景下,社会主义核心价值观是新时期建构感恩文化的坚实思想基础。

任何社会都存在多种多样的价值观念和价值取向,要把全社会意志和力量凝聚起来,必须有一套与经济基础和政治制度相适应并能形成广泛社会共识的核心价值观。人类社会发展的历史表明,对于一个民族、一个国家来说,最持久、最深层的力量,就是全社会共同认可的核心价值观。③ 面对世界范围思想文化交流交融交锋形势下价值观较量的新态势,面对改革开放和发展社会主义市场经济条件下思想意识多元多样多变的新特点,积极培育和践行社会主义核心价值观,对于巩固全党全国人民团结奋斗的共同思想基础,对于促进人的全面发展、引领社会全面进步,对于集聚全面建成小康社会、实现中华民族伟大复兴中国梦的强大正能量,具有重要的现实意义和深远的历史意义。习近平总

---

① 梁启超. 中国道德之大原 [J]. 庸言,1912(2):8.
② 喻博文. 正蒙译注 [M]. 兰州:兰州大学出版社,1990:29.
③ 习近平. 在北京大学师生座谈会上的讲话 [N]. 人民日报,2014-05-05.

书记指出:"核心价值观是一个民族赖以维系的精神纽带,是一个国家共同的思想道德基础。如果没有共同的核心价值观,一个民族、一个国家就会魂无定所、行无依归。"发展起来的当代中国,更加向往美好的精神生活,更加需要强大的价值支撑,实现"两个一百年"的奋斗目标,实现中华民族伟大复兴的中国梦,必须有广泛的价值共识和共同的价值追求。这就要求我们持续加强社会主义核心价值体系和核心价值观建设,铸就自立于世界民族之林的中国精神,凝聚起实现中华民族伟大复兴的中国力量。党的十八大以来,中央高度重视培育和践行社会主义核心价值观。习近平总书记多次做出重要论述、提出明确要求。中央政治局围绕培育和弘扬社会主义核心价值观、弘扬中华传统美德进行集体学习。中共中央办公厅印发了《关于培育和践行社会主义核心价值观的意见》,要求把培育和践行社会主义核心价值观融入国民教育全过程、落实到经济发展实践和社会治理中。

社会主义核心价值观是新时期建构感恩文化的坚实思想基础。在当代中国,我们应该坚守的社会主义核心价值观,就是党的十八大报告首次提出和倡导的"富强、民主、文明、和谐,自由、平等、公正、法治,爱国、敬业、诚信、友善"。以这 24 个字为基本内容的社会主义核心价值观,与中华优秀传统文化和人类文明优秀成果相承接,是凝聚社会价值共识作出的重要论断,它从国家层面、社会层面、个体层面三个维度回答了我们要建设什么样的国家、建设什么样的社会、培育什么样的公民的重大问题。

核心价值观决定文化的性质和方向。建构当代中国感恩文化,需要正确认识和坚持社会主义核心价值观在感恩文化构建中的基础指导意义,准确领会社会主义核心价值观的丰富内涵,将其融入新型感恩文化建构的全过程。在其精神指向上,应以社会主义核心价值观做引领,积极注入民主、文明、自由、平等、法治、诚信、友善等现代理念,努力彰显其科学性、时代性、进步性。

二、扬弃继承中华传统感恩文化

中华传统文化源远流长,博大精深,是中华民族几千年文明的结晶,它根植于我们民族的血脉中,世代传承,是中华民族生生不息的根基,为民族的发展和复兴提供了精神动力与智力支撑。"必须正确理解民族文化中的优秀传统,才能具有民族自尊心、民族自信心,有了民族自尊心、自信心,才能增强民族的凝聚力"。①

我国的传统文化中有着丰富的感恩思想。中国近代思想家梁启超评价说,中国传统文化的核心就是"报恩",其他一切价值观念都由其衍发而来,"中国一切道德,无不以报恩为动机,所谓伦常,所谓名教,皆本于是……人若能以受恩必报之信条常印篆于心目中,则一切道德上之义务,皆若有以鞭辟乎其后,而行之亦亲切有味……吾国数千年以此为教,其有受恩而背忘者,势且不齿于社会而无以自存"。② 中国传统社会的各个层面如在经济生活领域、伦理道德领域、政治领域等,感恩都受到了高度的渗透和强化。感恩意识的全面渗透,一定程度上无形地消解着人与人之间的矛盾,给人际交往融入了浓浓的温情,有助于缓和人们彼此之间的矛盾,促进相互之间的互敬互爱;有助于国家统一、社会稳定和民族团结。而且儒家还将家国相连,强调忠孝一体,在保家卫国的"己—家—国"的格局定位中将"捐躯赴国难,视死忽如归"爱国情怀深入中国人的内心深处,使"天下兴亡,匹夫有责"责任意识与"匹马戍梁州"的忠勇报效的生死气概在中国的爱国主义精神中一以贯之,从未间断。同时,传统文化还视感恩为一种生活态度,视为人的一种基本修养。《战国策》说:"人之有德于我也,不可忘也;吾有德于人也,不可不忘也。"常怀感恩之心,可以使一个人保持平和心态,自觉尊重别人的劳动,设身处地地为别人着想。

然而,中国传统感恩文化积习着封建社会的烙印,不可避免地充斥着封建性的糟粕。一方面,传统感恩文化在调节人伦关系的同时,出现了感恩的至上性、强迫性,阻滞了个体的自由选择。一个人受惠于他人,不仅应该回报,而且还要小恩大报、薄恩厚报,无论怎样加倍地回报,都不会视为过分,还会受到舆论的一致赞誉与表扬。为此,个体为了感恩不计得失,不顾后果,以至于走向了礼教杀人。《管子》中有"易牙烹子飨君"的典故:"夫易牙者,以调和事公。公曰:'惟蒸婴儿未尝。'于是蒸其首子而献之公。"齐桓公的厨师易牙,因为主公说了句蒸婴儿的肉没有吃过,于是就将自己的三岁儿子蒸了献给桓公吃,桓公认为他对自己忠心耿耿,于是提拔重用了易牙。《后汉书·臧洪

---

① 麦克林. 传统与超越 [M]. 干春松,杨凤岗译. 北京:华夏出版社,2000:5.
② 文明国. 梁启超自述 (1873-1929) [M]. 北京:人民日报出版社,2011:223-224.

传》有"臧洪杀妾飨士"的典故："绍兴兵围洪，城中粮尽，洪杀其爱妾，以食兵将，兵将咸流涕，无能仰视。"臧洪是汉末群雄之一，袁绍兴兵讨伐臧洪，臧洪誓死不降，后来城中粮草吃尽，无以为继，臧洪于是杀其爱妾以食将士，成就忠烈之名。此外，"乐羊食子破中山""吴起杀妻求将"等更是层出不穷。这些不择手段，不惜以自己或他人生命为代价的愚忠愚孝的感恩演绎着殉道士般的悲壮与惨烈，走向了人道的反面，扭曲了人性。此种失去正义、失去自我的畸形感恩理念与现代精神严重不符，必须予以摒弃。另一方面，传统感恩文化在凝聚了民族力量和爱国精神同时，被封建统治阶级所利用，日益成为施行封建统治的手段和工具，孔子在回答子张问仁时也说"惠则足以使人"。[①] 君主对臣民之恩并非都是出自仁爱，更多的时候是基于一种笼络民心的治国之术。统治者表面上倡导恩是"仁慈""仁爱"，对百姓提出了"受恩图报""施恩不图报"的道德要求，而统治者自己更多奉行的是"施恩图报""受恩不报"的非道德原则。百姓日益被禁锢在纲常名教、伦理道德的桎梏之中不得自由。

在现时代的背景下，感恩依然是我们宝贵的传统文化基因。针对中国传统感恩文化的二重性，必须对其进行科学分析，有鉴别地加以对待，有扬弃地予以继承。我们倡导感恩，并不盲从于封建文化中的"天地君亲师"愚忠愚孝的感恩文化。对于传统感恩文化中符合社会发展要求的、积极向上的内容，继续保持和发扬；对于传统感恩文化中不符合社会发展要求的、落后的、腐朽的东西，必须加以抵御或克服。所以，传承这一优良传统，要承继精髓，剔除糟粕，更要求我们运用现代知识与理念提升感恩的时代性和先进性，扩展感恩文化的深广度，以实现传统文化与现代文化的对接，构建符合时代精神的新型感恩文化。在正确辨析梳理和扬弃继承传统感恩文化资源方面，应坚持三个具体取向：首先，自愿是感恩的基础，施助者要尽力而为适可而止，同样受助者也不能为了感恩而感恩，牺牲个人的自由和幸福。其次，感恩不能损害公众利益，私恩公报不可取，在法律的范围内私恩只能私报。最后，感恩须是有德之报。既要符合人之常情，也要不违背社会道德。对于那种无原则的、不计手段

---

① 朱熹. 四书章句集注 [M]. 北京：中华书局，1983：177.

的个人恩怨式报恩①，应当坚决反对。

三、科学借鉴西方优秀感恩文化

所谓"他山之石，可以攻玉"。② 当今文化的发展，必定是全球意识和民族意识的结合，彼此之间要加强相互交流、相互学习。既没必要站在民族主义的立场拒斥外来文化，视其为洪水猛兽，也没必要认为自己一切都不如人，进而崇洋媚外。当代中国感恩文化的建构，既要以本国的优秀传统感恩文化为本，同时又应须对西方感恩文化有正确的认识判断和合理吸收借鉴。因此，对新型感恩文化的建设必须正确地看待外来文化，从本国本民族实际出发，坚持以我为主、为我所用，取长补短、择善而从，既不简单拿来，也不盲目排外，在比较、对照、批判的基础上借鉴、吸收西方感恩文化中的有益成分，努力做到兼容并蓄。

西方文化中同样具有悠久的感恩文化传统。基督教教义中对爱心、善行、诚信、报恩、信仰的赞扬，对自身"罪"行的反省和惩戒以及尊重生命、倡导平等，关爱他人等都是感恩思想的丰富体现。受基督教的影响，西方传统感恩体现的是一种以上帝为中心的集体主义精神。上帝面前，每个人都是上帝的恩惠者，大家怀揣对上帝的感恩之心，互相帮助……大家彼此之间既是施恩者，也是受恩者，互相感谢，互相感恩，从而形成良性循环，在全社会形成了一种关爱他人，乐于奉献的精神氛围。西方文化中以博爱、公共理性精神为内涵的感恩文化，对于我国新型感恩文化的建构具有积极的启示和借鉴意义，我们对此要批判性地借鉴和吸收，使之成为我国新型感恩文化的有益补充和拓展。

相比较之下，中国人的感恩更多强调的是对施助者的感恩图报，体现的是一对一的对应关系，回馈的往往局限于自己的恩人，即受人恩惠，铭记于心，谁有恩于我，我必报恩于谁。如果受助者因为各种原因不能对施助者本人进行回报，也要采用各种方式对施助者的亲人或者家族成员进行回报。这种感恩文化，定格的是直接发生关系的施助者与受助者之间，具有封闭循环的特点，而

---

① 魏晓华. 中国人的报恩心理研究 [D]. 南京：南京师范大学硕士学位论文，2008：25.
② 陈晓清. 诗经 [M]. 陈淑玲译注. 广州：广州出版社，2006：148.

很少能将施恩之义、感恩之心惠及不认识的他者或者没有帮助过自己的更为广泛的人群，一定程度上缺乏普遍感恩的群体意识、社会公德心与社会责任感。

梁启超对于这一现象进行过深刻分析，并提出了私德、公德概念。他说，"人人独善其身者谓之私德，人人相善其群者谓之公德，二者皆人生所不可缺之具也"，而中国人多"私德"而少"公德"。"人人独善其身"，也就是说，能够爱自己、爱家人、爱朋友，乐观进取、慎独自律。按照儒家所推崇的"推己及人，将心比心""爱民如子，侍君如父"的道德思维方式，私德也是公德。《江苏》杂志在1904年第7期发表一篇《家庭革命说》指出："中国二千年来，家庭之制度太发达，条理太繁密，父子、兄弟、夫妇之间爱情太笃挚，家法族制、丧礼祀曲、明鬼教孝之说太发明；以故使民家之外无事业，家之外无思虑，家之外无交际，家之外无社会，家之外无日月，家之外无天地。"① 林语堂先生在其《吾国与吾民》一书中也曾犀利地指出："中华民族是一个由个人主义者所组成的民族。他们只关心自己的家庭而不关心社会，而这种家庭意识又不过是较大范围内的自私自利。很奇怪，'社会'一词所代表的观念在中国人的思想中并不存在。""家庭与朋友一起组成了一座有围墙的城堡。城内是最大限度的共产主义大协作，相互帮助；对城外的世界则采取一种冷漠无情，一致对抗的态度。结果正如人们所见到的那样，家庭成了有围墙的城堡，城墙之外的任何东西都可以是合法的掠夺物。"所以，归根结底，公德在中国传统社会是很少被提到的。

但现实的情况是，随着现代社会的发展进步，人们不断走出家庭与私人的小圈子，去更多地参与更广泛的公共生活，一种更为普惠的感恩观念、感恩文化建设成为社会道德文化建设的必要和必需内容。我们需要学习借鉴国外感恩文化，使当代中国的感恩不局限于亲朋好友和对自己有恩的人和事，不局限于施助者与受助者之间的施恩与报恩的关系，而是更具有公共关怀精神，在广泛的人际交往中传递尊重、关心、爱、责任、帮助等感恩内涵。也只有倡导了这种具有公共精神的感恩，才能更好地使整个社会充满友善，形成平等互爱、互尊互助、开放宽容、诚实守信、公平互惠、团结协作的社会氛围。因此，感恩不应局限于施助者与受助者之间的施恩与报恩的关系，它更应体现为个体对周

---

① 王玉德. 论孝文化与感恩文化的传承创新 [J]. 船山学刊，2015 (1).

遭的关怀与帮助,要积极培养现代人的博爱精神,引导人们以爱己之心爱人,创建良好的社会公德心。

像"感动中国人物"的徐本禹,最初是他因收到了同寝室同学母亲送的御寒夹衣而心存感激,发誓今后自己也一定要力所能及的帮助他人。为了实现承诺,他毅然放弃了在母校读研的机会,到贵州省贫困山区支教,用行动将在学校受助的恩情回馈给了贵州贫困的山区人民。还有全国"五一"奖章、第三届全国道德模范获得者郭明义,爱岗敬业、助人为乐,在平凡的岗位上做出了不平凡的业绩。在长期参与社会公益事业过程中,郭明义感到面对那么多需要帮助的人,一个人的力量是有限的,为了帮助更多的人,在组织的认可和帮助下,"郭明义爱心团队"正式成立。多年来,在郭明义同志的感召、激励和引领下,全国各地已有17个省(市、自治区)成立了郭明义爱心团队的大队、分队170余支,注册志愿者达到6万多名,参加活动的志愿者遍布全国。至今,郭明义爱心团队累计捐款200多万元,在新疆、重庆援建希望小学各1所,资助困难学生2900多名,无偿献血130多万毫升,捐献造血干细胞血液样本5000多例,其中1人成功完成了捐献。800多人成为遗体(器官)捐献志愿者。在2014年学雷锋日到来之际,国家主席习近平给"郭明义爱心团队"回信,勉励他们以实际行动书写新时代的雷锋故事。所谓大爱无疆,当他人需要帮助时,大家尽可能伸出一双友爱之手,社会必将变得更加美好。这些都是当代感恩观的重要体现,应为我们这个时代所大力倡导。因此,我们应在传承发展传统感恩文化的基础上,积极吸收借鉴西方感恩文化中的有益养分,积极培养现代人的博爱精神,引导人们以爱己之心爱人,创建良好的社会公德心。

第三节 以家庭、学校、社会感恩建设为主要路径

感恩并非与生俱来,需要教育的点拨和引导。当代中国感恩文化建设,应以家庭、学校和社会感恩教育为着力点,通过不断唤醒个体的善良内心、激发人们的亲社会行为,从而推动建设一个文明和谐、健康有序的精神家园。

一、家庭层面：倡孝回报亲恩

中国是一个有着厚重孝文化的国度，孝不但是儒家文化的基石，也是中国传统文化的根蒂，被尊崇为道德之基、人伦之始、众德之本。"夫孝，德之本也，教之所由生也。"① 孝是德行的根本，王道教化皆由孝始。"天地之性，人为贵。人之行，莫大于孝。"② 天地间的千生万物中，最尊贵的是人，人的行为中没有比孝行更加重要的。孝是人之为人的根本。一个人没有孝心，其他方面也就无从谈起。所谓"仁者爱人"③，仁者是满怀爱意之人，而"仁之实，事亲是也"④，即强调仁的实质的一个直观表现就是孝敬父母，侍奉、报恩父母。换言之，一个讲求仁爱的人如果不能感恩父母、孝敬父母，就不可能是真正的仁爱之人。孔子还将孝与为政联系在一起，认为孝在维护社会秩序、忠君治国方面起着不可或缺的支撑作用，即在家是孝子，在国才能是忠臣。子曰："君子之事亲孝，故忠可移于君；事兄悌，故顺可移于长；居家理，故治可移于官。是以行成于内，而名立于后世矣。"⑤ 这毋宁是在强调，一个人有孝心行孝道，才可立身立德，才可治家理业，才可忠君理政。孟子进而直言到："尧、舜之道，孝弟而已矣。"⑥ 尧舜教化、治理天下最根本的就是在孝悌。所以孝作为中国传统文化首要的伦理规范，是"通于神明，光于四海，无所不通"⑦，成为维系我国传统家—国—天下的人伦关系及其社会活动的纽带。"故自天子至于庶人，孝无终始，而患不及者，未之有也。"⑧ 不论尊卑高下，也无论是作为孝道之始的事亲还是作为孝道之终的立身，每个人都可以从孝做起。

中国人之所以如此重孝，是因为中国人重视伦理，看重血缘亲情，在亲亲人伦的思维框架下，讲究亲疏有别，爱有差等。百善孝为先，百德孝为首，

---

① 汪受宽，金良年. 孝经·大学·中庸译注 [M]. 上海：上海古籍出版社，2012：24.
② 汪受宽，金良年. 孝经·大学·中庸译注 [M]. 上海：上海古籍出版社，2012：44.
③ 刘兆伟译注. 论语 [M]. 北京：人民教育出版社，2015：186.
④ 万丽华，蓝旭译注. 孟子 [M]. 北京：中华书局，2016：168.
⑤ 汪受宽，金良年. 孝经·大学·中庸译注 [M]. 上海：上海古籍出版社，2012：58.
⑥ 万丽华，蓝旭译注. 孟子 [M]. 北京：中华书局，2016：266.
⑦ 汪受宽，金良年. 孝经·大学·中庸译注 [M]. 上海：上海古籍出版社，2012：63.
⑧ 汪受宽，金良年. 孝经·大学·中庸译注 [M]. 上海：上海古籍出版社，2012：37.

"孝悌也者，其为仁之本与"①。对父母养育之恩的感激与回报是所有善行、美德之源，是仁道的根本与出发点。"人之所不学而能者，其良能也；所不虑而知者，其良知也。孩提之童，无不知爱其亲者，及其长也，无不敬其兄也。亲亲，仁也；敬长，义也；无他，达之天下也。"② 所谓血浓于水，孝亲因之血缘亲情是人类所爱之中最自然最亲密的。"圣人因严以教敬，因亲以教爱"③。所以，古之圣人因循着孝这一天生自然的血缘天性，教导人们对父母敬；又因为子女对父母天生的亲情，教给他们爱。孝作为一个人可以从身边最近之处做起的基本人际关系德目，意味着一个人首先懂得了如何爱敬父母，才会生发出爱人的情感。子曰"爱亲者，不敢恶于人；敬亲者，不敢慢于人"④，能够亲爱自己父母的人，才不会厌恶别人的父母，能够尊敬自己父母的人，才不会怠慢别人的父母，进而在此基础上，做到"弟子入则孝，出则悌，谨而信，泛爱众，而亲仁"⑤，做到"老吾老，以及人之老；幼吾幼，以及人之幼"⑥，最终才能"亲亲而仁民，仁民而爱物"⑦。而"不爱其亲，而爱他人者，谓之悖德。不敬其亲，而敬他人者，谓之悖礼"⑧，父母是对自己恩深最重的人，一个人不爱敬、不感恩自己的父母而去爱敬、感恩别人，在儒家看来既不真实也不正常。因为只有个体能够亲爱亲人时，才有可能推己及人地去仁爱百姓；只有当个体能够仁爱百姓时，才有可能推衍生发爱惜万物之情。从亲爱自己的亲人出发，从爱自己的父母学会爱他人，继而推向仁爱百姓，再推向爱惜万物，这形成了儒家爱的序列。

当然，爱有亲疏、情有差等，不仅体现了主观意志的本能认识，也有客观方面的因由。"其分不同，故所施不能无差等"，客观方面，这些对象本身存在差别。孟子同墨者夷之辩论时说："信以为人之亲其兄之子为若亲其邻之赤子乎？"⑨ 巫马子同墨子辩论时亦坦言："我不能兼爱。我爱邹人于越

---

① 刘兆伟译注. 论语 [M]. 北京：人民教育出版社，2015：4.
② 万丽华，蓝旭译注. 孟子 [M]. 北京：中华书局，2016：296.
③④ 汪受宽，金良年. 孝经·大学·中庸译注 [M]. 上海：上海古籍出版社，2012：44.
⑤ 刘兆伟译注. 论语 [M]. 北京：人民教育出版社，2015：7-8.
⑥ 万丽华，蓝旭译注. 孟子 [M]. 北京：中华书局，2016：16.
⑦ 万丽华，蓝旭译注. 孟子 [M]. 北京：中华书局，2016：316.
⑧ 汪受宽，金良年. 孝经·大学·中庸译注 [M]. 上海：上海古籍出版社，2012：46.
⑨ 万丽华，蓝旭译注. 孟子 [M]. 北京：中华书局，2016：120.

人,爱鲁人于邹人,爱我乡人于鲁人,爱我家人于乡人,爱我亲于我家人……以为近我也。"① 人都是父母孕育其生爱之所养,对父母亲人之爱自然不同于对路人旁人之爱,自然而然地由于生活联系疏密不同和相互感情交往经历不同,对与自己有恩养关系的人的依恋要比对没有这种关系的人要深,对家乡人的依恋比非家乡人要深,对本民族的依恋要比其他民族要深,对本国人的依恋要比外国人要深。与之相应,才会出现所谓的亲情、友情、乡情、爱国情之种种。所以爱父母亲人总要胜过爱其他一般的人。爱有差等,在儒家看来,完全正常,而所谓的一视同仁的不分远近的兼爱,与人之常情不符。当代著名历史学家汤因比指出:"儒家主张,爱应分阶段地加以分配。用同心圆作比喻,以自己为圆心,随着向外扩展,爱则逐渐减少……就儒家的教导来说,同心圆最内侧的圆和最外侧的圆相比,当然后者受到的爱越弱。"②

　　基于血缘亲情,爱有差等,人有亲疏远近,对于以伦理为重的中国人来说这是自然而然的情感流露,应当正视、尊重和肯定;由近及远、由易及难,孝由亲始,这种认识规律和教育规律符合中国的文化传统,似乎也是不言自明。人生最初的人际关系就是亲子关系,由近及远衍生出其他人际关系。生我者,父母也,人首先应孝报父母,由己之父母而知爱他人之父母,由爱亲之情推己及人。因此,仁爱之心必先产生于父母亲情之中,然后将此心逐步外化,依次施及家人、朋友以至更广的范围,进而关爱他人、集体、民族、社会、国家。这种认识和思想不仅符合中国人偏重血缘亲情的心理,而且也符合人类情感诉求与认知规律,容易为人所接受。由此,中国以伦理组织社会,认为人类真切美善的感情,发端在家庭,培养在家庭,孝亦成为中国传统文化独具特色的方面。

　　事实上,中国的孝文化广泛地传播、深深地影响了韩国、新加坡等儒家文化圈的民族与国家,韩国、新加坡都十分孝道伦理的基础性作用,以孝亲敬养为基础的感恩教育已取得了公认的成效。

　　在韩国人看来,孝敬父母是人类一种生生不息的亲情之爱,是家和万事兴的重要根基。一个人只有在家庭中尽孝,才能热爱国家和乡土。所以韩国十分

---

　　① 李贤中. 墨子[M]. 北京:中信出版集团,2015:301.
　　② 汤因比,池田大作. 展望二十一世纪:汤因比与池田大作对话录[M]. 荀春生译. 北京:国际文化出版公司,1997:427.

重视孝道,孝在韩国人的社会物质生活和精神文化生活中起着举足轻重的作用,渗透到公民生活的方方面面。尊敬长辈,孝敬父母是每个韩国人的义务和责任,绝对不能含糊。尊敬长辈,孝敬父母是每个韩国人的义务和责任;对别人说话要用敬语,开设专门的礼仪课,在特定的环境里身着传统民族服装学习如何向长辈行礼、敬茶等。每个韩国小学生胸前都佩戴"孝行牌",孝行牌上有父母像,背面印有关于孝顺父母的格言和规定,学校每天定时要求学生对照孝行牌默想自己做到没有。"初中注重培养忠孝观,独立的民族意识,系统讲授儒家伦理,三纲五常,强调忠孝和互助团结精神"。[①] 每逢传统节日之际,韩国的父母们都会穿上彩色民族传统服饰,带着孩子去问候长辈,带着孩子向长辈行大礼,送"孝道礼物",向父母的养育表达感谢。在这样的文化氛围里,韩国人从小就认为孝敬老人、赡养父母是一件光荣而神圣的事情,不孝敬父母的人会被社会唾弃,在社会上无法立足。韩国《民法》也明确规定,子女不仅要为老人提供经济援助,更要提供必要的精神关怀;社区定期举办讲座,学校等教育机构开设专门的礼仪课,教授人们孝道伦理。传统节日祭祖是韩国人尽孝的最直接体现。家家户户都要在正月初一之前赶回供奉祖先的长兄或长子、长孙家,参加正月初一清晨举行的祭祖"茶礼仪式"。先由主祭者焚香、下跪、叩头,祈求神降,再焚香行初献,接着是近亲行亚献,远亲行终献。然后再由主祭者劝祖先和诸神进酒进食。待祖先诸神"酒足饭饱"后,祭祀祖先的供品才由全家享用,然后相互拜年。韩国人拜年也相当讲究:长者往往是正襟盘膝而坐,晚辈要郑重地对长者下跪、叩头行大礼。通常情况下,韩国家祭完成后还要给先人上坟,为死去的亲人尽孝。在赡养父母的问题上,传统上由长子负责赡养,但其他子女也积极参与。随着时代的变迁,特别是城市化速度的加快,韩国出现了子女共同赡养父母的趋势,但长子依然起着"召集和组织"的特殊作用。在这样的文化氛围里,韩国人从小就认为孝敬老人、赡养父母是一件光荣而神圣的事情,不孝敬父母的人会被社会唾弃,在社会上无法立足。为了鼓励子女积极赡养老人,行孝道,韩国政府采取了一系列鼓励措施。如韩国《民法》规定子女必须随时了解父母的身体状况,若子女不能陪护老人,必须为其配备随身呼叫仪,老人需要帮助时,只需按下呼叫

---

① 吴铎,罗国振.道德教育展望[M].上海:华东师范大学出版社,2002:233.

键，老人的子女和社区医护人员就能第一时间收到信息，并采取救助。"2007年7月，韩国国会通过了《孝行奖励资助法》，韩国由此拥有了世界上首部关于奖励孝行的法案"①，这在韩国是孝文化发展的里程碑式的标志。这部法案的基本精神就是对行孝的人进行物质鼓励，如赡养父母的人可得到购房、住房优惠及可观的税收优惠政策等。在感恩国家方面，韩国人具有坚定的"身土不二"的价值观，即日常消费中以购买本国产品为主为荣，热爱国家、感恩国家、不忘本的表现就是要自觉使用本国产品，积极购买国货。韩国还设立"孝道委员会"，用来奖励杰出的孝子。

新加坡注重精神立国，孝道伦理气息也较为浓厚。在公民教育中注重培养"有关社会、生活准则、道德责任、种族和谐、忠于祖国"等共35个德育项目，注重培养孝顺、手足情深、尊敬老师、尊敬长辈、守法、责任感、公德心、爱校、爱国、协作精神以及种族和谐等"。② 1983年推出的《儒家伦理》结合新加坡社会的现实需要，对儒家思想中过时的观念和内容进行转化与创新。如把"五伦中的'父子'改为'父与子女'，把'君臣'改为'国家与人民'，把'兄弟'改为'兄弟姐妹'，并对'五伦'进行现代解释"。③ 新加坡于1994年制定了"赡养父母法案"，成为世界上少数几个将"赡养父母"立法的国家。④

中国传统孝道伦理经过千年的提倡、发展与传播，成为中华民族深层的文化心理而深入人心。它不仅是中国伦理精神的根基与首要文化精神，也是社会秩序、人际关系得以展开的实践起点。中国人的理念思维认为，对别人好、知道爱别人、感恩别人是有前提的，就是首先知道怎样对自己的父母孝，对自己的家人好，这样才能将心比心，把血缘亲情之爱由己及人、由亲及疏、由近及远向外推延。否则就成了"无源之水，无本之木"⑤，即使勉强维系也不可能长久。苏联著名教育学家苏霍姆林斯基认为，要培育爱祖国爱人民的情感，应首先从爱父母、爱身边人做起，这与中国孝道教育理念是相一致的。

---

① 韩广忠，肖群忠. 韩国孝道推广运动及其立法实践述评 [J]. 道德与文明，2009（3）：41-42.
② 冯增俊. 当代西方学校道德教育 [M]. 广州：广东教育出版社，1993：322-323.
③ 吴铎，罗国振. 道德教育展望 [M]. 上海：华东师范大学出版社，2002：233.
④ 江侠. 新加坡孝道教育特点及启示 [J]. 湖北广播电视大学学报，2008（4）：74.
⑤ 李索. 左传正宗 [M]. 北京：华夏出版社，2011：516.

感恩，要从孝敬父母做起。无论时代发生多大变化，无论生活格局发生多大变化，在中国的文化血脉中，孝报亲恩始终是感恩的情感根源，是个人感恩情感萌生的开端，是感恩建构的起点。爱他人、爱祖国、爱人民、爱社会是感恩的必然要求，但对父母的感激之情是一个人最原始的自发情感，一个人只有首先学会爱父母、爱家人，才能从最基本的对父母的感恩扩展到对万事万物发自内心的感谢和热爱。也只有从敬爱父母开始，这种感恩才具有坚实的内在基础。一定程度上讲，当代中国感恩缺失的一个重要原因就是因为孝文化遭到破坏，人们不懂得感恩父母。失去了爱父母的原生性关系的血缘情感基础的个体，又怎么可能在公共领域实施或表现自己的良善德性，表现出对他人、社会、国家的关爱与感恩呢？宋代契嵩在《孝论》中讲："圣人之善，以孝为端；为善而不先其端，无善也。"[①] 劝人为善的道德教育，应当从培养人的孝心开始。因为孝培养的是人的一种原始的、亲密的恩义情感。如果恩义、情义的处世原则培养不起来，就会形成一种以利害为取舍的处事原则，这样的人往往就会做出忘恩负义的事情来。以孝为起点，由孝敬父母、关爱家人的孝亲情结推及周围、群体、社会，这既符合中国的传统，也符合道德教育的情感演进路径。

尽管孝文化的体系中不乏愚孝愚忠、纲常绝对的糟粕，但其中养亲尊亲、持家治国的精华依然是我们现代社会发展的有益借鉴；尽管当代社会中孝道所依存的家庭结构、传统农业社会基础已不再存在，但孝道文化的社会心理基础和接纳认同仍然广泛存在。所以，倡导孝报亲恩对于推进当代中国现代化进程而言具有相当重要的伦理价值与实践功能。"教民亲爱，莫善于孝"。[②] 要弘扬传统孝道精华，结合现代化生活方式进行适当的合理化解释与定位，使孝报亲恩成为当代感恩文化的建构起点，为当代感恩文化的建构提供亲切的情感之源与坚实的动力支撑。

二、学校层面：加强感恩教育

学校必须认真贯彻党的立德树人的教育方针，全面推进素质教育，把教书

[①] 契嵩．镡津文集·辅教编下·孝论［M］．上海：上海古籍出版社，2016．
[②] 汪受宽，金良年．孝经·大学·中庸译注［M］．上海：上海古籍出版社，2012：54．

与育人紧密结合起来。感恩并非与生俱来，需要教育的点拨和引导。学校是教育的主阵地，具有教学目的明确、组织严密、系统完善、计划性强等诸多特点。作为专门的教育场所，它不仅关注教育对象知识与智力的增长，关心教育对象个体身心健康，更应注重教育个体的优秀道德品质与核心价值理念的塑造。纵观人的一生，学校教育是个人一生中所受教育的最重要组成部分，个体主要是在学校里接受科学性、计划性的教育指导，系统地学习文化知识、社会规范、道德准则和价值观念。从某种意义上讲，学校教育决定着个人社会化的水平和性质，是个体社会化的重要基地。相对于其他的教育资源和形式，在实现打造全面发展的社会人的教育职责中，学校教育首当其冲。作为教育领域中最正规和最主要的组织形式，学校要成为进行感恩教育的主阵地。

（一）建立感恩教育体系，形成感恩教育长效机制

识恩、知恩是感恩的前提，如果一个人不识恩、知恩，就不可能有感恩。通过课堂的系统讲授，挖掘感恩思想资源，明确感恩教育内容，通过多种教学形式传授给学生，有助于使个体首先从理论上认清、认同感恩，树立正确的感恩观。然而在目前学校的教学体系中，尚未建立起明确的感恩教育体系。学校和各级教育者应充分认识感恩教育的重要性，把感恩教育切实纳入学校道德建设中来，建立感恩教育体系，形成感恩教育的长效机制。

首先，应以德育类课程为依托，打造感恩教育第一课堂。

学校德育类课程是学生的必修课，是帮助学生树立正确的世界观、人生观、价值观，提高学生道德教育效能的主渠道。学校德育类课程不是一般意义上的纯粹知识技能教育，而是一种含有价值取向的品格涵养教育。把感恩教育纳入德育教学体系是必要的，也是目前实际情况中最切实可行的。要抓住德育类课程教学这一主渠道，以课程改革、教学研究为契机，明确感恩教育内容，添加感恩教育章节，提高感恩教育在德育体系中的比重，充分利用课堂教学进行正面、系统地讲授与引导，打造感恩教育的第一课堂。同时，也应善于把感恩教育融入各学科教学之中，同其他学科相融合，特别是与伦理学、心理学、社会学等跨学科紧密结合、交叉渗透，扩展感恩的深广度。

其次，分阶段有序推进感恩教育，增强感恩教育的针对性。

感恩教育要注意根据不同年龄阶段青少年学生的身心发展特征，遵循学生的成长规律，分层次、有重点、有针对性、系统地开展。一般来讲，学前阶段

是感恩教育的启蒙期,以培育学生对感恩的亲切感为重点,最好让孩子在充满感恩氛围的家庭环境中接受熏陶,在潜移默化中获得初步的情感体验;小学阶段,应以提高学生对感恩文化的感受力为重点,引导学生孝敬父母、尊敬师长、友爱同学、热爱家乡的生活习惯和行为规范;初中阶段,应以提高学生对感恩的理解力为重点,增强感恩认同,逐步提高辨别是非、善恶、美丑的能力;高中阶段,应以提高学生对感恩的理性认识和逻辑思维为重点,以提高学生报恩、施恩的意识和能力;大学阶段,应以增强学生传承弘扬感恩文化的责任感和使命感为重点,强化其感恩行为。从学校系统培养的角度而言,感恩的培养在学龄前、小学、初中、高中、大学每个阶段都不能缺失。所以,需要针对不同阶段需求的变化,实施细致科学的感恩教育,设计从低到高的各个阶段的教育目标,各个阶段之间前后相接、螺旋发展,形成系列化、一体化的教育内容,以确保感恩教育的连贯性和有效性。

(二) 以校园文化为载体,打造隐性感恩教育

隐性德育的概念最早由美国教育学家杰克逊在1968年出版的《班级生活》(*Life in Classroom*)一书中首先提出。通常是指教育者隐藏德育的主题和目的,淡化受教育者的角色意识,按预定的教育计划将德育内容渗透到教育对象所处的学习、工作、生活和环境氛围中,引导受教育者自己去感受和体会,以实现德育目标的一种教育方式。① 区别于传统的显性教育方式,隐性德育跳出了单向性、灌输性的近距离课堂教学模式,将教育的目的隐藏于平等、融洽的文化活动、教育情景和氛围中,以一种民主的、含而不露的教育方式规范、引导学生的认知和行为,调动、激发他们的学习兴趣,在潜移默化中陶冶学生的道德情感,唤起学生提高自身品质的强烈愿望。

就感恩教育而言,显性课程和隐性课程都难以独自承担感恩教育的重任,感恩教育应是显性教育和隐性教育的有机结合。一方面要发挥德育理论课作为显性感恩教育资源的基础性作用,通过课堂、讲座等形式对学生进行正面、系统的传授,将其作为加强思想政治理论课建设和全面推进素质教育的一项重要任务,采取有力的措施加以落实。但是,只注重感恩认知是远远不够的,感恩教育也是一种以情动情的情感教育,既要晓之以理,也要动之以情。培养良好

---

① 刘伟. 西方发达国家隐性德育的基本特征及其启示 [J]. 教育科学研究, 2012 (10).

的感恩情感，对加强感恩教育尤为重要。通过情感激发产生心灵共鸣，能增强学生自觉向善的内驱力、主动性，也只有在涤荡心扉、净化心灵的情感活动中，人的道德认知才能深深地渗透到意识里，形成坚定的道德信念和高尚的道德行为；只有心灵受到启迪，灵魂受到触动，感恩品质才能在生命个体灵魂深处播下种子。但是长期以来，以认知发展为主导的显性德育模式更多回应的是对社会知识和能力人才的需求，忽视了对学生情感生命的涵养，往往难以触动学生的内心世界。这种外在强加的教育，具有浓厚的强制色彩，经常导致学生"被德育"，容易产生逆反心理，厌倦、抵制情绪，影响教育效果。而隐性德育的隐蔽性、间接性、渗透性、持续性等特点恰好可以弥补传统说教型显性教育的劣势。所以，另一方面要加大隐性感恩教育资源的开发和利用，使其与显性感恩教育资源形成优势互补，通过暗示、启迪、诱导、激励等手段，以情动人，增强感恩教育的吸引力。

具体到学校的隐性感恩教育资源的开发，可以发挥校园文化的熏陶作用，营造一个处处充满感恩气息的校园氛围。校园文化是学校在自身发展过程中形成的一种独特的文化形态，在一定程度上代表了学校的精神风貌。校园文化由物质文化、精神文化等组成，它们相互作用，形成学校特有的文化气质。学生每天都在学校中生活，不可避免地会受到校园环境的熏陶。良好的校园文化环境，对学生的思想观念、价值取向等具有积极的导向作用。可在校园规划中，有目的地设置校园景观，以花草树木、人物雕像、文化长廊等物质载体，将一些尊师重教、尊老爱幼、感恩故事等名言警句、典型典故贯穿于校园文化布局之中，赋予校园中的花草树木、亭台楼阁以灵性，不仅让人赏心悦目，更让人于美景之中，感悟校园环境所传递的感恩之情，从而达到物质文化的感恩教育。精神文化的营造包括校训、学风、教风等精神价值层面的追求，在这些基本要素方面注入感恩教育的成分会给人以深刻的启迪和实实在在的感染。校风是衡量一个学校好坏的标准之一，它是全校全体师生在共同学习生活中的综合反应，直接影响学生的学习品质。积极向上的校风能促成学生养成乐于进取、刻苦勤奋的学习品质；反之会使学生变得懒惰、散漫。校训既是学校办学理念的象征，同时也是对学生在品质、品格方面的要求，既是对每一位学生的精神鼓舞和灵魂召唤，也是全校教育的导向。校歌蕴含了全体师生对母校的热爱，传递的是学生对母校栽培之恩的感激，对外可以弘扬校园文化，对内可以加强师生间的凝聚力。还可以利用主题班会、校园网站、校园广播站等渠道及时宣传和表彰校园中出现的感恩典范，邀请知名的感恩模范宣传先进感恩事迹，用真实的故事感动人，用先进的事迹教育人，与学生积极互动，帮助他们明辨是非，分清美丑和荣辱，激励大学生的感恩意识，养成良好的感恩品质。总之，校园感恩文化建设要营造出有内涵、有品位、有精神的人文环境，使全校师生在这样的文化氛围中受到感染和熏陶，提升个人的人文修养，丰富自己的精神世界，增强感恩情怀。

子曰："曰与善人居，如入芝兰之室，久而不闻其香，即与之化矣；与不善人居，如入鲍鱼之肆，久而不闻其臭，亦与之化矣。丹之所藏者赤，漆之所藏者黑，是以君子必慎其所处者焉"（《孔子家语·六本》）。人处在某种环境里，时间长了不知不觉就会被同化。为学生营造一个和谐温馨的、充满人情味儿的校园文化环境，长久地处在一个充满了感恩的环境氛围里，人总是会受到潜移默化的熏陶与感染并逐渐向这个方向发展。

（三）应创新感恩教育形式，避免形式主义误区

对学生进行感恩教育，应努力进行感恩教育方式的创新，采取多种感恩教育形式，不断提高感恩教育的实效性。近些年来，一些学校也越来越重视感恩品质的培养，开展了诸如"五个一""六个一"之类的多种教育活动，场面轰轰烈烈。不可否认，学校在感恩教育活动上的确下了不少功夫，作了诸多尝试，但客观分析，这些感恩教育活动中存在着不容忽视的问题。

首先，布置感恩作业，牵强附会，生硬造作。有的老师让学生将生鸡蛋装在口袋里，要求在一定时间里小心保护，或是让学生背上十几斤重的书包，体会妈妈怀孕时的辛苦，由此引导学生得出"母亲很辛苦，母爱很伟大"的结论。然而，母亲怀孕时的保胎负重与学生保护鸡蛋和背书包的负重有着极大的差异。这类感恩活动缺乏科学性和类比性。还有的老师为了让学生体会母爱的伟大，在课堂上给学生播放一位母亲剖腹产的DV全过程，虽然方法大胆创新，但学生激发出来感恩情怀与血淋淋的场面相比，收效甚微。

其次，迫使学生坦露隐私，伤及学生自尊。为了达到煽情效果，有的教师鼓励学生分享家庭生活故事，或为亲子冲突，或为学生和家长的缺点，或为亲人去世……这些故事虽使现场气氛达到高潮，但却忽略了当事人的心理感受。他们未必都心甘情愿将自己的隐私暴露给他人去张扬。而且一些个人隐私被公

开后，能否得到由衷的理解、同情和尊重，是值得商榷的。

最后，场面宏大，煽情、表演有作秀之嫌。2011 年，重庆江津五中开展了"感恩重阳为父母洗脚"的大型活动，操场上 300 多名学生在专业洗脚老师的指导下集体给爷爷奶奶、爸爸妈妈洗脚；2012 年，在广州新塘，数百名学生及家长举办了"携手同心，铸就未来"的特殊母亲节感恩活动，上百名孩子给家长集体喂饭以表达做儿女的感激之情；2013 年，武汉新洲区城关高中 100 多名学生跪着给蒙上眼睛的父母集体喂饭，以体会父母养育之恩；2017 年 5 月，山西朔州实验小学邀请某培训专家进行了"学会感恩，励志前行"主题报告会，参加活动的有近 4000 名学生，180 多个老师，场面颇为壮观。在演讲过程中，培训专家用激昂的语调教育孩子要学会忍受母亲发脾气，因为只有如此才能称得上是一个懂得感恩母亲的人。他说："在全世界只有一个国家的母亲是最伟大的，就是我们中国孩子的母亲……情绪如果不发泄出来，我们的妈妈就会得精神病……母亲的情绪如果发泄到老公身上，老公不吃这一套；如果发泄到爷爷奶奶身上，爷爷奶奶说她不孝；如果发泄到领导身上，领导说她找死，所以只能发泄到儿女身上……"台上男子带着哭腔拼命煽情，台下一群孩子哭成了泪人。尽管该校校长一再表示，此举是为了帮助学生学会感恩，但还是有不少人提出了营销式洗脑的质疑。

当然，这种种表现方式究竟是极具新意、令人感动还是虚情假意、有表演作秀之嫌，不能一概而论。但是，学生是不是发自内心自愿进行这些感恩活动，活动过程中又激发了多少真挚深沉的情感认同，活动完成后是否获得了恒久的感恩认知，可能都会被打上大大的问号。感恩教育固然确实需要某种形式的表达，但是如果我们简单地把感恩教育变成一种活动甚至是一种运动时，感恩教育就容易陷入形式主义的泥潭。比如给父母做一次饭，磕一个头，天冷发一则加衣短信，回家做一天家务，一年写一封问候家书，对父母说一些感恩的话，与父母拍一张合影、看望一下恩师、算一笔"感恩账"等，从幼儿园到小学、初中、高中乃至大学，清一色的教育形式千篇一律、皆是如此。或者是请某个演讲者说些没有逻辑的励志鸡汤文，再在演讲者的带领下搞些所谓的集体互动——集体给父母洗脚，集体对父母跪拜，集体给父母喂饭等，然后就是家长和孩子抱头痛哭，场面催人泪下。这一切看起来很感人，但实际上都是差不多的套路，极具表演范式。真正意义的给父母洗脚、喂饭属于个人的隐私，没有谁愿意也没有必要非得到广场上去张扬,更不可能一群人集合在一起高喊着口号,齐刷刷地去集体感恩。这种千篇一律的程式化痛哭流涕的"大感恩"表演作秀之嫌,看多了只能让人感到可笑及至反感。一方面,我们可能因为表达了应该表达而未表达的感恩,使我们在某一时刻得到某种精神上的满足而自我感动;另一方面,由于形式的轰轰烈烈也有可能使原本应该熔铸在我们血液中的善良品质流于形式的表象与肤浅。在笔者的调研中,只有7.28%的人选择了向父母跪谢或洗脚。可见,通过向父母跪谢或洗脚来表达感恩父母并不受欢迎。因此,学校在进行感恩教育时,不能只是一种形式的伴装。相对于形式花哨的活动来说,比喂饭、下跪等教育创意更重要的是扎实的、深入人心的教育工作,要注重培养学生感恩的持续情感,言行一致的感恩表现。

感恩教育不是一朝一夕、一时兴起的形象工程,更不是简单的几次活动就能解决的。教育是不断反复、如琢如磨的漫长过程,是需要伴随或者影响学生一生的事业,所谓"十年树木,百年树人",这充分地说明了教育的反复性和持久性。如何让学生循序渐进地保持感恩的心态,具有恒久、深沉、厚重的感恩情感,追寻持续一生的感受与感悟,对实现这一目标的艰巨性必须有充分的认识。感恩教育活动不能简单化、表象化,形式化、"一刀切",不能陷入形式主义的泥潭演变成一场场的"道德秀"。

三、社会层面:营造感恩氛围

社会学习理论认为,人类具有观察学习的能力,一个人有什么样的行为以及行为的表现如何,很大程度上依赖于对所生活的经验环境中的示范行为的观察、学习和体会。中国古人也讲,"蓬生麻中,不扶而直;白沙在涅,与之俱黑"。[①] 所谓环境影响人,环境也在一定程度上塑造人。因此,要重视社会变量对人类行为的交互影响与制约,努力提高正向影响力,营造积极健康温馨的社会感恩文化氛围。

(一) 充分发挥大众传媒的正确舆论导向作用,唱响主旋律,传播正能量

大众传媒是大众传播媒介的简称,包括报纸、杂志、广播、电视、电影、网络、手机、微博、微信等。随着社会生产力的发展和科学技术的进步,大众

---

① 方达评注. 荀子 [M]. 北京:商务印书馆,2016:3.

传媒的传播方式不断变化，传播速度越来越快，范围越来越广，效果也越来越大。大众传媒正以无孔不入的态势、最大限度地超越时空局限，渗透到人们的生活中来，显现出文化传递、沟通、共享的强大功能。今天的人们无论身处何地，都会受到大众传媒的影响。值得注意的是，大众传媒带来的不仅仅是信息、知识层面的了解与知道，更重要的是还以其特有的优势广泛而强烈地影响着人们的方方面面，包括思想观念、政治观点和道德品质的形成发展。因此，当代感恩文化的建构离不开大众传媒的力量，其影响力和作用力的正确发挥将对宣传感恩思想，营造良好的感恩氛围有相当重要的作用。所以，要充分发挥广播、电视、报纸、网络等各种媒介的宣传教育作用，以正面宣传为主，引领文明风尚，传播感恩文化理念。

但是，近年来，在市场环境的影响下，随着大众传媒的产业化发展，媒体因片面追逐经济效益而忽视社会效益的现象非常普遍。为了吸引人们的眼球，大众媒体出现了低俗化、功利化的不良倾向，出现了诸如炒作明星绯闻、迎合猎奇心理、专重感官刺激、渲染色情暴力等种种现象。正如一段流行用语所描述的：“明星取代了模范，美女挤走了学者，传闻顶替了事实，娱乐覆盖了文化，低俗代替了端庄。”为了追求所谓的收视率、点击率，提高发行量，采用恶搞、欺诈、哗众取宠等非常规手段，迎合某些人阴暗的欣赏心理需求，虚造或夸大一些报道的阴暗面。而与此同时，大众媒体对于正面事实的报道、先进人物的宣传显得极为滞后，往往是好人牺牲后才给予追加荣誉、大幅宣传报道，激起更多的是人们对善意行为的唏嘘感慨与疏离。作为文化传播的主要手段之一，大众传媒担负着构建文化形态、塑造文化价值观的社会重任。然而，在市场经济大潮的冲击下，不少大众传媒机构和从业人员放弃了应有的社会责任，背离了起码的职业道德和操守，随波逐流，追名逐利，为各种似是而非的庸俗腐朽的价值观推波助澜。

面对多元文化价值取向和利益分割的现实，作为国家社会之公器的大众传媒，要担当起激浊扬清的社会责任，弘扬真善美，贬斥假恶丑；要坚持理性判断和独立思考的原则立场，坚决摒弃低俗、庸俗、媚俗的低级趣味，对社会公众进行有益的引导；要坚守自身的文化品位和媒体品格，传播现实生活中的美与善，富于启迪性和震撼力；不仅要成为社会黑幕的揭露者，同时也应该成为社会光明的建设者，透过消极看到积极，透过黑暗看到光明，透过假象还原真实,主动引导舆论,鼓舞人们在黑暗面前不气馁、在困难面前不低头,让人们看到美好、看到希望、看到梦想就在前方。

总之,大众传媒要担当起自己的社会责任,净化社会环境,划清是非界限、澄清模糊认识,形成正确的舆论导向,弘扬正能量。要使人们真切地认识到什么是值得肯定和赞扬的,什么是必须反对和否定的,什么是自己应该做的,怎样做才是对的,使感恩、知恩、报恩形成主流文化的舆论共识,努力营造以知恩感恩为荣,以见利忘义为耻的主流思想舆论,成为感恩文化体系建构的参与者和推动者。

(二)积极宣传先进典型,发挥榜样示范效应

时代进步需要健康向上的道德风尚来引领,社会发展需要楷模榜样的力量来推动。当前,我们国家正处在大变革大发展的时代,人们思想活动的独立性、选择性、多变性、差异性不断增强,价值取向呈现多样化的趋势,道德观念呈现复杂多变的特征。我们更加需要大力宣传新时代的先进人物和先进事迹,表彰道德模范,广泛开展向先进典型学习的活动,让广大群众学有榜样、赶有目标、见贤思齐,在细水长流的日常熏陶中发自心底地迸发出对善的敬重、对美的向往。通过坚持以正面宣传教育为主,发挥感恩典型的模范带头作用,形成强大的示范效果和扩散效应——让感恩典型感染人,让感恩事迹感动人,激励人们在向感恩道德榜样的学习中接受心灵的滋养、精神的鼓舞,提供人生方向的指引和前行的动力。

先进典型汇聚先锋力量。近些年,从中央到地方各类媒体也都在广泛地开展典型宣传,但是传统固有的典型宣传模式有教条、呆板之嫌。这就需要在宣传过程中,在策划、内容和形式上等不断创新,在典型选取等细节上不断改进和提升,以更灵活、更细腻的方式去弘扬典型,既能耳目一新,又能深入人心,以取得更好的宣传效果。像《感动中国》《全国道德模范评选活动》《中国好人榜》《好人365》《开讲啦》《变形记》《感动省城》《身边好人》《寻找最美》等活动和栏目。在笔者的调研中,有81.2%的人认为社会上对感恩的宣传、教育在促使个体学会感恩方面很有效果,58.94的人表示在看了《感动中国》等节目后很受教育。

在这些关注现实、注重深度、健康向上的文化节目与道德评选中,涌现出了一批批感恩道德模范,在全社会产生了极大的反响,形成了良好的社会影

响——既有孙家栋、屠呦呦、钟南山、袁隆平、潘建伟等博学睿智的知名学者，也有林秀珍、徐本禹、文花枝、王顺友、江玉珍等来自民间的杰出人士；既有郑培民、梁雨润、牛玉儒、阿布列林·阿不列孜、杨业功、刘金国等这样的党政高官，也有郎平、濮存昕、刘翔、姚明等光彩耀人的明星，更有吴锦泉、张荣锁、魏青刚、洪战辉、朱晓晖、黄久生等这样的普通百姓……他们或助人为乐，或见义勇为，或诚实守信，或敬业奉献，或孝老爱亲……

郭小平，"感动中国2016年度十大人物"获选者。2004年，时任临汾第三人民医院院长的郭小平看到艾滋病区的几个孩子到了上学年龄却没法上学，便和同事商量一起办起了"爱心小课堂"，在社会各界的帮助和支持下，2006年9月1日，临汾红丝带学校正式挂牌成立，2011年学校被列入正式国民教育序列。临汾红丝带学校是国内唯一的一所艾滋病患儿学校，郭小平目前担任该所学校校长，艾滋病感染儿童在这里接受治疗的同时也能安心地接受与正常孩子一样的教育。多年来，郭小平创建红丝带学校一事，在社会上也受到不少争议，郭小平一直在艰难中努力坚持。他最大的愿望就是，随着社会进步，艾滋病患儿终究会到正常的学校去上学。2014年，彭丽媛向红丝带学校写信，并在采访中说："我希望这些受艾滋病影响的孩子们，都能有一个美好的未来。"正如颁奖词中所赞誉的那样，瘦弱的孩子需要关爱，病房改成的教室，是温暖的避难所，郭小平用十二年的艰辛呵护着孩子，也用大爱融化着人心。

张宝艳，荣获第三届全国道德模范提名奖，"感动中国2015年度十大人物"获选者。1992年，儿子的一次意外走失，让张宝艳、秦艳友夫妇体会到了走失孩子后的焦急，此后他们开始关注寻亲信息，并尝试为丢失孩子的父母提供帮助。2007年，夫妇二人建起"宝贝回家"寻子网，帮助家长们寻找孩子。为了运营好网站，张宝艳辞去工作成了一名全职志愿者。2009年，张宝艳提出的"关于建立打击拐卖儿童DNA数据库的建议"得到公安部采纳，DNA数据库为侦破案件、帮被拐儿童准确找到亲人，提供了有利的技术支持。"宝贝回家"寻子网成立8年来不断壮大，志愿者发展到15万多人，遍布全国各地，成为照亮宝贝回家路的一支中坚力量。目前，"宝贝回家"寻子网是唯一与公安部打拐办合作的全国性寻子网站，截至2015年11月，"宝贝回家"志愿者协会帮助超过1200个被拐及走失的孩子寻找到亲人。正如颁奖词中所赞誉的那样，"茫茫暗夜，你们用父母之爱，把灯火点亮。三千个日夜奔忙，一千个家庭团聚。你们连缀起星星点点的爱，织起一张网。网住希望，网住善良。"

最孝女儿朱晓晖，"感动中国2014年度十大人物"获选者。朱晓晖的父亲在2002年患了弥漫性脑梗死，从此落下了瘫痪的毛病，腿脚不便，大小便也不能控制。为了更好地照顾父亲，朱晓晖辞掉了在报社的工作。为了给父亲治病，她不但卖了房还欠下一身债务。朱氏父女在社区的车库里安了家，一住就是十几年。但再困难父亲治病的开销不能省，朱晓晖就去市场里捡人们不要的菜做给父亲吃，自己则用咸菜就着米饭度日。几乎每天朱晓晖都要给父亲擦洗身体，在她的细心照料下，老人卧床13年都没有得过褥疮。因为不堪重负，朱晓晖的丈夫带着孩子离开了她。常年的操劳，也使才42岁的她早已满头白发。虽然生活环境艰苦，但朱晓晖一直努力让父亲生活得更舒适些。面对媒体的采访，朱晓晖说她只是做了一个女儿该做的事，金钱和家庭都可以再选择，父亲是她人生的唯一，不管用什么代价都要照顾好父亲。现如今，朱晓晖和父亲的生活有了一定的改善，她也找出空闲时间去做义工，用自己的行动把爱和善意传递给更多人。

时代进步需要健康向上的道德风尚来引领，社会发展需要楷模榜样的力量来推动。每一个榜样的背后都有着不同寻常的故事，但都以一己之力，为这个社会带来融化在手心里的温暖，书写着时代的感动。道德榜样的事迹让我们看到了人性的善良与执着，看到了正能量，也感受到了世间还是好人多。正是这些坚守着社会良心的人们，挺起了中国人的脊梁，支撑起公民的精神高度和社会的文明程度。

（三）依托节日文化，培育感恩情怀

节庆仪式是独特的社会性学习过程，个体通过仪式过程可以获得价值认知、心理共鸣和情感升华以实现理念价值的持久影响。这方面比较典型的是美国的节日感恩文化。

在基督教看来，以特别的形式呈现对上帝的感恩，这是有着堕落倾向的人类需要履行的责任。《帖撒罗尼迦前书》第5章第18节说："凡事谢恩，因为这是上帝在基督耶稣里向你们所定的旨意。"《圣经·旧约》中上帝亲以律法的形式教导以色列人要守"感恩节"。因为上帝知道，人性是容易忘恩负义、趋于堕落的，很容易忘记自己最初定下的志向，因此上帝借着设立特殊的节日如感恩节、母亲节、父亲节、收割节等，以及一些带有纪念意义的标志如系在犹太人头上的经文盒子、衣裳穗子、门框上和城门的经文标记等，来提醒人们时刻谨记上帝的教导，常存感恩敬畏。此外，基督教的教义还要求信徒们每天都要做感恩祈祷，也就是通过一定的仪式把对上帝的感恩鲜明地报数出来，感谢上帝对子民的关爱。所以西方人的集体活动无论规模大小，都会有短暂的感恩仪式。基督教要求信徒每天都要向主耶稣基督表示感恩，比如教徒祷告时常说的话有："我们日用的饮食，今日赐给我们，免我们的债如同免了人的债，我们时时刻刻需要依赖上帝"。① 几乎全世界的基督徒饭前饭后都会虔诚地吟诵"感谢主，赐我食。求祝福，赐我力"等表示感谢的相关话语，歌曲《献上感恩》在各种宗教仪式中被信徒们反复吟咏。② 无论是结婚或者丧葬还是聚会等也都会有长短不等的感恩仪式，而且会由比较有声望的人或者是专门的牧师来主持，内容一般包括感谢上帝创造人类，并且给我们生活的土地、食物，感谢上帝使我们能够幸福的生活等，然后希望神继续降福。所以，感恩节等节日的设立是以一种特别的形式提醒社会和个人，要懂得知恩图报，懂得珍惜我们所有的，懂得数算我们生命中的恩典，向神感恩。这样做，不但可以荣耀神，使神欢心，进一步获得神的庇佑，而且在表达感恩的过程中、仪式里，人们的压力得以缓解，精神上获得慰藉。

借助节日表达感恩、强化感恩、把感恩理念融入其假日文化中是西方感恩文化的一大特点。这其中，感恩节、母亲节、父亲节的节日影响力最大。

感恩节（Thanksgiving Day）作为美国的一个古老节日，已被联合国教科文组织列入世界非物质文化遗产名录。关于感恩节的由来，可以追溯到美国历史的发端。因不堪忍受英国国内的宗教迫害，1620年100多名清教徒乘坐"五月花号"船逃离到美洲新大陆，准备开辟新天地与新生活。然而，最初的生活并不顺利，他们遇到了难以想象的困难。冬天过去时，活下来的移民只有50多人。饥寒交迫中，心地善良的印第安人给移民们送来了生活必需品，还教他们怎样狩猎、捕鱼，种植玉米、南瓜。在印第安人的帮助下，1621年的秋天移民们终于喜获丰收，在这块土地上安家落户，建立了自己的新家园。为

---

① 文洁. 圣经故事 [M]. 北京：华夏出版社，2001：34.
② 黄陵渝. 犹太教 [M]. 北京：中国社会科学出版社，2008：184.

了感谢上帝恩赐，移民们邀请印第安人举行了盛大的狂欢活动。从此，这一习俗就延续下来，并逐渐风行各地。初时感恩节没有固定日期，由美国各州临时决定。直到美国独立后的 1863 年，林肯总统宣布感恩节成为全国性的节日。1941 年，美国国会正式将每年 11 月的第四个星期四定为感恩节。感恩节假期一般会从星期四持续到星期天。像中国人过春节一样，每逢感恩节，美国举国上下热闹非凡。基督徒按照习俗前往教堂做感恩祈祷；天南地北的人们不管多忙都要尽量回到家里和自己的家人团聚；人们准备丰盛的菜肴表达对上帝恩赐给人类丰收和健康的感恩之情。城乡市镇到处举行化装游行、戏剧表演和体育比赛等，还有从 1924 年开始的梅西百货感恩节游行（Macy's Thanksgiving Day Parade）。在感恩节中，感恩的形式并不仅限于感谢，还有给予：妇女们要给贫穷人家送上满满一篮食物；家人在团聚时要邀请邻居、朋友、单身汉或远离家乡的人共度佳节；社会慈善活动也很丰富，人们纷纷为需要帮助的人募捐。很多社区都可看到慈善机构摆列的供人捐钱捐物的盒子、箱子；商家打折活动也搞得轰轰烈烈。伴随着黑色星期五（Black Friday）的开启，商家的打折促销要持续整整一个月，以回报消费者、回馈社会，所以感恩节购物已经成为美国人的习俗。感恩节就其意义和庆祝方式来说，从 1621 年以来总体变化不大。感恩节是一项愉快的庆祝活动，是一个家庭团聚的日子，是天南海北的人们聚在一起分享感恩，感谢上帝的恩惠，这也是感恩节的意义所在。

感恩节主要是美国和加拿大两国的人们用以表示感恩的节日。其他西方的国家虽然没有正式意义上的感恩节，但是仍有类似于感恩节的节日来表达人们的感激之情，比如在世界范围内流传很广的母亲节和父亲节。

母亲节（Mother's Day）是一个关于感谢母亲的节日，最早出现在古希腊，时间是每年的一月八日。在 17 世纪中叶，母亲节流传到英国，英国人把封斋期的第四个星期日作为母亲节。在这一天里，出门在外的年轻人为了感恩母亲，将回到家中看望母亲并给他们的母亲带上一些小礼物。现代的母亲节，兴起于美国南北战争之后，是美国人安娜·贾维丝为缅怀母亲，实现母亲生前"但愿在某处、某时会有人创立一个母亲节，给战争中失去儿子的母亲们一种慰藉，纪念和赞扬为人类的延续和发展承受着巨大负荷的美国与全世界的母亲们"的愿望而呼吁设立的。20 世纪末，随着中国与国际的日益接轨，母亲节这一节日在中国大陆各地日益推广开来，越来越多的人开始接受母亲节。在每年 5 月的第二个星期日，中国人和全世界其他国家的人们一道以各种各样的方式表达对母亲养育之恩的感谢。

父亲节（Father's Day），顾名思义是感恩父亲的节日，始于 20 世纪初，起源于美国，由美国人约翰·布鲁斯·多德夫人倡导。多德夫人的母亲在生育第六个孩子时难产而死，多德夫人的父亲威廉·斯马特先生在妻子过世后，独自一人承担起抚养、教育六个孩子的全部重任。多德夫人排行老二，是家里唯一的女孩，女性的细心特质让她更能体会父亲的辛劳。斯马特先生白天辛劳地工作，晚上回家还要操持家务和每一个孩子的生活。经过几十年的辛苦，儿女们终于长大成人。当子女们盼望能让斯马特先生好好安享晚年之际，斯马特先生却因多年的过度劳累于 1909 年辞世。多德夫人为感谢父亲对六个子女无微不至的照顾和自我牺牲的精神，主张设立父亲节，最终州政府采纳了这一建议，把节期定在 6 月的第三个星期日。1972 年，尼克松总统正式签署了建立父亲节的议会决议，这个节日终于以法律的形式确定了下来，并一直沿用至今。

如今世界上很多国家和地区都流行过父亲节和母亲节，大有成为世界性节日的趋势。当然，感恩父母是人类共有的道德情感，这也是父亲节和母亲节日趋在世界广泛传播的根本原因。如孝敬父母是基督教徒感恩的具体表现之一，在《圣经》中能找到明确的表述。《出埃及记》（21：15，17）写道："打父母的，必要把他治死'，"咒骂父母的，必要把他治死"。《箴言》和《旧约》里都很清楚地写着对不孝敬父母之人的惩处。《申命记》（21：18，21）中："人若有顽梗悖逆的儿子，不听从父母的话，他们虽惩治他，他仍不听从。父母就要抓住他，将他带到本地的城门、本城的长老那里，对长老说：'我们这儿子顽梗悖逆，不听从我们的话，是贪食好酒的人。'本城的众人就要用石头将他打死；这样，就把那恶从你们中间除掉，以色列众人都要听见害怕。"

把感恩理念融入其假日文化中，在这方面，我们可以积极加以借鉴。其实，中国大多数的传统节日也都蕴含了深沉的感恩情结。如春节，有祭拜"天地君亲师"的习俗，表现出中国民众对天地的感恩、君师的尊重、长辈的怀念。端午节有纪念屈原的习俗，以感念他伟大的爱国精神。中秋节要祭拜月神，以感念它成全男女婚姻、成就家庭团圆美满之德。腊祭则是岁末酬谢一切有益于民生的百神，以感谢诸神一年来的赐予，并祈求来年的丰收和保佑。而在中国众多的传统节日中，清明节是最具感恩内涵的节日。

作为中国传统节日之一，清明节与上元、立夏、端午、中元、中秋、冬至、除夕并称为"八节"。中华民族有认祖归宗、祭念先人的传统，清明节是体现这一传统的重要节日形式。中国汉族传统的清明节大约始于周代，距今已有2500多年的历史。受汉族文化的影响，中国的满族、赫哲族、壮族、鄂伦春族、侗族、土家族、苗族、瑶族、黎族、水族、京族、羌族等少数民族，也都有过清明节的习俗。但各地习俗不尽相同，主要有禁火冷食、祭扫坟墓、踏青、祓禊、打马球、放风筝、荡秋千等。随着社会的发展，这些习俗活动有的被淘汰，有的流传至今。而其中流传最盛、最广泛的习俗是扫墓祭祖。在中国人的文化传统中，祖先不仅是生命之本，还是人间道德、事业、功绩的象征和代表。因此，为了感恩祖先和整齐伦常秩序，就很重视祭祀。这也可以看作为表达感恩之情和传承感恩之德所创造的文化载体。扫墓时家中后人先整修坟墓，清除杂草，培添新土，然后供上食品、鲜花等，燃起香烛，焚化纸钱，磕头行礼，以表达对已逝亲人的怀念、追思，同时表达出敦亲睦族及行孝之意。在中国古人的信仰里，祖先的坟墓和子孙后代的兴衰福祸有莫大的关系，所以培墓、扫墓是不可轻忽的一项内容。除了尊宗敬祖，中国人还要在清明节公祭华夏民族始祖、人文初祖——黄帝。约5000年前，黄帝降服炎帝、诛杀蚩尤，统一中原，逐步形成了以黄帝族为主的华夏格局。后来，各族都认为自己是黄帝的后代，于是有了"炎黄子孙"的称谓，黄帝成了我国多民族国家的共同祖先。黄帝除了因统一中华的伟绩被载入史册外，他对中华文明的奠定也卓有贡献。黄帝在位期间，播百谷草木，大力发展生产，创造文字，始制衣冠，建造舟车，发明指南车，定算数，制音律，创医学等，传说他以及他的臣子、后代创造了上古几乎所有重要的发明，也就是我们通常所说的衣、食、住、行、农、工、商、医等方面在黄帝时代均已奠定了基础，所以黄帝也是承前启后的中华文明的先祖。清明公祭黄帝活动是中华民族的传统盛事，《国语》《礼记》等诸多典籍都有记载，说明很早以前人们就有对黄帝浓厚的追根感恩之情。自20世纪80年代以来，清明公祭黄帝的典礼越来越受到海内外华人的共同关注，不断吸引着越来越多的炎黄子孙寻根祭祖。为了更好地满足海内外同胞祭祀黄帝陵的需要，1992年以来，在党和国家领导人的关心支持下，陕西省对黄帝陵进行了大规模的整修，从2004年开始，公祭轩辕黄帝典礼在新落成的黄帝陵祭祀广场举行。2011年以后，陕、台实施"两岸共祭"，利用媒体将清明黄帝陵公祭典礼与台北遥祭黄帝陵典礼和台湾各地的纪念黄帝活动联系起来，面向世界进行转播，彰显了海峡两岸同胞同根共祖和一个中国的立场，突出了民族认同、国家统一、文明传承、自强创新的理念。清明公祭黄帝典礼已经成为最具有广泛影响和强烈感召力的民族盛典。此外，中国人还有在清明节祭扫烈士陵园、祭奠革命先烈的传统，以缅怀革命先烈的丰功伟绩。

《礼记·郊特牲》说："万物本乎天，人本乎祖。"曾子曰："慎终追远，民德归厚矣。"总之，中华民族认祖归宗、祭念先人的传统，数千年传承不绝，清明节是体现这一传统的重要节日形式。随着时代的发展，清明节慎终追远的范围也在不断扩大，不再限于家族血缘，而成为一种全民族纪念先贤先烈的社会性活动。人们在祭祀中对家族祖先、民族祖先、对造福于社会的先辈们进行追思与缅怀，感谢他们对本家族乃至整个中华民族的贡献。可以说，清明习俗体现了中国人感恩、不忘本的文化精义，把对祖先的感恩融入中华民族的社会道德之中，赋予我们这个民族普遍的感恩心态和伦理准则，清明节的意义也由此而得到提升。

《公民道德建设实施纲要》指出："各种重要节日、纪念日，蕴藏着宝贵的道德教育资源。"这些中华传统节日都可以看作是为表达感恩之情和传承感恩之德所创造的文化载体。近年来，国家通过开展"我们的节日"主题活动、实施中国传统节日振兴工程等一系列政策，将节日的文化教育意义提上日程。节假日作为一种全民参与的活动，具有丰富的历史文化底蕴，我们要重视节日庆典的思想熏陶和文化教育功能，发挥重要节庆日传播感恩价值的独特优势。可利用民间传统节日和重大历史事件、历史人物纪念日等，举行形式多样的群众性庆祝、纪念活动，使人们在集体聚会、合家团圆的同时，增强对祖国、对家乡、对生活的热爱和感恩；要利用重大历史事件和中华历史名人纪念活动、国家公祭仪式、烈士纪念日等，传承中华民族的节气血脉，展示爱国主义深刻内涵，增强人们对先辈的感恩之情、对当代幸福生活的感恩，强化人们报效祖国、回报社会的坚定信念；要加强国民礼仪教育的普及与宣传力度，增强公民礼仪、礼节、礼貌意识，在国家重大节庆活动中体现仪式感、庄重感、荣誉感、历史文化的厚重感。总之，要因势利导运用各种节日庆典使有益的感恩文化价值深度嵌入百姓日常生活，使节假日成为感恩文化建设生动形象、具有感染力的载体和资源，培育感恩情怀。

（四）大力发展慈善事业和志愿服务

《礼记》说："礼尚往来，往而不来，非礼也；来而不往，亦非礼也。"①以德报德、知恩图报、感恩回馈施助者，是感恩的底线伦理。当代的新型感恩文化所提倡的是"因为感恩，所以助人"，发展慈善事业，倡导志愿服务，把感恩对象扩展到他人、社会、整个群体，将感恩意识升华到一个更高的层次，广施恩惠于有需求的他者，是培育开放式的当代感恩文化的需要。

首先，大力发展慈善事业，强化现代施恩意识。

慈善事业是社会成员回报社会、感恩社会的具体体现，更是弘扬感恩精神，构建感恩文化的重要途径。作为"社会的第三次分配"，慈善事业以社会成员的慈爱和善意为其道德基础，以社会成员的自愿捐献为其经济基础，所传递的是团结互助、关爱奉献的社会价值观，有利于培养施助精神，增进社会各阶层之间的理解、交流和合作，建立和谐的人际关系，激发社会活力。近些年，我国慈善事业发展进步很快，个人和民间组织通过发扬爱心、互助、团结的精神以实际行动在帮困、救灾、助残、扶贫等方面发挥了重要的作用。特别是自2016年9月1日《慈善法》实施一周年以来，我国慈善事业进入快速发展期。相关数据统计，到2017年8月底，各级民政部门共认定和登记慈善组织近2109家，慈善信托备案37件，信托规模约8.4亿元；慈善组织动员社会捐赠的能力明显提升，从2006年不足100亿元发展到近5年每年都超过500亿元；通过网络实施捐赠的超过10亿人次。②但由于我国慈善事业起步较晚，在制度建设、监督管理等方面还有待进一步的规范、提升。特别是长期以来受传统感恩中的一些消极思想的影响，人们的权责意识不明确，出现了诸多受助者心安理得的不感恩，捐助者得理不饶人地追讨感恩的现象。这说明我们的慈善品质不高，慈善生态还很脆弱。

拿民间的慈善助学来讲，我们有些理念有些运作方式还是需要改进的。有种观点认为，帮助别人应该不图回报，如果帮助别人的目的是得到回报，那就不是真心帮助。在当前我国的慈善助学活动中，默默无私地资助他人者不胜枚

---

① 俞仁良译注. 礼记通译［M］. 上海：上海辞书出版社，2010：2.
② 民政部门认定和登记慈善组织2109家 513家获公开募捐资格［EB/OL］. 央视网. http：//news.cctv.com/2017/09/02/ARTISKFwh2xjrCsbgJXUONCk170902.shtml，2017-09-02.

举。可以说，在任何时代，纯粹的无私利他都是值得称道的善行，体现着人类至真、至善的一面，也是社会所追求的最高道德目标之一。然而，研究和实践表明，人们的行善动机并非全都处在较高的、理想层次上，以获得某种回报为目的的善举同样为数不少，诸如塑造形象型、经济谋划型、政治需要型等，不一而足。这虽然可能影响慈善的价值，但在当前我国慈善意识比较淡薄、慈善文化氛围还不够浓厚的情况下，承认施助者的某种功利目的的合理性，则可以吸引更多的公民和组织参与到助学活动中来。因此，只要有实实在在的利他行动，就应该给予肯定。

目前，我国的民间助学模式中存在着"一对一"的传统助学模式。它最大的好处是通过资助者和受助者之间建立的直接联系，让资助者能及时了解资助对象的学习和生活情况，看到资助的实际效果，内心产生行善的成就感。但是也带来一些问题，如资助人过于干预受助学生的学习和生活，为了强化资助人的高尚与无私，要求受助者在公众面前一遍遍地诉说自己的不幸，被迫不断地将感恩的心态公之于众，以至于受助者的隐私得不到保护。这些做法一定程度上忽视了受助者的人格尊严，造成了受助者的心理负担，背负上了沉重的"感情债"，甚至成为一种难堪和伤害。因此，在某些道德激进主义者看来，施助施恩往往成为强者对弱者的一种仪式性表达，施助者通过施舍行为，宣扬了自己相对受助者的社会优越性。"捐赠仪式"所起的无非是慈善为强势者造势的功能，在这个过程中，施助者是主动表演者，捐赠是他们自我张扬的舞台，受助者只是这场表演所不可缺少的道具，为此这种捐赠会让受助者不满甚至充满屈辱感。同时，由于捐助人直接面对受益人，于是就产生了期待。所以捐赠的附带条件就是要写"感谢信"，包括交代、汇报学习成绩、个人生活之类的内容，还要附带接受捐赠者的教诲等。一旦受益人不能符合捐赠者的期待，则捐助人就可能不满甚至以此为由中断捐赠。这种"一对一"的慈善捐助已经引起了有识之士的反思，因为这种对象明确的资助模式容易给施助者和受助者双方都添加道德负担。笔者认为，尽管慈善法中明确规定捐赠人既可以通过慈善组织捐赠，也可以直接向受益人捐赠，但是慈善助学由民间的慈善组织来实施还是比较可取的，也就是由个人或组织把物品和资金捐到民间的慈善组织，如专门的基金会、社会团体和社会服务机构等，再由慈善组织分配给困难学生和有需求的人。通过慈善组织运作慈善，受助者与捐助者均坦然接受互不相见的慈善方式。当然，前提是慈善机构运作公正、透明，如受助信息是否真实，善款是否规范使用，慈善组织有没有依法管理……总之，要让资助者、受助者都能信得过。这种点对面的资助模式使募捐与救助相分离，施助者不必考虑具体的受益者是谁，也无须从知恩图报的目的出发决定是否帮助某个具体的人，受助者也不会因此背上厚重的人情债，较为妥善地维护了受助者的尊严。这样，无论对于资助方还是受助方来说，做慈善和被救助均不再成为负担，也有利于保证慈善活动的连续性和稳定性。在西方发达国家，施助主体的施助对象也主要是面向社会通过基金会投放，是一种点对面的捐赠。所以，施助者并不期待受助者回报，他面对的是社会，受助者只要回报社会就可以了。

同时，更要建立施助者和受助者彼此感恩的慈善理念。

在慈善活动中，受助者表达自己的感恩既是最起码的礼貌和修养，也是对人类善行的鼓励，对美德的积极回应，是美德能够持续下去、扩散开来的动力。但是单有受助者对施助者的感恩是远远不够的，也应该强调施助者对受助者的感恩。环顾世界，不少具有成熟慈善制度的国家，都有一种对受助者表示感谢的文化。因为促成一件善事，需要施助者和受助者两个方面，只有受助者不行，没人捐赠，就没有资助的来源；缺少了受助者也不行，想施助却没人要，慈善也运作不了。所以，只有施助者和受助者双方合作，才能成就慈善。但真要论谁的贡献大，西方的文化主张还是受助者。因为西方人首先把慈善看作是人对神或命运等的义务。一个人之所以捐赠，不是出于个人的善心，不是一个人对另一个人的道德高姿态，而是捐赠者基于特定信仰和相应义务所做出的履责行为。从这层意义上看，慈善是人神关系的一部分，施助是个人履行对神的义务，同受助者无关。所以，不是受助者从施助者履行责任中得益，而是施助者因为有了受助者，才得以完成自己对神的义务。这里，与其说施助者帮助了受助者，毋宁说受助者帮助了施助者；帮助受助者摆脱生活困难，在神学意义上，远不如施助者不能兑现对神的义务那样事关重大。

总的来说，现代慈善事业已经超越了传统施舍、恩赐的层次，具有了建立在人格平等基础上的互助互爱、共同进步的新内涵。只有当施助的人把慈善当作责任，受助者把善念当作精神信仰，当政府能够为慈善事业构建出良好、切实的制度规划时，我国的慈善事业才能蓬勃健康发展，减少强、索、诈、勒、骗等不良捐助现象的出现和"知恩不报，施恩索报"的尴尬局面。

其次，倡导志愿服务，树立回馈社会意识。

感恩有境界之分，包含了报恩和施恩两个层次。低境界的感恩是有恩必报，因为施助者有恩于受助者，所以受助者必须回报施助者，它所体现的是受助者的基本道义责任感，是一种狭义的、原始层次的感恩。《礼记》说："礼尚往来：往而不来，非礼也；来而不往，亦非礼也。"[1] 以德报德、知恩图报、感恩回馈施助者这只是基本的道德要求，既是感恩的底线伦理，也是一种低层次的感恩，有待扩展和升华。现代的新型感恩文化中，只强调回报施助者是远远不够的，更应提倡和鼓励施恩，广施恩惠于有需求的他者。所以，施恩是境界提升后的感恩，它回报的不是特定的施助者，而是一种开放式的感恩，"因为感恩，所以助人"，把感恩对象发展到了整个群体，将感恩意识升华到了一个更高的层次。所以，感恩不应局限于施助者与受助者之间一对一的施恩与报恩，更应体现为个体对周遭的关怀与帮助；感恩不能仅仅局限于点对点、事对事的报答上，更应将这份感恩之心放大到感恩社会，树立自觉为他人付出的责任意识、奉献精神。正如学者张明锁所指出："施恩不图报"固然是中华民族的传统美德，但是我们今天所说的感恩并不是指对捐助者本人"报答私恩"，而是指勇敢地承担起自己的社会责任，用实际行动向社会撒播"爱"。因此，受助者最好的感恩行为应该是做自己力所能及的事情，感恩社会，服务大众。所以感恩有多种形式，要加以正确的引导、科学表达。其中，志愿服务是扩展感恩回馈的有效载体。

志愿服务是人们在自觉自愿的意志下，基于良知和道义，本着服务社会的宗旨，不以报酬为目的的爱心实践活动。当前，志愿服务在许多国家和地区都得到了高度认同，成为一种国际惯例，被越来越多的国家和人民所接受和倡导。在美国和其他一些西方国家都有志愿者、"义工"的概念，义工甚至成为西方社会中不可缺少的重要组成部分。在美国，十分重视通过志愿服务活动增强个体的责任意识，培养尊重他人、与他人合作，为他人负责，以及服务他人与社会的感恩品质。美国的一些学校甚至把志愿服务作为学生的一门必修课加以硬性要求。一些企业在招聘员工时也把志愿服务作为一个重要的考察内容。

---

[1] 王文锦. 礼记校注 [M]. 北京：中华书局，2001：4.

通过这种方式把感恩培养融入日常生活、实践活动中去，使个体在劳动和付出中逐渐养成责任意识，逐渐体会到个人是需要对社会进行回馈的。英国、意大利等西欧发达国家也非常注重青少年的道德实践，政府部门专门为青少年订立做社会义工的时间，以达到培养他们的社会责任感和感恩意识的目的。这些青少年志愿义工的范围，几乎渗透到社会生活的每个角落，从而对全国公民都有一种潜移默化的影响。

在中国，自古就有矜贫救厄、乐善好施的传统，而作为具有公共精神的现代志愿服务是在改革开放后在现代化进程中生发出来的。特别是跨入21世纪以来，随着改革开放的不断深入，我国的公民志愿服务体系发展得也愈加迅速，组织机构、制度构架不断健全、完善，志愿服务质量显著提升。相关资料统计，截至2016年底，我国志愿服务组织总量超过30.6万个，志愿服务站点超过15万个。2017年6月，全国志愿服务信息系统正式上线运行，目前全国志愿服务信息系统中实名注册志愿者已达5000万人，注册志愿团体超过43万个，发布志愿服务项目超过96万个，记录志愿服务时间超过8.5亿小时。特别是汶川大地震和北京奥运会过程中的志愿服务，体现出群众参与的广泛性和高度的组织化、专业化、现代化。作为一种现代化与全球化的实践参与活动，志愿服务等公益性活动也可作为感恩建构的有效载体，以提升感恩理念，促进回馈意识、责任意识、奉献精神等感恩内容的有效传播。应紧抓志愿服务这一活动载体，建立健全志愿服务制度，大力开展形式多样的志愿服务活动，形成友善、奉献、互助、进步的社会风气。

第四节　以感恩激励和保障制度建设为主要支撑

爱因斯坦在《我的世界观》一文中说道："在我们的制度、法律和社会风尚中，凡是在道德上有价值的东西，都是来自无数个人正义感的表达。社会机构如果不以一个个活生生个人的责任感作为依靠和支撑，那么他们在道义上就是苍白无力的。因此，唤醒和支持个人道义上的责任感所做的努力，是对整个社会的重要贡献。"① 2016年12月9日,习近平总书记在中共中央政治局第三十七次集体学习时强调:"法律是准绳,任何时候都必须遵循;道德是基石,任何时候都不可忽视。"② 感恩文化建设是一个系统、复杂的社会工程,要综合运用示范引领、制度激励、法律保障等多种手段,形成有利于感恩文化建构,宣传教育与政策导向相结合、自律与他律相补充的多方位运行机制。

一、树立知恩图报的激励机制

亚里士多德说,"善生活需要道德"。道德行为称为善行,这是人们欲过"善"的生活所必需的。尊崇道德,向善向美不仅需要温润而泽的个体精神,还需要有相应的激励机制做支撑。注重在日常管理中体现价值导向,建立良好的感恩评价体系与有效的奖惩机制,奖励、肯定善行义举,约束、惩戒忘恩负义,在全社会形成激浊扬清、抑恶扬善的道德风尚,形成扶正祛邪、知恩图报的良好风气,是推动感恩文化的建设与发展的现实需求。

我国伦理学者樊浩曾指出:"一个德得不相通的社会,绝对不是一个公正的社会。无论个体怎么至善,如果现实总是有德者不得,无德、缺德才得,这个社会总不是一个合理的社会,只能说是不健全的畸形社会。只有当德得相贯通,德者得也,以德获得时,社会才具有基本的合理性与公正性。"③ 如果善行未必得到善报,恶行未必得以惩治的现象屡有发生,相关部门不能及时有效的解决和处理问题,相互推脱责任,导致施助者帮助他人的行为不但得不到澄清、认可,还要因不白之冤遭受损失陷入不该有的困境的话,不但会使施助者及其家属皆会黯然伤神,而且"好人不得好报""帮人不如帮己"的认识就会成为一种集体无意识,使有道德的人心寒,那么即使有的人原本具有较高的感恩施助意识,原有的感恩理念也可能会发生动摇。

2006年,彭宇将跌倒在地的徐寿兰扶起并送到了医院。事后徐寿兰说是彭宇撞倒了她,要其承担各项损失高达13万多元。遭到拒绝后,徐寿兰向法

---

① 许良英,赵中立,张宜三编译.爱因斯坦文集(第三卷)[M].北京:商务印书馆,1979:237-242.
② 习近平.坚持依法治国和以德治国相结合[EB/OL].人民网,http://politics.people.com.cn/n1/2016/1210/c1001-28939875.html,2016-12-10.
③ 樊浩.伦理精神的价值生态[M].北京:中国社会科学出版社,2001:358.

院提起诉讼。经法院审理，认定彭宇与徐寿兰相撞，彭宇补偿徐寿兰45876元。2009年，许云鹤将违章横跨马路中间护栏的王秀芝扶起，而王秀芝则称，她是被许云鹤撞倒。同样，在撞人还是助人均没有清晰证据的情况下，法院判决许云鹤赔偿王秀芝10万余元。2011年8月，司机殷红彬、乘务员郁维贞在公路上扶起了一位被撞伤了的石姓老人，事后伤者指称司机为肇事者。由于所开车辆装有监控探头，司机和乘务员终获清白。从扑朔迷离的南京彭宇案，到令人疑惑的天津许云鹤案，再到清楚明白的南通殷红彬案，无一不给人锥心刺骨的错觉，助人必被讹！当助人为乐面临沦为肇事行凶的风险，谁还敢伸手助人？这样的现象如果不能即时得到遏制，就会产生这样的心理暗示：帮助他人意味着自我利益的牺牲甚至可能丧失生命，有使家人陷入困窘和失去亲人的风险，而受助者可能早已将他人的恩惠抛诸脑后，即使拒不承认，恩将仇报，反咬一口也可逍遥自在。那么，面对不断增加的"道德风险"不愿再去帮助他人，从不讲道德发展到不讲人情、人心和人性，彻底放弃感恩。最终导致人与人之间的关系将变得日益紧张、疏离，情感淡漠、生活中充满戾气。

虽然感恩更多地被认为是道德领域的事情，施恩不图报方显其高义，实际上，作为一种对感恩的鼓励，仅有道德嘉奖是不够的，还要真正地实现现实生活中的德福一致，对知恩图报的善行予以奖励，对忘恩负义的恶行予以惩戒，只有"德福一致"才能激励人们继续做好事。随着种种不良影响的发酵与扩散，类似"小悦悦事件"的有人受伤无人管、有人摔倒不敢扶等见死不救、见危不助系列事件的发生，让我们的社会一定程度上承受了感恩不彰的恶果。固然助人为善是道德良知，可是也得让助人者有底气、有保障，因为人们更加忌惮的是助不起、伤不起。所以，建立一个完善的感恩奖惩激励机制是社会所必需的。

近些年一些集体、组织也推出了一些褒奖善行义举的做法，如仿照银行的形式，把个体的道德行为兑换成一定的道德币，存入"道德银行"，个体如有不良行为将扣除相应的道德币，道德行为储蓄达到一定的积累后会有相应的奖励，在遇到困难时也将优先得到帮助；有的学校将道德积分作为学生评优评奖、进行银行贷款的重要参考依据；有的单位在工资中体现道德价值，对做好事的职工进行"道德工资"褒奖。这样的一种赏罚分明的强化手段会使自主的个体在应得、多得、少得间明确自己之所失所得，明晰哪些既得是源自这个时代与人心向善的恩惠。总之，在政策制度层面上首先要有合理有效的设计，使团体和个人通过正当途径获取相应利益有切实保障，以鼓励人们愿意做好事、乐于奉献的积极性，尽力避免因相关政策或制度的真空或不完善、不合理带来不良后果。

一定程度上，施助者能否得到回报，忘恩负义作恶者能否得到惩戒也是一个社会公平正义与否的体现。根据"德福律"理论的精神实质，相应的道德激励机制应该包括得、进、值三个层次。然而，生活中充满诱惑的现实功利往往挑战着"德"这种彰显人类美好品性、对社会有所进益的品质。人们为了追求立竿见影、唾手可得的利益，往往会有意无意践踏、违背善德，于是有德的人可能不但不会有所得、有所进、有所值，反而出现因德失、因德退，因德不值的好人吃亏现象，走向"德福律"的反面。亚当·斯密在他的《道德情操论》一书中曾明确提出："对我们来说，一个行为，如果它是感激的恰当的和被人认可的对象，那么，该行为一定应受奖赏；而另一方面，一个行为，如果它是怨恨的、恰当的和被人认可的对象，那么，该行为一定该受惩罚。"① 感恩奖惩机制的目的就是要使社会成员清楚地意识到，善行是获得自身正当利益的基本途径，它不仅可以带来良心的慰藉、人格的尊严和社会的赞赏，也可以成为借此来创造美好生活的基本条件。② 凭借这个公正合理的机制，人们就越愿意、渴望做一个拥有美德的善人，克服恶、实现善的意志也会越坚定，由此引领人们不断向善，引导人们乐于无私奉献。只有当好人不会吃亏，好人必有好报成为一种普遍现实和不可撼动的信念，人们才敢于奉献，乐于助人，从而在全社会形成扬善抑恶的道德环境。

二、推进感恩他律的法制保障

感恩固然提倡个体自觉自律的遵循奉行，但更需要外在的政策、法律等他律措施的规范与保障。要充分发挥政策、法规的导向、促进、约束作用，把感恩文化建设融入制度建设和治理实践中，努力形成科学有效的诉求表达机制、利益协调机制和权益保障机制。

---

① 亚当·斯密. 道德情操论 [M]. 北京：中国社会科学出版社，2003：72.
② 庄三舵. 论道德回报 [J]. 云南社会科学，2005（6）：54.

中国传统社会感恩意识之所以浓厚，得益于从上到下一以贯之的强有力的社会监督制约。在封建社会，统治阶级通过政治权力推行各种措施强化感恩。如在汉代，强调以孝治天下，选拔官员特别重视个人的品德操守，所以汉代在官吏的选拔上是推荐和考试相结合，即首先对一个人的德行进行考核，察举合格才能参加考试然后最终录用。孝廉就是察举制的主要科目之一。孝廉，即孝顺父母、办事廉正。汉代规定每二十万户中每年要推举孝廉一人，被举之学子，除博学多才外，更须孝顺父母，行为清廉，没有孝廉品德者不能为官。通过举孝廉，在社会上造成"在家为孝子，出仕做廉吏"的风尚，在当时引发了争当孝子之风。察举孝廉在西汉时考核比较严格，吏治也较清明，从地方官吏到朝廷名公巨卿，有不少是孝廉出身，为封建国家选拔了大批有用之才。但随着政治日益腐败，察举不实的现象渐趋严重，有民谣讽刺曰："举秀才，不知书；举孝廉，父别居。寒素清白浊如泥，高弟良将怯如鸡"。到东汉晚期，察举孝廉已成为豪强或官吏安插私人的工具，完全失去了以德察人的作用。再如，贞节观念古已有之，宋明以来随着理学家的提倡而愈演愈烈，朝廷对于贞妇烈女也褒扬有加，除了减免其租税，还为其铸立牌坊，标榜乡里，使其名利双收。而在民间，感恩作为中国人基本的行为准则，其在"熟人社会"的约束力更是如影随形。费孝通在《乡土中国》里指出，"在中国传统乡土社会，由于绝大多数中国人都是靠土地谋生，土地的'不动性'导致在正常情况下人口少流动。人们多是聚村而居，乡土社会在地方性的限制下，形成了生于斯、死于斯的社会。自然大家都生活在一个小圈子里，于是就逐渐形成了所谓的熟人社会。"① 在"熟人"社会中，在中国古代宗法社会里，天然的血脉与地域联系在一起构建了一张强化感恩观念的天罗地网，形成了相对统一的集体共识：有恩必报，忠孝仁义，将得到赞许，意味着经济财富的增长和社会地位的提高；以怨报德，忘恩负义，将遭到谴责，失去一切，不但遭到世人唾弃，更会受到社会的制裁，轻者名誉扫地、族规严惩，重者不得参加科举，死后不得安葬祖坟。因此，无论自愿还是被迫，在这种强大的外在强化制约体制下，人们都不得不感恩。

随着中国现代化和城市化进程的加快，随着改革开放的不断深入和市场经

---

① 费孝通. 生育制度·乡土中国 [M]. 北京：北京大学出版社，2006：6-9.

济的逐步发展，中国有越来越多的人走出了乡土式的"熟人"社会，进入"陌生人"社会里。人作为一种资源配置方式，在全国甚至全世界范围内自由流动，越来越多的个体作为社会人而存在，人脉关系突破了亲人、同乡、同学的局限。在"陌生人"社会里，人与人相互之间丝毫不知情，感恩赖以生存的"乡土式文化土壤"基本不复存在，这种情况导致了感恩德性的传统外在约束力的瓦解与崩溃，也是现代感恩文化遭到破坏的重要原因之一。

陈媚捷，河南人，洛阳市冶金工业学校理化检验专业的一名中专生。2010年12月，被学校派往上海静安区荣源耐火材料有限公司实习。2011年8月1日因勇救三个小孩被货物砸伤，经医院诊断，陈媚捷腰椎两处粉碎性骨折，情况严重。被救孩子家长开始还承认陈媚捷是为了救几个孩子受的伤，但后来又改口，说陈媚捷是和孩子们一起玩耍时受的伤。最终，被救小孩的家长与出事所在单位都拒绝承担责任。因无力支付高昂的医疗费用，陈媚捷被迫出院，只能回家养伤。陈媚捷的姐姐表示，不管救人的情节是否被认定，他们都不会要被救孩子家人的一分钱，就是希望妹妹的救人行为得到认可，让人的心里感到温暖。

2012年，湖南鱼贩王培军骑三轮车与人发生刮擦，对方跳车撞倒袁姓老太太。王培军将其送往医院医治，承担了原本与己无关的撞人赔偿。结果王培军不断被老人的儿子讹诈、威胁，即使在达成和解协议后，又向王培军索要20万元巨款，因无力支付，被逼无奈、不堪重负的王培军在自己的店中自杀身亡。

当前现实生活中出现的诸多"知恩不报"甚或"恩将仇报"的事件，与感恩方面的法律制度建设不健全有关。当社会制度无力制约善行不得善报，恶行不得惩罚时，人们对道德回报的认知就会产生质疑甚至否定，削弱道德坚守力度。究其原因，一定程度上正是由于缺乏对施助者、施救者免责条款的保护和对诬陷作恶者严加惩治的制度缺失，造成了现代社会施助者不敢不愿助人，受助者不想不愿报恩的恶性循环。

西方感恩文化之所以经久不衰与其宗教信仰的强化机制和法律制度的规范、支撑有密切关系。出于对上帝的敬畏和作恶将下地狱的恐惧，一些富有者认为他们在自觉或不自觉间掠夺了应该属于别人的利益，犯下了不被现代社会审判的"社会财富掠夺罪"，捐助、帮助别人则成为他们赎罪的重要途径。同样，出于对上帝的敬畏，受助者也因此必须感恩上帝，回报社会。

除了宗教禁忌，西方国家的相关制度也相对健全，有专门的好心人免责法，为做善事的人免去后顾之忧；也有严惩讹诈碰瓷者的法律，让诬陷者受到惩罚。

在保护好心人的免责条款中，最著名的是"好撒玛利亚人法"（Good Samaritan Law），其源自圣经《路加福音》"好撒玛利亚人的比喻"，"好撒玛利亚人"这个寓言用以强调，鉴别人的标准不是人的身份而是人心。后来这则宗教寓言得以在西方法律中引申、借鉴。2004年，年轻女子亚历山德拉发生车祸被卡在车里动弹不得，一名叫丽莎的女子将其救出，但在紧急状况下，丽莎由于没有专业的施救技能，导致了亚历山德拉车祸后瘫痪。2008年，亚历山德拉把将她从车里拖出来的丽莎告上法庭，称丽莎的救助疏忽导致她的瘫痪，所以丽莎要为她的瘫痪负责。2009年，加州议会以75：0票通过"好心人免责条款"，条款宣布了类似丽莎这样的案例：因救助他人的疏忽导致其受到伤害的情况下，得以免责。加州议会通过的"好心人免责条款"即被称为"好撒玛利亚人法"。好撒玛利亚人法作为美国法律体系中著名的制定法，主要是关于在紧急状态下施救者因其无偿的救助行为给被救助者造成民事损害时的责任免除的法律制度。但这种情形必须是在紧急事件发生现场，这种救助不但是无偿的，而且旁观者要评估自身有无救助的能力，自身的介入会不会使局势更遭，在征得被救助人同意的情况下无意造成的伤害，可免除民事责任。那么在"非紧急医疗照顾"下，救助他人，要用心尽责，不能疏忽，否则还是有可能承担法律责任。1986年3月Joan JⅡ号轮船遭遇风暴，从波多黎各驶往新奥尔良的Ponce号在施救过程中导致两位船员死亡。其家属将Joan JⅡ号轮船告上法庭，法院判处施救船的所有人赔偿死者的家人120万美元。因为按普通法，Joan JⅡ号轮船所进行的施救行为伤害了被救助者或恶化了其处境，施救人要承担责任。总之，"好撒玛利亚人法"（Good Samaritan）是指既没有法定义务也没有约定义务而出于内心的道德要求无偿对他人进行救助的人。它的立法意向是为了保护救助伤病人员的好心人，不至于因为做好事反而惹祸上身。它的作用也是为打消旁观者的顾虑，担心因为施救而成为被告，为无意造成伤亡而承担民事甚至刑事责任。在法律的保护下，这使帮助他人的美德和行为得到保护，做了好事也不至于惹麻烦上身或被告上法庭。

此外，救人者如果被诬告，可以反诉原告诈骗罪。在《美国刑法典》第8章第3节中将诈骗罪（False Pretenses）定义为"怀着欺骗意图以捏造虚假事实的方式取得他人财产的行为"。根据普通法解释为，对于现在或过去发生的行为，当事人明明知道其是虚假的，仍坚持以此侵占他人财产，构成诈骗罪。在北卡罗来纳州规定，取得他人的财产包括"金钱、货物、财产、服务、或任何其他有价值的东西"。在美国，若老人自己跌倒后起诉救助者求偿，这种怀着欺骗意图捏造虚假事实向施救者索赔的行为，实质已经构成诬陷欺诈，诬告者会被反诉欺诈罪。对诬陷者的"讹诈"行为反诉欺诈罪，也会减少一定数量的诬陷。

新加坡有民间协会保护施救者，法律规定受助者反咬需赔礼道歉并处以医药费1倍至3倍的罚金。如果施救者因为自己的好意而吃到官司，则可以向有一些行业性质的民间协会寻求帮助，民间协会会专门提供法律援助，帮助保护施救者免于诉讼之苦，它们都是基于在无重大过失时保护施救者的理念。站在保护施救者权益的立场，新加坡法律规定，"被援助者如若事后反咬一口，则须亲自上门向救助者赔礼道歉，并施以其本人医药费1至3倍的处罚。影响恶劣、行为严重者，则以污蔑罪论处。"让诬陷者因为自己的讹诈行为付出代价，在对诬陷者施以惩戒的同时，也保护了施救者的权益，让"好心人"在实施救助的同时也免去遭到"讹诈"的顾虑和担忧。

一个正常的社会，未必人人都是活雷锋，但也不至于个个冷血、无情无义。当行善不受保护，助人本身意味着惹祸上身时，把丑恶都归结为民众道德的低下，有失偏颇。感恩保障制度和法律建设的目的，就是为了保护救助他人的好心人，不至于因为做好事而惹祸上身。它的作用对打消旁观者的顾虑意义重大，一些"路人"之所以对助人救人心存疑虑，或者是害怕因为施救而成为被告惹祸上身，或者担心施救技术不行造成人员伤亡而承担民事甚至刑事责任。有了相应的法律作为有力后盾，会使帮助他人摆脱困境的善意和行为得到保护，不再有被冤、被讹、被告等做好事的后顾之忧。由此，我们需要一种与现代社会相匹配的外在的感恩强化制度支撑、保障人们理直气壮地做好事、毫不犹豫地做善事。

要充分发挥政策、法规的导向、促进、约束作用，把感恩文化建设融入制度建设和治理实践中，努力形成科学有效的诉求表达机制、利益协调机制和权益保障机制。

第一，要完善社会保障机制，解决好受害人与好人风险的利益问题。一个社会完善的社会保障制度应该具有多方面的设计考量。面对被撞或被伤后受害人无法确定责任人的情况，应该让受害人有如保险公司或救助基金组织等多种公共救济途径的选择，而不是听之任之，无所作为，让受害人自认倒霉。在施救者不认可、无充足证据的情况下，不能仅凭受害者的片面指认认定施救者为肇事人。如果后续的调查取证证明确为其所为，则要对其伤害、欺瞒行径依法加重惩罚。同样，个体因为救他人而身体受到伤害的情况下，也应该受到社会保障的及时、有力救济。

第二，要建立健全相关的法律法规，加大对善人善举的保护措施与奖励制度，免去好人者的后顾之忧，严惩栽赃陷害、讹诈碰瓷、反咬施助者的忘恩负义的丑恶行径，促进扬善弃恶社会风气的形成，为感恩进行道德立法。可喜的是，这样的一种理念，在2017年的十二届全国人大第五次会议上高票通过的《民法总则》中已经有了体现。为了鼓励人们大胆做好事做善事，消除施助者的顾虑，免除见义勇为者的后顾之忧，民法总则新增了"自愿紧急救助免责"制度。"好人法"条款经过多次修改，不再区分是否构成"重大过失"，根据第一百八十七条规定，因自愿实施紧急救助行为造成受助人损害的，实施救助的人不承担民事责任。这意味着，只要是见义勇为行为，就享受依法的"特殊待遇"，不再区分是否存在"重大过失"，施助者一律不担责任。

第三，对于现实生活中一些因感恩问题而引发的法律纠纷，相关部门应及时予以妥善处理。有些受益人在他人见义勇为帮助自己后，出于害怕承担赔偿责任、影响个人名誉等私利的考虑，会选择一走了之；更有品质恶劣者昧着良心反咬讹诈好心助己的恩人。而目击者也往往出于"事不关己，高高挂起"的考虑，不愿或者不敢出面为见义勇为者作证，造成了见义勇为认定难。为此，政府相关部门应积极对此类社会事件给予行政或法律解释，对社会生活中涌现出来的孝老敬亲者、雪中送炭者、见义勇为者等优秀典型、人物代表加大精神和物质的奖励力度，对于因为帮扶他人而自身受到利益损害的个体和组织要进行及时补偿，让人们不再有感恩的后顾之忧而敢于施助、乐于感恩。同时，对于严重违背感恩道德的事件要及时正本溯源，廓清释疑，加强舆论引导，对一些影响比较恶劣的忘恩负义者施以必要的惩戒和处罚，以昭彰正义、扶正祛邪、扬善惩恶。党的十八届四中全会通过《中共中央关于全面推进依法治国若干重大问题的决定》开启了中国法治的新时代，其中强调要以法治体现道德理念、强化法律对道德建设的促进作用。随之，"两高"出台打击网络谣言的司法解释，一批网络"大谣"认罪服法；中央文明委印发的《关于推进诚信建设制度化的意见》指出要"对失信败德行为进行批评揭露，使之成为过街老鼠"，2016年1月北京朝阳区人民法院通过媒体公布269名"老赖"名单，对他们的出行、生活等进行限制消费。这一系列的举措彰显了以法律维护善德，把歪风邪气打压下去的信心和力度，大快人心。

总之，感恩固然需要自觉遵守，自我践行，但仅仅只有自我约束是远远不够的。马克思曾说过"物质利益是刻骨铭心的利益。"为了这份"刻骨铭心"的利益，会有人铤而走险，为小利而忘大义。这时候，就应该有外在的他律机制来保证我们社会肌体的健康①。这时候，就应该有外在的他律机制来保证我们社会肌体的健康。所以，相关政府部门要切实履行自己的职责，积极在政策、制度、法规中为感恩文化建设提供保障，用善法良策的刚性约束有力支撑当代中国感恩文化建设。

---

① 柳晓森. 自律与他律 [N]. 人民日报，2002-04-10.

结　语

亨利·比彻说，感恩是根源于灵魂深处的最美丽的花朵。艾伯特也提醒我们："有时我们自己的希望之灯会熄火，往往是另一个人重新为我们点燃了火花，我们每个人都有理由深深感激那些已经点燃我们生命之火的人。"[①] 无论是个体还是国家、民族与社会，都应呵护好这朵人类最美的花朵，珍惜别人的善意，报答他人的关怀，在知恩、感恩、施恩、报恩中奋勇前行。这既需要在理论层面进一步加强有关感恩问题的深化和拓展研究，也需要在实践层面大力推进感恩文化建设不断走向深入和完善。就此而言，本书的研究仅仅只是一个开始，未来应进一步拓展和深化，特别是以下两个领域的理论和实证研究亟待加强：

第一，关于感恩的负向情感体验研究。此前关于感恩问题的研究多注重的是感恩的重要性与积极方面，本书也主要倾向于认为感恩是一种积极的情绪体验，并据此开展分析论证。但在现实生活中，特别是针对某一特别个体，其对感恩的实际感受或许并非完全是积极的、正向的。在某些情景下，甚至会产生某种负向的、消极的情感体验。德国著名哲学家康德就认为感恩是"一种荣誉之债"。[②] 除了应该偿还的人情债，感恩的负向情感体验还包括愧疚感、挫败感、低度自卑、轻看自己等。在笔者的问卷调查中，也有近5%的受访者认为因为自己的"无能为力"才会需要别人的帮助，这让自己很自卑，所以很难轻松自在地和施助的人交往。尽管这些感恩的负面情感体验会比较微妙，但

[①] 何安明，刘华山. 感恩的内涵、价值及其教育艺术探析 [J]. 黑龙江高教研究，2012 (4)：93.

[②] Kant I. The metaphysical principles of virtue: Part Ⅱ of the metaphysics of morals (J. Ellington, Trans.). Indianapolis, IN: Bobbs-Merrill. 1964 (Original Work).

不可否认其确实存在。所以，对感恩的负向情感体验如感恩与亏欠感、感恩造成的心理负担的研究，有助于更全面客观地认识感恩问题。

　　第二，立足人与自然关系的感恩研究。特别是强调生态文明建设的当下，更加凸显了这一课题研究的重要性。虽然本书研究主要基于人际感恩而展开，但感恩关非只存在于人际关系之间。相较于受助者，"恩"的施助者则宽泛得多，不限于个人及人类团体等这些具有能动意识的主体性存在，还包括自然、环境等非主体性存在。所以，人际感恩固然重要，但是人向自然的感恩也是一个重要的内容。马克思曾指出："没有自然界，没有感性的外部世界，工人什么也不能创造。"① 然而，相当一段时间以来，尤其是人类步入工业化社会后，无节制地改造自然、征服自然，造成环境污染不断恶化，引发了全球性的生态环境问题。我们一方面要认识自然、利用自然，让大自然造服人类社会；另一方面也要爱护自然、敬畏自然，尊重自然规律、感恩自然。党的十九大报告特别指出，要"坚持人与自然和谐共生……像对待生命一样对待生态环境"。② 在建设"美丽中国"的社会发展目标引领下，加强感恩自然研究、倡导人与自然和谐相处，具有重要的理论和现实意义。

---

① 马克思恩格斯文集（第1卷）[M]. 北京：人民出版社，2009：158.
② 《十九大报告辅导读本》编写组. 党的十九大报告辅导读本 [M]. 北京：人民出版社，2017：23.

附录　感恩问卷调查

亲爱的同学：你好！为了解感恩现状，特展开此次调查。调查结果只做科学研究使用，回答无对错之分。谢谢合作！

第一部分　基本情况

性别	□男	□女		
独生子女	□是	□否		
政治面貌	□团员	□党员	□群众	
专业	□理科	□文科	□工科	
就读年级	□一年级	□二年级	□三年级	□四年级
家庭状况	□城市	□农村		

第二部分　问卷部分

请在对应的选项中划"√"，其中1~31为单选题，32~38为多选题。

1. 你一般在什么情况下联系父母？
A. 跟家里要钱　B. 有事才联系　C. 定期联系父母，表达关心、问候

2. 向父母要生活费时，你会＿＿＿
A. 父母给孩子生活费天经地义　B. 感谢父母，立志回报
C. 想办法多要点

3. 你经常联系父母吗？
A. 经常联系父母　　B. 很少联系父母　　C. 从不联系父母

4. 你会向父母的养育表示感谢吗？

A. 经常会向父母表示感谢　　　B. 偶尔会向父母表示感谢

C. 不会表示感谢，太见外，不好意思说出口

D. 养育子女是父母的责任，不需要感谢

5. 在路上遇见老师你会主动打招呼吗？

A. 会，不管老师认不认识我，我都主动打招呼

B. 不会，装作没看见　　　　C. 没必要

6. 你如何看待关心、帮助过自己的朋友及同学？

A. 朋友之间应该做的

B. 当时很感激，但时间一长就没什么感觉

C. 内心很感激，但没表示过什么

D. 时常惦念并在恰当的时候回报对方

7. 你是否对老师的培育心存感激？

A. 一直心存感激，并以某种方式感谢老师的教诲和付出

B. 偶尔心存感激，但没有表达出来

C. 不会，教育学生是老师的工作和职责，我交了学费，不需要表示感谢

8. 当你遇到重大挫折时，如失去亲人、失恋、残疾、被疾病折磨，你会＿＿＿

A. 保持平静　　B. 想办法解决问题　　C. 轻生　　D. 说不准

9. 你认为自杀会对周围的人造成影响吗？

A. 严重影响　　　　B. 影响不深　　　　C. 不会造成影响

10. 你是否赞同"我的生命不完全属于我自己，还属于父母家人"。

A. 完全赞同　　　B. 基本赞同

C. 不太赞同　　　D. 完全不赞同，生命就是我自己的

11. 俗话说，滴水之恩，当涌泉相报，你的看法是＿＿＿

A. 赞同，因为别人的帮助不是理所应当的，所以要感激并尽全力回报帮助我的人

B. 不赞同，真心的帮助是不需要回报的，无须感恩

C. 不确定，生活中有很多的帮助是带有目的性或宣传性的

D. 对别人的感谢只要记在心里就可以了

12. 对国家的培养、社会的帮扶，你是怎么看的？

A. 自己的成功主要是自己奋斗的结果，和他人无关

B. 作为这个国家的公民，国家有义务培养自己

C. 尽自己最大的努力回报国家与社会

D. 管好自己，遵纪守法就可以了

13. 在你的日常生活中有可学习的感恩榜样吗？

A. 有，很多　　　B. 有，很少　　　C. 没有

14. 你的父母会经常教育你受人帮助要懂得感激别人吗？

A. 父母经常教育我要知恩图报报　　　B. 父母偶尔教育过我要知恩图报

C. 父母没有教育过我要知恩图报

15. 你生活的社区或村落经常举行感恩活动吗？

A. 经常开展　　　B. 很少开展　　　C. 从不开展

16. 如果有机会，你愿意参加公益活动吗？

A. 十分愿意，因为帮助更多需要帮助的人是对那些帮助过我的人最好的回报

B. 也许，但我更愿意帮助的是那些曾经直接帮助过我的人

C. 不愿意，陌生人和我没关系

17. 你认为当前的社会环境对于个体感恩品质的培养有什么作用？

A. 积极的正面作用　　　B. 消极的负面作用　　　C. 正反两方面作用都有

18. 在学校开展"感恩教育活动"，你认为____

A. 十分必要　　B. 有必要　　C. 没有必要　　D. 无所谓

19. 你所在的学校里是否开设了与感恩相关的课程或讲座？

A. 有，内容丰富，很受重视　　　B. 有，内容很少，不受重视

C. 完全没有

20. 你所在的学校会经常举行有关感恩方面的活动吗？

A. 经常　　　B. 偶尔　　　C. 没有

21. 你会因为自己受到他人的恩惠而要求自己做个知恩图报的人吗？

A. 必须，因为做人就要知恩图报

B. 会，即使他人不求回报，我也会以自己的标准来报答他

C. 不会，真正的帮助不需要感恩

22. 你会伸出援助之手帮助有困难的人吗？

A. 经常会，力所能及的帮助需要帮助的人

B. 偶尔会伸出援助之手　　　　C. 不会，跟我无关

23. 感恩会让你感觉到____

A. 很幸福，能够感恩、帮助别人、传递爱心，这是一件幸福的事

B. 很自卑，因为自己的无能才会需要别人的帮助，所以很难自在的和帮助我的人交往

C. 亏欠感促使我回报感恩帮助我的人

24. 17岁的山东少年韩磊，在搭救一名落水者的过程中不幸溺水身亡，而被救者在上岸后不知去向。英雄的家属明确表示不要回报，只希望对方能提供救人的证明以给儿子申报烈士称号，可被救者始终未曾露面；

深圳歌手丛飞曾耗资300万元，资助了183个贫困学生，而当他自己重病住院时受过他资助的大学生没有一人过问他的病情，甚至个别大学生就在深圳工作，也没有去看他。

这样"英雄流血又流泪"的事件会不会影响你帮助别人或者感激别人？

A. 会受很大的影响，感觉这样的事情很多，人心难测。

B. 不受影响，因为这只是个别事件，生活中还是好人多

C. 受到一定的影响

25. 你认为有必要对周围的人施予帮助与关爱吗？

A. 有必要，赠人玫瑰、手有余香

B. 很想，但不知道怎么做

C. 没必要，事不关己，高高挂起

D. 能力不足或太穷、没条件做，让能力大的人去做

26. 你觉得当今社会的感恩状况如何？

A. 感恩意识普遍缺失且情况严重

B. 感恩状况良好，普遍知道要知恩图报

C. 感恩意识正在缺失

27. 在感恩品质培养中你觉得对你影响最大的是____

A. 父母的言传身教　　　　B. 学校（老师）的教育

C. 社会影响　　　　　　　D. 媒体宣传

28. 你会在有时间的时候当志愿者回馈社会吗？

A. 会，力尽所能回馈社会　　　B. 很想，但没有时间、没有机会实践

C. 考虑过，但不一定会去做　　D. 不会，只做有关自己的事

29. 你觉得社会上对于感恩的宣传、教育会促使你学会感恩别人吗？

A. 会，很受教育　　　　　　B. 还行，有一定效果

C. 效果不好，影响不大　　　D. 不会，没有教育意义

30. 你对电视上或者网络上"感动中国"活动的看法是____

A. 很受教育　　　　　　　　B. 只是一种形式，教育意义不大

C. 不知道有这个活动

31. 你对感恩的看法是____

A. 感恩是"谢主隆恩"式的奴才、主子的封建思想，已经过时，不应提倡

B. 感恩是中华民族的传统美德，人的基本的道德良心，任何时代都适用

C. 感恩是对他人爱的道德回应，体现了人与人之间的团结、友爱和互助，应大力提倡

D. 不确定

以下为多选题：

32. 湖北襄樊5名贫困大学生在企业家一对一帮扶资助中受助，组织者希望他们抽空给资助者写封信，汇报一下学习生活情况。但一年多受助者却从未向资助者有过任何形式的感谢，甚至连一句谢谢都没有，在次年的捐助中被取消继续受助的资格。你怎么看待这件事情？

A. 现在的学生、家长都很自私、冷漠

B. 感恩教育不到位

C. 接受别人帮助不一定要感谢别人

D. 现在整个社会缺少感恩之心，不能怪他们

E. 资助者别有用心，无须感恩

33. 在下列感恩对象中，你倾向于感恩谁？

A. 感恩父母等亲人　　　　　B. 感恩老师、同学、朋友等熟人

C. 感恩帮助我的人　　　　　D. 感恩社会

E. 感恩学校

34. 你认为，造成感恩缺失的原因是____
  A. 受社会不良风气的影响　　　B. 学校教育不到位
  C. 家庭教育缺失　　　　　　　D. 感恩没有得到很好的传承
  E. 自我修养不够

35. 你认为开展感恩教育以下哪些形式比较有效？
  A. 开设专门的感恩课程　　　　B. 开展专题讲座
  C. 通过学科间进行渗透教学　　D. 媒体宣传，树立榜样
  E. 开展丰富、具体的实践活动

36. 感恩父母活动你喜欢的方式是____
  A. 信件或电话关心父母　　　　B. 买礼物
  C. 向父母跪谢或帮父母洗脚　　D. 帮干家务活

37. 当你听到有人自杀时，你是怎样想的？
  A. 非常理解，生活本身就是无奈和不公平的
  B. 可以理解，这也是摆脱痛苦、逃避现实的一种方式
  C. 感到害怕，自己在烦恼的时候也想到过死
  D. 坚决反对，是藐视生命的表现，是对生命的不尊重
  E. 无法理解
  F. 失去生命太可惜了

38. 你认为当今感恩教育主要存在哪些问题"？
  A. 教育理念落后，方向模糊　　B. 教育内容陈旧，不合时代
  C. 教育方法单一，缺乏针对性　D. 教育课程抽象，笼统
  E. 实施过程存在复古现象

参考文献

[1] 马克思恩格斯选集（第1卷）[M]．北京：人民出版社，1995．
[2] 马克思恩格斯选集（第2卷）[M]．北京：人民出版社，1995．
[3] 马克思恩格斯全集（第1卷）[M]．北京：人民出版社，1956．
[4] 马克思恩格斯全集（第2卷）[M]．北京：人民出版社，1957．
[5] 马克思恩格斯全集（第3卷）[M]．北京：人民出版社，1960．
[6] 马克思恩格斯全集（第42卷）[M]．北京：人民出版社，1979．
[7] 马克思恩格斯全集（第19卷）[M]．北京：人民出版社，1963．
[8] 马克思恩格斯全集（第46卷）[M]．北京：人民出版社，1979．
[9] 列宁全集（第27卷）[M]．北京：人民出版社，1990．
[10] 毛泽东选集（全四卷）[M]．北京：人民出版社，1991．
[11] 邓小平文选（全三卷）[M]．北京：人民出版社，2010．
[12] 江泽民文选全集（共3卷）[M]．北京：人民出版社，2006．
[13] 胡锦涛文选（全三卷）[M]．北京：人民出版社，2016．
[14] 习近平谈治国理政[M]．北京：外文出版社，2014．
[15] 习近平谈治国理政（第二卷）[M]．北京：外文出版社，2017．
[16] 中央党校采访实录编辑室．习近平的七年知青岁月[M]．北京：中共中央党校出版社，2017．
[17]《十九大报告辅导读本》编写组．党的十九大报告辅导读本[M]．北京：人民出版社，2017．
[18] 任仲文．人民日报重要言论汇编：培育和践行社会主义核心价值观[M]．北京：人民日报出版社，2014．

［19］中央宣传部、中央文献研究室组织选编.论文化建设：重要论述摘编［M］.北京：学习出版社、中央文献出版社，2012.

［20］居云飞.兴国之魂：社会主义核心价值观与中华优秀传统文化［M］.北京：中国社会科学出版社，2014.

［21］邱仁富.社会主义核心价值观培育研究［M］.上海：上海大学出版社，2015.

［22］朱金瑞等.新中国成立以来公民道德建设的历史演进［M］.北京：人民出版社，2015.

［23］陈弱水.公共意识与中国文化［M］.北京：新星出版社，2006.

［24］普列汉诺夫.普列汉诺夫哲学著作选集（第5卷）［M］.北京：生活·读书·新知三联书店，1980.

［25］大卫·休谟.人性论［M］.关文运译.北京：商务印书馆，2010.

［26］爱德华·奥斯本·威尔逊.新的综合：社会生物学［M］.李昆峰编译.成都：四川人民出版社，1985.

［27］黑格尔.哲学史讲演录（第2卷）［M］.北京：商务印书馆，2011.

［28］维柯.维柯论人文教育［M］.张小勇译.桂林：广西师范大学出版社，2005.

［29］阿尔伯特·哈伯德.自动自发［M］.阿峰译.武汉：长江文艺出版社，2014.

［30］海德格尔.存在与时间［M］.北京：生活·读书·新知三联书店，1999.

［31］斯宾诺莎.伦理学：知性改进论［M］.贺麟译.上海：上海人民出版社，2009.

［32］内尔·诺丁斯.学会关心——教育的另一种模式［M］.于天龙译.北京：教育科学出版社，2003.

［33］爱尔维修.精神论［M］.杨伯恺译.上海：辛垦书店，1933.

［34］贝尔.资本主义文化矛盾［M］.严蓓雯译.北京：人民出版社，2010.

［35］黄瑜.他者的境域：列维纳斯伦理形而上学研究［M］.北京：中国社会科学出版社，2014.

［36］卢梭.社会契约论［M］.李平沤译.北京：商务印书馆，2014.

［37］韦政通. 传统与现代之间［M］. 北京：中华书局，2011.

［38］刘再复，林岗. 传统与中国人［M］. 北京：中信出版社，2010.

［39］彭柏林等. 当代中国公益伦理［M］. 北京：人民出版社，2010.

［40］谭建光. 志愿服务：理念与行动［M］. 北京：人民出版社，2014.

［41］杨团. 中国慈善发展报告（2017）［M］. 北京：社会科学文献出版社，2017.

［42］陆士桢. 中国志愿服务发展报告（2017）［M］. 北京：社会科学文献出版社，2017.

［43］俞仁良译注. 礼记通译［M］. 上海：上海辞书出版社，2010.

［44］刘兆伟译注. 论语［M］. 北京：人民教育出版社，2015.

［45］安德烈·孔特·斯蓬维尔. 小爱大德［M］. 北京：中央编译出版社，1998.

［46］A. H. 马斯洛. 存在心理学探索［M］. 李文湉译. 昆明：云南人民出版社，1987.

［47］A. 阿德勒. 自卑与超越［M］. 黄光国译. 北京：作家出版社，1986.

［48］B. A. 苏霍姆林斯基. 给教师的建议［M］. 北京：教育科学出版社，1984.

［49］斯蒂芬·李特约翰. 人类传播理论［M］. 史安斌译. 北京：清华大学出版社，2004.

［50］塞缪尔·鲍尔斯，赫伯特·金迪斯. 合作的物种——人类的互惠性及其演化［M］. 张弘译. 杭州：浙江大学出版社，2015.

［51］王国轩. 孔子家语［M］. 王秀梅译. 北京：中华书局，2014.

［52］汤因比，池田大作. 展望二十一世纪：汤因比与池田大作对话录［M］. 荀春生译. 北京：国际文化出版公司，1997.

［53］亚当·斯密. 道德情操论［M］. 北京：中国社会科学出版社，2003.

［54］裴松之注. 三国志［M］. 北京：中华书局，2006.

［55］方达评注. 荀子［M］. 北京：商务印书馆，2016.

［56］李索. 左传正宗［M］. 北京：华夏出版社，2011.

［57］陈桐生译注. 曾子·子思子［M］. 北京：中华书局，2009.

[58] 叶蓓卿评注. 列子［M］. 北京：商务印书馆，2015.

[59] 陈晓清，陈淑玲译注. 诗经［M］. 广州：广州出版社，2006.

[60] 汪受宽，金良年. 孝经·大学·中庸译注［M］. 上海：上海古籍出版社，2012.

[61] 万丽华，蓝旭译注. 孟子［M］. 北京：中华书局，2016.

[62] 董仲舒撰，叶平注译. 春秋繁露［M］. 郑州：中州古籍出版社，2010.

[63] 王充撰. 论衡［M］. 长沙：岳麓书社，2015.

[64] 关贤柱，廖进碧，钟雪丽译注. 吕氏春秋全译（上）［M］. 贵阳：贵州人民出版社，2009.

[65] 王嘉等撰，王根林等校点. 拾遗记（外三种）［M］. 上海：上海古籍出版社，2012.

[66] 缪文远，罗永莲，缪伟译注. 战国策［M］. 北京：中华书局，2016.

[67] 梁启超. 梁启超自述（1873~1929）［M］. 北京：人民日报出版社，2011.

[68] 肖群忠. 孝与中国文化［M］. 北京：人民出版社，2001.

[69] 唐凯麟，张怀承. 成人与成圣［M］. 长沙：湖南大学出版社，1999.

[70] 刘姗. 中华古诗文读本［M］. 北京：北京大学出版社，2000.

[71] 梁漱溟. 中国文化要义［M］. 上海：上海人民出版社，2005.

[72] 林语堂. 生活的艺术［M］. 越裔汉译. 长沙：湖南文艺出版社，2016.

[73] 费孝通. 乡土中国［M］. 北京：北京出版社，2009.

[74] 鲁迅. 鲁迅精选集［M］. 北京：北京燕山出版社，2006.

[75] 李书有. 中国儒家伦理思想史［M］. 南京：江苏古籍出版社，1992.

[76] 张东荪. 理性与民主［M］. 长沙：岳麓书社，2010.

[77] 颜之推. 颜氏家训［M］. 曾德明译. 武汉：崇文书局，2017.

[78] 冯增俊. 当代西方学校道德教育［M］. 广东：广东教育出版社，1993.

[79] 吴铎，罗国振. 道德教育展望［M］. 上海：华东师范大学出版社，2002.

[80] 李娟，魏玉奇编译. 圣经旧约名篇精选［M］. 天津：天津人民出版社，1998.

［81］摩根．马太福音［M］．张竹君译．上海：上海三联书店，2011．

［82］阿瑟·马克斯威尔．圣经故事［M］．杨佑方等译．上海：上海译文出版社，2005．

［83］樊浩．伦理精神的价值生态［M］．北京：中国社会科学出版社，2001．

［84］许桂清．美国道德教育理念研究［M］．北京：中国社会科学出版社，2008．

［85］焦育．感谢生命［M］．北京：北京大学出版社，2009．

［86］苏自立．感恩人生卓越的秘密［M］．北京：中国财富出版社，2014．

［87］徐望华．感恩成就人生［M］．北京：中国财富出版社，2014．

［88］于反．成功，从感恩开始［M］．北京：中国铁道出版社，2014．

［89］本书编写组．100位新中国成立以来感动中国人物［M］．北京：北京工业大学出版社，2009．

［90］李银安，李明等．中华孝文化传承与创新研究［M］．北京：人民出版社，2018．

［91］许刚．中国孝文化十讲［M］．南京：凤凰出版社，2011．

［92］黄建华．中国孝文化教育研究［M］．北京：九州出版社，2017．

［93］安冠英，张云令．孝道文化古今谈［M］．北京：金盾出版社，2015．

［94］朱小蔓．关注心灵成长的教育［M］．北京：北京师范大学出版社，2012．

［95］张岂之．中华优秀传统文化经典要义［M］．西安：太白文艺出版社，2015．

［96］张岂之．中华优秀传统文化的核心理念［M］．南京：江苏人民出版社，2016．

［97］国家图书馆．大国智慧：中华优秀传统文化培育的核心思想理念［M］．北京：国家图书馆出版社，2017．

［98］张绍元，李晓慧．文化自信：中华优秀传统文化核心思想理念读本［M］．北京：中国言实出版社，2018．

［99］朱丽萍，蒲清平，赵楠．微公益培养大学生感恩意识实验研究［J］．学术探索，2015（9）．

[100] 赵清文."作为道德的道德"——马克思对道德本质的理解及对道德异化的批判[J].北方工业大学学报,2016(12).

[101] 张阳.高校资助体系下的贫困生感恩教育研究[J].黑龙江高教研究,2015(2).

[102] 张利燕,侯小花.感恩:概念、测量及其相关研究[J].心理科学,2010(3).

[103] 张更立.农村留守儿童孤独感与社会适应的关系:感恩的中介作用[J].教育研究与实验,2017(6).

[104] 张夺,金颜.马克思主义物质利益关系视域下的社会道德困境分析[J].理论导刊,2016(8).

[105] 余京华.历史唯物主义与道德、正义——兼评马克思主义的"道德论"与"反道德论"[J].马克思主义与现实,2013(9).

[106] 杨秀木,韩布新等.大学生志愿功能动机与志愿行为:感恩品质的中介作用[J].心理与行为研究,2015(5).

[107] 杨强,叶宝娟.感恩对青少年生活满意度的影响:领悟社会支持的中介作用及压力性生活事件的调节作用[J].心理科学,2014(5).

[108] 严加银.当代青少年感恩教育探究——以传统孝道为视角[J].西南大学学报(社会科学版),2008(7).

[109] 闫薇."社会价值"的道德诉求——马克思主义伦理观及核心价值体系探微[J].社会科学战线,2012(7).

[110] 闫放,闫欢.唤醒与认同:虚构媒介中感恩特质的社会记忆重构[J].当代传播,2015(11).

[111] 许建良.感恩是承扬中华传统美德实践的内在驱动力[J].桂海论丛,2016(5).

[112] 徐剑波.主体间性理论视域下高校感恩教育工作研究[J].江苏高教,2015(9).

[113] 辛世俊,王丹.论感恩教育的依据[J].中国德育,2017(5).

[114] 谢晓东,叶瀚琛等.青少年物质主义与幸福感的关系:感恩的中介作用[J].心理科学,2013(5).

[115] 肖群忠.论常人道德——以还物取酬为个案分析[J].伦理学研

究，2007（7）.

［116］肖群忠．道德究竟是什么［J］．西北师范大学学报（社会科学版），2004（12）.

［117］向康文．"恩"的伦理分析［J］．道德与文明，2009（6）.

［118］冼季夏．论感恩教育在大学生思想政治教育中的作用［J］．学术论坛，2016（7）.

［119］武占江．"感恩"与"合宜"——兼论传统道德与时代价值的融洽［J］．石家庄学院学报，2010（7）.

［120］武国剑，朱玲利．大学生感恩励志教育的理路探究［J］．思想教育研究，2017（7）.

［121］魏传光．从"理念式道德"到"实践式道德"［J］．道德与文明，2017（9）.

［122］王文科．感恩文化的美德与道德教育的重建［J］．桂海论丛，2008（11）.

［123］王为全，周耕．道德价值的历史辩证法境遇——肖恩·塞耶斯《马克思主义与人性》对"分析的马克思主义"的批判［J］．长白学刊，2010（7）.

［124］王婕．青少年感恩观念培育的途径探析［J］．中州学刊，2015（9）.

［125］王婕．大学生特质性感恩及影响因素研究［J］．重庆大学学报（社会科学版），2016（5）.

［126］万平．论儒家感恩文化的核心理念及其现代价值［J］．湖南社会科学，2011（9）.

［127］涂平荣，龚海艳．高校感恩文化建设的实效路径［J］．教育评论，2013（6）.

［128］陶志琼．关于感恩教育的几个问题的探讨［J］．教育科学，2004（8）.

［129］孙配贞，江红艳．感恩的心理学研究进展［J］．徐州师范大学学报（哲学社会科学版），2012（7）.

［130］邵小明．让孩子在"感恩"中走向和谐［J］．上海教育科研，2013（9）.

[131] 任现品. 略论儒家文化的感恩意识 [J]. 孔子研究, 2005 (1).

[132] 曲延涛, 曲有强. 高中生感恩心发展现状及对策研究 [J]. 中国教育学刊, 2014 (4).

[133] 邱柏生. 价值观教育落细落小落实的一种尝试——评《青少年感恩教育的理论与实践研究》[J]. 思想教育研究, 2015 (8).

[134] 秦维红. 试论将感恩教育作为大学生理想信念教育的切入点 [J]. 思想教育研究, 2014 (4).

[135] 毛兴贵. 论感激义务 [J]. 道德与文明, 2016 (9).

[136] 吕璐, 仲会. 高校受资助贫困生感恩教育长效机制的构建 [J]. 教育教学论坛, 2017 (5).

[137] 龙汉武, 刘利才. 论青少年感恩教育的价值取向 [J]. 中国教育学刊, 2014 (9).

[138] 刘振洋, 满春涛. 浅析高校贫困生感恩教育 [J]. 学术交流, 2014 (2).

[139] 刘长海. 不要把感恩教育变成"道德秀" [J]. 人民教育, 2014 (1).

[140] 刘利才, 许燕. 我国青少年感恩品质现状调查 [J]. 中国青年研究, 2015 (1).

[141] 刘利才, 陈昌兴. 论感恩教育的本质特征、价值取向与有效路径 [J]. 西南民族大学学报（人文社会科学版）, 2014 (10).

[142] 梁宏宇等. 人际感恩：社会交往中重要的积极情绪 [J]. 心理科学进展, 2015 (3).

[143] 李义天. 从正义理论到道德理论——以《马克思主义与道德观念》为中心的解析 [J]. 中国人民大学学报, 2013 (9).

[144] 惠秋平, 何安明, 刘华山. 大学生感恩、负债感、快乐与助人行为关系的情景实验 [J]. 中国心理卫生杂志, 2015 (11).

[145] 黄铁苗. 道德建设从感恩教育入手 [J]. 中国党政干部论坛, 2013 (2).

[146] 黄铁苗, 罗勇成. 弘扬感恩文化与构建和谐社会 [J]. 岭南学刊, 2007 (7).

[147] 何良安. 从"类存在物"及其生命实践看马克思的道德批判 [J].

江淮论坛，2007（2）.

［148］何安明，惠秋平等. 大学生感恩影响助人行为的情景剧本实验［J］. 华东师范大学学报（教育科学版），2014（6）.

［149］何安明，惠秋平等. 大学生的感恩、孤独感与社会支持［J］. 中国心理卫生杂志，2014（10）.

［150］冯开甫，刘利才. 伦理视角下的感恩行为分析［J］. 伦理学研究，2014（5）.

［151］丁凤琴，宋有明. 感恩与大学生助人行为：共情反应的中介作用及其性别差异［J］. 心理发展与教育，2017（5）.

［152］陈爱华. 论感恩美德生成的伦理机制［J］. 中国德育，2017（5）.

［153］陈爱华. 解读作为美德的感恩德性［J］. 道德与文明，2009（2）.

［154］辛世俊. 我们为什么要感恩——哲学层面的思考［J］. 信阳师范学院学报（哲学社会科学版），2006（12）.

［155］Ortony A.，Clore G. L.，Collins A. The Cognitive Structure of Emotions［M］. New York：Cambridge University Press，1988（1）.

［156］Kristen Renwick Monroe. The Heart of Altruism：Perceptions of a Common Humanity［M］. Princeton：Princeton University Press，1996（9）.

［157］See Scott Fruehwald, Reciprocal Altnus Rawls John. A Theory of Justice［M］. Cambridge：Harvard University Press，1971.

［158］Solomon R. C. The Passion，Garden City［M］. NY：Anchor Books，1977.

［159］Harned D. B. Patience：How We Wait upon the World［M］. Cambridge，MA：Cowley，1997.

［160］Bertocci P. A.，Millard R. M. Personality and the Good：Psychological and Ethical Perspective［M］. New York：David McKay，1963.

［161］John K. Rothed. International Encyclopedia of Ethics［M］. London：Fitzroy Dearborn Publishers，1995.

［162］Rosenberg E. L. Levels of Analysis and the Organization of Affect［J］. Review of General Psychology，1998（3）.

［163］Fredrickson B. L. What Good are Positive Emotions？［J］. Review of

General Psychology, 1998 (2).

[164] McCullough M. E., Tsang. Paraent of the Virtues? the Porsocial Contours of Gratitude. In R. A. Emmons and M. E. McCullough (Eds.), the Psychology of Gratitude [M]. New York: Oxford University Press, 2004.

[165] Watkins P. C., Woodward K., Stone T., Kolts R. L. Cratitude and Happiness: Development of a Measure of Gratiutude, and Relationships with Subjective Well-being [J]. Social Behavior and Personality, 2003 (5).

[166] Adler M. G., Fagley N. S. Appreciation: Individual Differences in Finding Value and Meaning as a Unique Predictor of Subjective Well-being [J]. Journal of Personality, 2005 (1).

[167] Graham S. Children's Developing Understaning of the Motivational Role of Affect: Anattributional Analysis [J]. Cognitive Development, 1998 (3).

[168] Baron R. A. Reducing Organizational Conflict: An Incompatible Response Approach [J]. Journal of Annlied Psychology, 1984 (2).

[169] Emmons R. A., Grumpler C. A. Gratitude as a Human Strength: Appraising the Evidence [J]. Journal of Social and Clinical Psycholpgy, 2000 (3).

[170] Watkongs P. C., Woodward H., Stone, T., et al. Cratitude and Happiness: Development of a Measure of Tratitude, and Relationships with Subjeetive Well-being [J]. Ssocial Behavior and Personality, 2003 (6).

[171] Emmons R. A., McCullough M. E. Counting Blessings versus Burdens: An Experimental Investigation of Gratitude and Subjective Well-being in Daily Life [J]. Journal of Personality and Social Psychology, 2003 (3).

[172] Fredrickson B. L., Tugade M. M., Waugh, C. E., et al. What Good are Positive Emotions in Crises? a Prospective Study of Resilience and Emotions Following the Terrorist Attacks on the United States on September 11th, 2001 [J]. Journal of Personality and Social Psychology, 2003 (2).

[173] Kashdan T. B., Uswatte, G., Julian, T. Gratitude and Hedonic and Eudaimonic Well-being in Vietnam War Veterans [J]. Behaviour Research and Therapy, 2006 (2).

[174] Emmons R. A., Kneezel, T. T. Giving Thanks: Spiritual and Religious

Correlates of Gratitude [J]. Journal of Psychology and Christianity, 2005 (2).

[175] Wood A M., Joseph S., Lloyd J., et al. Gratutude Influences Sleep through the Mechanism of Presleep Cognitions [J]. Journal of Psychosomatic Research, 2009 (18).

[176] Fredrickson B. L. The Role of Positive Emotions in Positive Psychology: The Broaden-and-build Theory of Positive Emotions [J]. American Psychologist, 2001 (3).

[177] Bono G., Froh J. J. Gratitude in School: Benefits to Students and Schools. In R. Gilman, Huebner E. S., Furlong M. J. (Eds.) Handbook of Positive Psychology in Schools [M]. New York: Routledge, 2009.

[178] Froh J. J., Emmons R. A., Card N. A., et al. Gratitude and the Reduced Costs of Materialism in Adolescents [J]. Journal of Happiness Studies, 2011 (2).

[179] Heider F. The Psychology of Interpersonal Relations [M]. New York: Wiley, 1958.

[180] Lazarus R. S., Lazarus B. N. Passion and Reason: Making Sense of Our Emotions [M]. New York: Oxford University Press, 1994.

[181] McCullough M. E., Kilpatrick S. D., Emmons R. A., et al. Is Gratitude a Moral Affect? [J]. Psychological Bbulletin, 2001 (2).

[182] Gallup G. Gallup Survey Results on "gratitude", Adults and Leenagers [J]. Emerging Trends, 1998 (3).

[183] Lynn M. Individual Differences in Self-attributed Motives for Tipping: Antecedents, Consequences, and Implications. International [J]. Journal of Hospitality Management, 2009 (3).

[184] The Psychology of Gratitude. Robert A. Emmons and Michael E. McCullough [M]. Oxford. New York: Oxford University Press, 2004.

[185] Heidegger, Martin. Being and Time [M]. New York: Harper & Row, 1962.

[186] Rawls John. A Theory of Justice [M]. Cambridge: Harvard University Press, 1971.

[187] Algoe, S. B., Haidt J. Witnessing Excellence in Action: The "other-praising" Emotions of Elevation, Gratitude, and Admiration [J]. Journal of Positive Psychology, 2009 (4).

[188] Bar–Haim, Y., Lamy, D., Pergamin, L., Bakermans–Kranenburg M. J., van IJzendoorn, M. H. Threat-related Attentional Bias in Anxious and Nonanxious Individuals: A Meta–analytic Study [J]. Psychological Bulletin, 2007 (4).

[189] Bartlett, M. Y., DeSteno, D. Gratitude and Prosocial Behavior: Helping When It Costs You [J]. Psychological Science, 2006 (5).

[190] Brunner, A., Watkins, P. C., Webber, A. Gratitude among the Constellation of Emotions. Poster Presented at the 90th Annual Convention of the Western Psychological Association [J]. Cancun, Mexico, 2010 (4).

[191] Catalino, L. L., Fredrickson, B. L. A Tuesday in the Life of a Flourisher: The Role of Positive Emotional Reactivity in Optimal Mental Health [J]. Emotion, 2011 (11).

[192] Coffman, S. Parents' Struggles to Rebuild Family Life after Hurricane Andrew [J]. Issues in Mental Health Nursing, 1996 (17).

[193] Dandeneau, S. D., Baldwin, M. W. The Buffering Effects of Rejection-inhibiting Attentional Training on Social and Performance Threat among Adult Students [J]. Contemporary Educational Psychology, 2009 (4).

[194] David DeSteno, Ye Li, et al. Gratitude: A tool for Reducing Economic Impatience [J]. Psychological Science, 2014 (6).

[195] De Houwer, J. Why the Cognitive Approach in Psychology Would Profit from a Functional Approach and Vice Versa [J]. Perspectives on Psychological Science, 2011 (6).

[196] Derryberry, D., Reed M. A. Temperament and Attention: Orienting toward and away from Positive and Negative Signals [J]. Journal of Personality and Social Psychology, 1994 (8).

[197] Diessner, R., Lewis, G. Further Validation of the Gratitude Resentment and Appreciation Test (GRAT) [J]. Journal of Social Psychology, 2007 (5).

[198] Emmons, R. A. Gratitude is the Best Approach to Life. In L. Sundarajan (Chair), Quest for the Good Life: Problems/Promises of Positive Psychology. Symposium Presented at the Annual Convention of the American Psychological Association [J]. Honolulu, HI. 2004 (7).

[199] Emmons, R. A., Crumples, C. A. Gratitude as Human Strength: Appraising the Evidence [J]. Journal of Social and Clinical Psychology, 2000 (8).

[200] Emmons, R. A, McCullough, M. E. Counting Blessings Versus Burdens: An Empirical Investigation of Gratitude and Subjective Well-being in Daily Life [J]. Journal of Personality and Social Psychology, 2003 (2).

[201] Fox, E., Mathews. A., Calder, A., Yiend, J. Anxiety and Sensitivity to Gaze Direction in Emotionally Expressive Faces [J]. Emotion, 2007 (7).

[202] Fox, E., Russo, R., Dutton, K. Attentional Bias for Threat: Evidence Fordelayed Disengagement from Emotional Faces [J]. Cognition and Emotion, 2002 (5).

[203] Frias, A., Watkins, P. C., Webber, A., Froh, J. J. Death and Gratitude: Death Reflection Enhances Gratitude [J]. Journal of Positive Psychology, 2011 (6).

[204] Gotlib, I. H., Doorman, J. Cognition and Depression: Current Status and Future Directions [J]. Annual Review of Clinical Psychology, 2010 (6).

[205] Grant, A. M., Gino, K. A Little Thanks Goes a Long Way: Explaining Why Gratitude Expression Motivate Prosocial Behavior [J]. Journal of Personality and Social Psychology, 2010 (9).

[206] Greenwald, A. G., Poehlman, T. A., Uhlmann. E., Banaji. M. R. Understanding and Using the Implicit Association Test: Meta-analysis of Predictive Validity [J]. Journal of Personality and Social Psychology, 2009 (8).

[207] Hankie, B. L., Gibb, B. E., Abela, J. R. Z., Flory, K. Selective Attention to Affective Stimuli and Clinical Depression among Youths: Role of Anxiety and Specificity of Emotion [J]. Journal of Abnorrnal Psychology, 2010 (3).

[208] Hertel, P. T., Mathews, A. Cognitive Bias Moditication: Past Perspectives, Current Findings and Future Applications [J]. Perspectives on Psychological

Science, 2011 (6).

[209] Hertel, P. T., EI-Messidi, L. Am I blue? Depressed Mood and the Consequences of Self Focus for the Interpretation and Recall of Ambiguous Words [J]. Behavior Therapy, 2006 (5).

[210] Hertel, P. T., Brozovich, F., Joormann, J., Gotlib. I. H. Biases in Interpretation and Memory in Generalized Social Phobia [J]. Journal of Abnolmal Psychology, 2008 (7).

[211] Koster, E. H. W., De Raedt, R., Leyman, L., De Lissnyder, E. Mood-congruent Attention and Memory Bias in Dysphoria: Exploring the Coherence among Information-processing Biases [J]. Behaviour Research and Therapy, 2010 (9).

[212] Lambert, N. M., Graham, S. M., Fincham, F. D. A Prototype Analysis of Gratitude: Varieties of Gratitude Experiences [J]. Personality and Social Psychology Bulletin, 2009 (6).

[213] Wells, T. T., Beevers, C. G., Robison, A. E., Ellis, A. J. Gaze Behavior Predicts Memory Bias for Angry Facial Expressions in Stable Dyspho [N]. London: Fitzroy Dearborn Publishers, 2010.